ACHIEVE MORE

어치브 모어

일과 삶에서 승률을 높이는 성취의 기술

ACHIEVE MORE

어치브 모어

김성미 지음

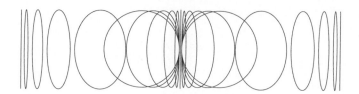

퍼블리온
Publion

"어떻게 하면 일이 되게 할 수 있을까?"

나는 특별한 재주를 가지고 태어나지 못했다. 더군다나 집안이 좋았던 것도 아니다. 오히려 집안 환경은 척박했고, 그런 환경에서 나는 내 미래를 그리는 법도 배우지를 못했던 것 같다. 그저 주위 친구들의 '평범한 가정 환경'만을 부러워하던 것이 어린 시절의 유일한 기억으로 남아 있다. 이렇게 내 삶의 시작점은 초라했다.

그러나 지금의 나는 그때와 많이 달라졌다. 내 주변 환경 역시 많이 바뀌었다. 나는 훌륭한 문화로 전 세계를 리딩하며 멋진 미션을 가지고 있는 세계 No.1 회사에 다니고 있으며 내 주위에 나의 성장과 성취를 응원하는 사람들이 꽤나 많아졌다. 4년여 전, 살고 있던 아파트를 팔고 용기 있게 서울에 집을 지어 안정적인 삶의 터전을 꾸렸고, 대화가 끊이지 않는 가족들과 행복하게 지내고 있다.

가정과 커리어로부터 오는 충만함 덕분에 나는 어디서나 늘 자신감 넘치는 모습으로 주위에 내 활력을 나누는 사람이 되었다.

그동안 내 삶에는 어떤 일이 있었던 것일까? 나는 어떻게 변해왔을까? 분명 나는 이른 나이에 가정의 짐을 작은 어깨에 지고서 터널 같은 시간, 십수 년을 걸었다. 어느 한순간에 드라마틱한 삶의 이벤트가 찾아온 것은 아니었지만 점진적으로 나는 앞으로 나아갔다. 나는 그 여정을 꼼꼼히 되짚어보면서 지금의 변화된 상황에 이를 수 있었던 작은 지혜를 모아보기로 했다. 그것은 분명 내게 빼어난 재주가 있어서도, 좋은 집안과 좋은 학벌이 있어서도 아니었다. 꽤나 머나먼 길을 우회하고서 제 길을 만난 케이스라고 할 수 있다.

멀리 돌고 돌아오는 길은 험난했다. 또한, 그 여정에 맞닥뜨린 복잡다단한 상황들은 그저 거추장스럽게 느껴지곤 했다. 그렇지만 지금 와서 생각해보면 그 모든 시간을 통해 내 고유한 경험이 쌓였으니 감사한 여정이었다고 말할 수 있다.

험난한 여정 내내 내가 가장 집요하게 떠올렸던 질문은 단 한 가지다. 그것은 바로 "어떻게 하면 일이 되게 할 수 있을까?"였다. 내게 어떤 일이 주어지거나 내가 하고 싶은 일을 발견했을 때, 나는 스스로에게 이 질문을 수도 없이 던지며 나만의 작은 시도를 이어갔다. 마치 이 질문을 북극성으로 삼고, 고민하고 시도하면서 더 나은 방법을 찾아온 경험 덕분에 '일이 되게 하는' 방법에 대해서 나름의 고찰을 만나게 되었다.

물론 처음 시작은 너무 작아서 잘 보이지도 않던 '스몰 트라이'였다. 처음에는 마치 눈이 처음 내릴 때 땅에 닿는 순간 스르르 녹아 없어져버리듯 의미 없어 보였다. 그러나 이런 '스몰 트라이'는 바닥에 눈이 쌓이듯 서서히 성취로 돌아왔다. 나의 '스몰 트라이'들은 처음에는 많이 실패했지만, 오랜 시간에 걸쳐 성취가 누적되면서 한 뼘 성장한 나를 대면할 수 있었다.

　　내게 친숙하다고 생각한 풍경조차 눈이 쌓이고 나면 새로운 풍경으로 다가온다. 이와 마찬가지로 그동안의 다양한 시도가 켜켜이 누적되어 나만의 경험자산이 되었고, 이것이 나만의 특별함을 만들어주었다고 생각한다. 나는 그리 유리하지 않은 환경에서 커리어를 시작했으며, 출발마저도 늦었던 한 사람이다. 누군가 나처럼 곤란한 상황에 놓여 있다면, 내 이야기를 참고삼아 자기만의 작은 시도를 해나가면 좋겠다. 그리고 그 여정에서 만나는 작은 성취를 통해서 '자신만의 특별함'이 수북이 쌓여가기를 바란다.

2022년 12월

김성미

차례

저자서문　5

1장

일이 되게 하는 사람은
일의 '구조'부터 디자인합니다

일이 되게 하는 사람은 '변수'를 만들어낸다　15

성과는 설계되는 것이다　24

일의 '구조'를 장악하라　32

일이 풀리지 않을 때는 역산 스케줄을 만들어라　44

자원을 적재적소에 배치하라　51

문제 해결을 위한 더 나은 방법, 프레임워크　61

일의 과정을 발견하라　69

2장

일이 되게 하는 사람은
'형식'보다 '본질'을 고민하며 일합니다

내가 하는 일의 본질은 무엇인가?　81

변화의 흐름에 따라 '일의 본질'은 트랜스폼된다　89

'작은 습관'이 '큰 일'을 만든다　96

누구나 오너Owner로서 일할 수 있다　106

당신만의 직업을 창조해야 하는 시대　119

원하는 것을 성취하고 싶을 때 공유하라　127

멀티 잡Multi Job 시대를 준비하라

　　　Feat. 하나의 직업을 갖는 시대는 끝났다!　133

3장

일이 되게 하는 사람은
혼자서 일하지 않습니다

일이 되도록 만드는 사람은 혼자서 일하지 않는다　145

신뢰를 쌓는 세 가지 방법　162

고객은 논리만으로 설득되지 않는다　171

태도로 커뮤니케이션하라 - 퀵서비스 타고 벤처 입성기　175

인터뷰, 백전백승 전략　184

'고객을 향한 애정'은 알고리즘을 타고 작동한다　193

'마중물'이 되어주는 질문법　197

4장

일이 되게 하는 사람은

'성장 마인드셋'으로 일합니다

연봉의 10%는 자신에게 재투자하라   211

새로운 시대에는, 새 역량을 준비하라

    – '배우는 역량'과 '실행하는 역량'이 실력이 되는 시대   219

학습 속도를 높이는 가장 좋은 방법, 가르쳐라!   224

성장을 위한 나만의 시간 '타임 블로킹'   236

'스트레스 관리'도 실력이다   242

윈윈Win-Win 관계를 만드는 전략   255

지속가능함을 돕는 시스템, 리추얼   261

5장

일이 되게 하는 사람은

나를 디자인하고 나를 세일즈합니다

나를 디자인하고 나를 세일즈하다   273

나는 왜 일하는가?   281

'성과'를 내는 경험이 중요한 이유   288

내 안의 꿈을 끌어내는 방법 - 나를 위한 셀프 워크숍 1   297

그 꿈을 선명하게 다듬는 방법 - 나를 위한 셀프 워크숍 2   305

'나만의 언어'로 가치관을 정립하라   312

본캐와 부캐로 걸어가는 '인생 투 트랙Two Track'   322

Sustainability, 지속가능함   333

에필로그   'MS의 MS'에 반하다   347

1장

ACHIEVE MORE

일이 되게 하는 사람은
일의 '구조'부터 디자인합니다

일이 되게 하는 사람은
'변수'를 만들어낸다

IMF가 나를 삼키다

IT 분야에서 일을 시작하게 된 시점은 IMF 시대까지 거슬러 올라간다. IMF 사태가 닥치기 전, 나는 오산에 본사가 있는 공업용 다이아몬드를 제조하는 중견 기업의 양재동 사무소에서 근무하고 있었다. 당시 나는 수입 업무를 비롯해 사무소 총괄 같은 잡다한 업무를 담당했는데, IMF 사태로 내가 속한 본부가 폐쇄되었다. 나는 그렇게 하루아침에 백수가 되어버렸다.

회사에 남을 수 있는 선택지가 없었던 것은 아니다. 오산 본사로 합류할 수도 있었지만, 서울 화곡동에서 오산까지 출퇴근하는 것은 불가능에 가까운 일이었고, 별수 없이 내 상황을 받아들이기로 했다. 그 상황은 받아들였지만, 매일 습관처럼 출근하던 직장인의 DNA를 가지고 있던 내게 정작 아침에 일어나서 갈 곳이 없다는 것은 생각보다 절망스러운 일이었다. 나는 어떻게든 길을 찾아야 했다.

'자바Java'라는 새로운 우주

불행인지 다행인지 IMF 사태는 국가적인 재난이기 때문에 정부도 발 빠르게 손을 쓰고 있었다. 정부는 "인재 양성이 답이다"라는 슬로건을 내세웠고, 실직자가 구직 기회를 얻을 수 있도록 기술과 언어 등의 분야에서 재취업을 위한 각종 교육과정을 쏟아냈다. 나는 노동부에 퇴직 신고를 하러 갔다가 여러 교육과정을 소개하는 소책자들을 발견하고는 손에 잡히는 대로 집어 들고 집으로 돌아왔다. 그 소책자들에는 신기하고 재미있는 내용이 많아서 하나하나 훑어보느라 잠시나마 내 상황도 잊고 밤을 새웠다.

나는 중학교 때 우리 집의 가세가 기울어 고입연합고사 200점 만점에 상위 10퍼센트 이내의 점수를 얻고도 상업고등학교를 선택할 수밖에 없었다. 그런 탓에 내 안에는 배움을 향한 갈증이 상당히 크게 자리했던 모양이다. 당장 내 월급을 기다리는 가족이 있었지만, 내 마음은 벌써 교육장으로 내달렸다.

돈을 버는 직장 대신에 재취업 교육과정에 참여한다는 것이 마음에 돌덩이가 앉은 듯 불편했지만, 어느 순간부터 '3보 전진을 위한 1보 후퇴'라는 그럴싸한 의미를 부여하고 있는 나를 발견할 수 있었다. 이렇게 스스로 부여하기 시작한 그 작은 의미는 어느 순간 눈덩이처럼 불어났고, 결국 책자에 소개된 교육들은 '하늘이 주신 기회'라는 확신으로 받아들이고 있었다. 내 마음은 이미 하늘이 주신 기회로 뜨거워졌고, 이쯤 되니 소책자들을 보면서 커리큘럼을 고르기만 하는데도 벌써 내 가슴이 터질 듯 벅차올랐다.

사실 당시만 해도 나는 IT는 물론 테크놀로지 영역에 대한 지식도 경험도 전무했기 때문에 커리큘럼을 읽어봐도 외계어나 다름없었다. 그러나 나름의 비전과 의미를 부여하면서 자바Java와 IT 프로그래밍 언어IT Programming Language라는 낯선 우주 속으로 더듬더듬 나아갈 생각을 하니까 마음이 몸을 대신해서 설레기 시작했다.

안타깝게도 정부가 애써 만든 교육 프로그램들은 급하게 준비된 터라 일부 커리큘럼들이 복불복이었다. 강사 섭외는 물론 지원책의 많은 부분이 어설픈 상황이었다. 그렇게 만들어진 프로그램을 보고서 모여든 학생들도 별반 다르지 않았다. 나를 포함한 수강생들은 마치 전쟁터에 나가야 하는데 밭에서 풀을 매다 나온 듯 총 대신 호미나 괭이를 하나씩 들고 있는 것 같은 모습이었다.

그렇게 각양각색의 사람들이 모였다. IT 커리큘럼을 선택했지만 대부분 프로그래밍 언어를 처음 접하는 사람들이었고, 당시 'C 언어'가 한창 각광을 받던 시절이었기에 강사도 C++ 객체지향언어를 전공한 분이었다. 자바 전공자가 흔치 않던 때라서 그나마 비슷한 영역의 전문가를 아주 어렵게 섭외했다는 이야기가 들렸다. 첫 수업에서 같은 반 학생들은 선생님의 말씀에 "자바가 뭐야?", "자바 커피?", 아니면 "잡아보라고?" 하면서 서로를 쳐다보고 멋쩍게 웃곤 했다.

상황은 열악했지만 내게는 왠지 모를 자신감이 있었다. 자바가 왠지 모르게 친근하게 다가왔다. 조금 과장하자면 우주의 강한 기운이 나에게 손을 뻗치는 느낌이었다. 그렇게 나는 자바라는 새로운 우주를 향해 나아가기 시작했다.

도저~언! IT 전문 강사가 되다

생소한 커리큘럼을 따라서 약 6개월간 교육을 이수한 뒤, 나는 어렵사리 자바 자격증을 손에 쥐었다. 새로운 세계로 입장할 수 있는 티켓을 이제 막 끊은 것이다. 자바 자격증을 갖추고 나서 나는 '자바 강사'라는 커리어 패스가 있다는 것을 알게 되었다. 자바를 이제 막 더듬더듬 알아가기 시작했는데 '강사'라니? 두 키워드 모두 낯선 상황이었다. 그렇지만 선택지가 많지 않았다. 나는 '자바 강사'가 되기로 마음먹고 채용 공고 중인 회사를 찾아서 지원하기 시작했다. 그렇게 발견한 회사가 바로 썬마이크로소프트 교육 센터였다. 썬마이크로소프트 교육센터에 이력서를 전달한 지 거의 한 달이 흘렀다. 애먼 전화기만 열었다 닫았다 하던 어느 날, '이대로 가만있으면 아무것도 안 되겠다!' 하는 생각이 들었다. 나는 곰곰이 내 상황을 하나둘 점검해봤다. 스스로 생각해도 내 이력은 강사 후보로 형편없었다.

일단 IT 개발 경력이 아예 없고, 그렇다고 IT 업계 언저리에서 무슨 시스템을 구축하거나 운영해본 경험도 없었다. 한마디로 이력서가 깨끗했다. 더군다나 누구를 가르쳐본 적이 없을뿐더러 자바 강사 자격을 겨우 갖췄지만 정작 프로그램을 짜는 일에는 재능이 없었다. 이런 최악의 상황을 누구보다 내가 잘 알면서도 강사로 일해보고 싶은 마음이 훨씬 커서였을까?

이때 처음으로 '그저 노력'만으로는 부족하다는 생각을 하게 됐다. 자바 자격증도 엄청나게 고생하여 성취했고 이력서도 성심성의껏 써서 지원했지만, 이것으로는 충분하지 않아 보였다. 전략이 필요했다.

"자바 자격증 하나는 어찌어찌 취득했지만, 나처럼 이력이 깨끗한 사람은 어떻게 하면 강사가 될 수 있을까?"라는 질문을 나 자신에게 계속 던졌고, 그 질문들 속에서 스스로 내가 나아갈 방향을 찾기에 골몰했다.

일의 '본질'을 보다

비록 IT 개발 이력이나 시스템 운영 경험은 없지만, 결국 '강사는 강의를 통해서 피교육자를 잘 이해시키는 사람'이라는 본질을 대전제로 세웠다.

이 대전제를 시작으로 이번에는 썬마이크로소프트 교육센터의 입장을 분석해보았다. 지금 이들에게 필요한 사람은 어떤 자질을 갖추고 있어야 할까? 역발상을 통해 이 회사의 맥락에서 '강사'는 무슨 역할을 해야 하는지 나 스스로 명확히 그려볼 수 있었던 것이다.

'그저 열심' 대신 '전략적인 열심'을 선택하면서 자연스럽게 방향을 잡을 수 있게 되었다. 프로그래밍 관련된 일이기에 개발에 대한 경험이나 감각이 무척 중요했지만 이 영역에 대한 자격지심은 하루아침에 개벽할 수 없는 부분이니, 단기간의 개선일랑 아예 접어두기로 했다. 그 대신 전문 교육기관으로서, 이들이 필요로 하는 강사의 자질을 충분하게 준비해서 보여주는 방향으로 전략을 세웠다.

이렇게 내 방식대로 전략을 짜고서는, 비슷한 시기에 Java 자격을 갖추고 썬마이크로소프트 교육센터에 '이미 강사'가 된 친구에게 물어 교육센터 전화번호를 얻었다. 나는 다짜고짜 교육센터 공식번호로 전화를 걸었고 강사 리쿠르트를 담당하는 높은 분을 바꿔달라고 정중하게 요청했다. 수화기 너머로 담당 상무님의 목소리가 들려오자 나도 모르게 수화기 쪽으로 몸을 90도 굽혀 인사를 하고 있었다. 그러고는 혼자서 여러 차례 연습한 대로 최대한 침착하게 입을 열었다.

쫄지 말자, 그리고 변수를 만들어내자

"안녕하세요. 한 달 전, 자바 강사 포지션에 지원한 김성미라고 합니다. 제 이력서를 보시고 회신해주시기를 기다리다가 연락드렸습니다."

담당 상무님의 목소리에 당황한 기색이 드러났다. 곧바로 목소리를 가다듬고는 전화한 이유를 물어주었다. 나는 때를 놓치지 않고 이렇게 말했다. "제 이력이나 자격에 의문이 있으실 듯한데 직접 만나서 말씀드리고 싶습니다."

단도직입적이지만 최대한 깍듯하게 내 이야기를 이어나갔다. 나름 준비한 명분을 가지고 천천히 말을 이어나간 결과, 방문 약속을 잡는 데 성공했고, 내심 오늘 전화한 진짜 이유인 마지막 제언을 잊지 않고 전했다. 미팅할 때 아예 강의 리허설까지 봐달라는 마지막 제안을 건네자, 수화기 너머로 살짝 당황스러워하는 기색이 느껴졌지만, 내가 준비한 대로 "일단 제가 강의하는 모습을 보고 결정하시면 좋을 듯합니다"라고 말씀드렸고, 수화기 반대쪽에서 잠깐 머뭇거리는가 싶더니 어쩔 수 없다는 듯 "한번 와보세요"라는 대답을 받았다.

아마도 썬마이크로소프트 교육센터의 입장에서는 난데없는 제안이었을 것이다. 그렇지만 상무님에게도 회사 입장을 고려한 나의 전략적 제안이 나쁘지 않았던 모양이다. 나는 그렇게 리허설 기회를 따냈다. 썬마이크로소프트 교육센터나 내 입장에서 예정에 없던 변수를 만들어낸 것이다.

강의 리허설이라는 변수를 만들어냈으니, 이제는 현장에서 승부를 봐야 했다. 강사로서 기술적인 지식 외에도 뭔가 한 방의 킬링 포인트가 필요하다는 생각을 했다. 나는 리허설을 준비하기 위해 강의 스크립트를 먼저 써내려갔다. 적절한 타이밍에 재미있게 등장하는 비유와 농담까지 고려해서 꼼꼼하게 스크립트를 작성했고 '나는 이미 강사'를 빙의하여 연습하고 또 연습을 강행했다. 리허설 당일에는 현장감을 익히기 위해 일찌감치 도착해서 빈 강의장을 찾았다. 강단에 섰을 때 나의 자세, 몸짓과 시선 처리, 발걸음 동선까지 빠트리지 않고 연습했다.

오후 4시, 경력이 가장 많은 시니어 강사 두 사람이 내가 통화했던 상무님과 같이 강의실로 들어왔고, 드디어 강의 리허설이 시작되었다. 카메라 앞에서 '큐' 사인을 받은 배우처럼 줄줄, 심지어 스크립트에 없던 농담까지 매끄럽게 흘러나온다. 나를 바라보는 선배 강사들의 눈동자가 빛나기 시작했고 팔짱이 풀리더니 이내 입꼬리가 올라갔다. 이쯤 되니 마음이 이상하리만큼 편안해지면서 마치 실타래가 술술 풀리는 듯한 느낌을 받았다. 준비한 강의 진도가 반을 넘어갈 즈음에는 스스로 느낌이 왔다. "아, 됐구나!"

'역제안'이라는 변수, 새로운 길을 열어주다

언감생심, 이렇게 나는 썬마이크로소프트의 공인 강사가 되었다. 사회 초년생 시절에 회사에서 오피스 프로그램을 누구보다 잘 다루고 프린터에 종이라도 걸리면 쨈을 잘 고친다고 해서 한때 '만능'이라는 별명을 얻은 적도 있었다. 그러나 프로그래밍의 '프'자도 몰랐던 1인으로 '프로그래밍 강사'가 되고는 정말이지 뛸 듯이 기뻤다. IMF 사태로 절체절명의 위기에 빠졌다가 처음으로 전략적인 발상을 했던 것이, 완전히 새로운 영역으로의 커리어 전환이라는 새로운 포문을 열어준 것이다.

02

성과는
설계되는 것이다

내가 골프에서 배운 한 수 - 인생과 골프는 닮았다

IT 분야에 발을 들이고 처음 영업이라는 직무를 시작하면서 나는, 그 전까지는 안중에도 없던 골프를 시작했다. 믿을 만한 영업 선배가 골프를 시작해보라는 조언을 건넸고, 나는 이를 진지하게 받아들인 것이다. 호기롭게 시작한 일이니만큼 잘하고 싶은 마음이 컸고, 그 선배를 시작으로 많은 사람들로부터 영업이라는 내 일에도 도움이 된다는 말을 들으니 몸도 마음도 자연스럽게 따라서 움직였다. 평소에 여러 운동을 꾸준히 섭렵해온 나였기에 골프 연습을 시작하고 세 달 만에 영업 선배들이 마련해준 첫 라운딩에서 '가능성이 있다'는 피드백을 받게 되었다. 이후로는 주중과 주말 가릴 것 없이 주로 새벽 시간을 이용해 연습장을 찾아가 자발적으로 골프 연습을 열심히 했다.

개인적으로 운동하기를 아주 좋아하다 보니 어떤 운동을 하든 곧잘 하는 편이라 골프에도 내심 자신이 있었다. 꾸준히 연습을 거듭했고, 이렇게 준비를 마친 날에는 좋은 결과를 은근히 기대하기도 했다. 그런데 번번이 기대에 못 미치는 결과가 나오는 게 아닌가. 연습할 때는 잘됐는데 막상 실전에 들어가면 생각지도 못했던 변수들이 생겨나서 정신을 못 차리게 했다. 연습과 경기는 확연히 다른 것이었다.

초심자가 보기에 골프는 매우 간단한 스포츠다. 특정한 위치에서 골프채로 공을 친다. 가장 적은 타수로 골프공을 홀에 넣는다. 얼마나 간단한가. 이런 식으로 골프를 바라보면 변수가 많지도 않다. 골프공, 골프채, 홀 정도일 것이다. 실력이 좀처럼 늘지 않을 때 내게도 이 정도의 변수만 눈에 들어왔다.

시간이 좀 더 지나서 전보다 훨씬 많은 변수를 볼 수 있게 되자 그제야 골프 실력이 점차 늘기 시작했다. 이를테면 스윙 자세, 스윙할 때 들이는 힘, 골프채의 속성, 골프공이 그려내는 포물선, 지형과 지물에 대한 이해도, 풍속과 풍향 그리고 온도와 습도 등 변수가 상당히 많았다.

이는 월드 클래스의 골프 선수들을 보면 확연히 드러난다. 그들은 기본기는 물론이거니와 초심자에게는 보이지 않는 수많은 변수를 파악하고 장악할 줄 안다. 보다 중요한 변수를 볼 줄 알게 되면 연습할 때의 우선순위도 그에 맞게 달라지는 것이다.

타이거 우즈 전용 전략 지도가 탄생한 이유

어느 스포츠든 아이콘이 된 스타들이 있다. 수년간 불미스러운 일과 논란, 사고 등으로 명성이 예전만 못하지만 골프계에서는 단연 '타이거 우즈'만 한 아이콘이 없을 것이다. 수많은 타이틀을 거머쥐면서 골프라는 다소 생소한 스포츠를 대중에게 널리 각인시킨 장본인이기도 하다. 타이거 우즈의 눈에는 어떤 변수들이 들어왔을까? 우즈는 어떤 전략을 그렸을까?

먼저 타이거 우즈는 혼자만의 능력으로 대단한 성취를 거머쥔 것이 아니었다. 우즈는 팀으로 움직였다. 우즈가 한창 좋은 플레이를 선보일 때 그 무대 뒷면에서는 늘 '타이거 우즈 사단'이 그들의 역할을 소화하고 있었다. 타이거 우즈와 팀은 경기에 대한 작전을 짜고 변수를 면밀하게 파악하고, 그 안에서 또 다른 변수를 만들어가며 플레이를 대비했던 것이다.

타이거 우즈와 그의 팀은 경기가 잡히면 골프장을 몇 바퀴 돈다고 한다. 코스의 길이를 상세하게 확인하고 기록하고, 지형의 모습을 꼼꼼하게 점검한다고 한다. 지형마다 미세하게 다른 높낮이를 파악하는 것은 물론이고 잔디의 종류와 계절적인 변수까지 모두 검토하는 것이다. 그리고 마지막에는 이를 바탕으로 '타이거 우즈 팀 전략 지도'를 그린다고 한다.

몇 년 전 출장길에 미국에서 골프를 치게 되었다. 미국의 골프 체계는 한국과 달라서 무척 낯설었다. 한국에서는 캐디가 카트를 운전하고, 거리를 보거나 원하는 채를 꺼내주고 닦는 등 플레이어가 플레이에만 집중할 수 있도록 대부분의 잡무를 맡아서 다 처리해주는 시스템인 데 비해, 미국은 그렇지 않았다. 캐디라는 역할이 없다 보니, 내가 공을 보낸 거리와 공에서 홀까지 남은 거리를 파악하는 일부터 지형을 분석하는 일까지 전부 플레이어의 몫이었다.

그래서인지 미국 골프장의 숍에 들어가면 '야디지북yadage book'이라는 골프코스 안내 지도를 쉽게 찾을 수 있다. 야디지북은 골프장의 지형과 구조가 표시된 지도를 가리키는데, 골프 플레이어들은 모두 하나씩 들고 다닐 만큼 중요한 도구다. 맵에는 18홀이 모두 나와 있기는 하나, 골퍼들의 뒷주머니에 넣기 좋은 사이즈로 디자인하다 보니, 겨우 손바닥만 하다. 한 장에 한 홀에 대한 이미지와 함께 홀에 대한 간단한 설명뿐, 결코 상세한 정보까지 담을 수가 없다.

타이거 우즈의 사단은 경기가 잡히면, 멤버들이 함께 경기장을 돌면서 코스마다 길이를 재고, 지형의 모습과 높낮이 등을 상세하게 기록한다고 한다. 잔디의 종류와 지형지물의 특징, 그리고 계절

적인 변수까지도 꼼꼼하게 체크한 뒤 '타이거우즈 전용 전략 지도'
를 완성시키는 것이다.

미국 골프장에 함께 간 멤버가 외국에서 플레이한 경험이 많았
던 터라, 야디지북을 여러 개 사서 하나씩 나누어주었다. 플레이를
하는 내내 홀의 구조나 모양 그에 따라 어떻게 플레이해야 하는지
에 대해서 기본적으로 맵에 의거할 수밖에 없다는 것을 알게 되었
고, 상황이 이렇다 보니 이 맵은 플레이어에게는 거의 생명줄과도
같은 중요한 역할을 한다는 것을 알게 되었다.

골프만 그런 것이 아니다. **어떤 일을 하든지 전체 구조를 읽고 거기에
숨어 있는 변수를 발견하는 일은 반드시 선행되어야 한다. 그래야 그 변수를
고려해서 최적의 방향을 잡을 수 있고, 그에 맞는 작전을 짜서 성과도 낼 수
있는 것이다.**

성과를 내는 구조 : 나만의 전략 지도
- 구조 설계 : 골프 자격시험

영업을 하면서 필요에 따라 골프를 시작했지만 프로가 되려
던 것은 아니었다. 물론 내가 되고 싶다고 해서 프로가 되는 것도
아니지만 말이다. 하지만 골프는 영업을 통해 사람들을 만나고 성
과를 내는 데 분명한 도움을 주면서 내게도 점차 활력을 불어넣었

다. 이즈음 나는 골프라는 영역 안에서 성취해보고 싶은 게 하나 생겼다. 바로 '골프 자격시험'이었다.

그렇게 나는 '생활체육지도자 자격시험' 중 골프 분야에 도전하게 되었고, 타이거 우즈의 전략 지도를 본받아 나도 나만의 전략 지도를 그려갔다. 프로 코치님과 함께 시험을 치르게 될 골프장을 미리 찾아가서 구장을 분석하고 맵에 반영하면서 '나만의 골프맵'을 만들어나갔고 또 업그레이드해나갔다.

나만의 전략 지도를 그리기 위해서 시험을 앞두고 프로 코치님과 함께 자격시험을 보게 될 골프장에 찾아갔던 때다. 7번 홀로 기억하는데 야디지북에서 보면 티샷을 세게 쳐서 넉넉하게 보내놓아야 할 것 같은 일반적인 골프장으로 보였다. 그러나 실제로 현장에 가보니 중간 지점에 커다란 바위가 있었고, 전체적으로 내리막에다가 그 바위가 위치한 지점부터는 급격히 하강하는 지형이었다. 코치님과 함께 분석한 결과, 보이는 것처럼 세게 쳐서 보내기보다는 오히려 바위를 기준으로 그 이전에 끊어서 다음을 공략하는 것이 맞는다는 것을 파악할 수 있었다.

골프장의 형태는 물론 계절에 대한 고려도 필요했다. 봄, 여름, 초가을이 같지 않을뿐더러 늦가을부터 초봄까지는 땅에 풀이 없고 마르기 때문에 공이 떨어지고 나서 굴러가는 거리를 평소보다 20~30퍼센트 이상 더 감안해야 하는 구질을 가지고 있었다. 그해 자격시험은 한여름에 치러져서 장마를 지나고 풀잎이 한껏 자란 시기, 즉 풀잎의 힘이 가장 센 시기라는 점을 고려해야 했고 따라서 공이 떨어져서 굴러가는 거리는 최소로만 감안하기로 했다.

그렇게 프로님의 지도하에 미리 답사해서 실제 골프장의 지형과 경사각, 땅의 구질까지 고려한 '나만의 전략 지도'를 만들고 익혔으며, 이 지도를 기반으로 플레이했다.

골프장의 지형과 경사각 그리고 구질까지도 제대로 파악해서 '나만의 전략 지도'를 그리는 노력도 중요했으며 세 번째로 이 과정에 파악된 변수를 최대한 고려해서 상황에 맞는 채(드라이버, 우드, 아이언 여러 개 중 하나 그리고 퍼터까지도)를 고를 줄 알아야 했고, 경우에 따라 세게 지르는 대신 끊어서 컨트롤 해나갈지를 의사결정해 나가는 역량이 복합적으로 작용하면서 승패를 좌우한다는 것을 알게 되었다.

아마도 내가 생활체육지도자 골프 분야 자격을 취득할 수 있었던 것은 이런 접근 덕분이라고 생각한다. 무조건 열심히 노력하는 게 아니라 내가 이루려는 목표에 전략적으로 접근하는 태도와 아직 나에게 보이지 않는 변수까지 발견하려는 시도가 결정적이었다는 말이다.

물론 '전략 지도'가 중요하고 그래서 '생명줄'이라 언급하기도 했지만, 지도를 잘 만드는 것 이전에 한 샷 한 샷 내 몸이 기억하는 '일관된 스윙'을 구사할 줄 아는 것은 그보다 앞선 기본기에 해당한다. 내가 일관된 스윙과 컨트롤이 가능할 때, 그것을 기반으로 전략을 짜고 적용하는 게 가능하기 때문이다. 그러니 '열심히' 하는 것은 기본이되, '무조건 열심히'가 아닌 '전략적으로 열심히'가 필요하다.

3개월여 나의 시간과 노력을 집중해 들인 자격시험이었기에 합격한 것도 물론 기뻤지만, 목표한 성과를 이루기 위해서는 전략 지도를 그리는 것, 즉 '구조를 설계하는 것'이 키포인트임을 생생하게 깨닫는 계기가 되었다. 그 이후 나의 개인적인 생활에서는 물론 회사 일에서도 목표를 정하면 성과를 내기 위해서 우선 '전략 지도'를 그리고 차츰 다듬어가는 과정을 계속해나갈 수 있었다.

전략 지도가 성과를 리딩한다

유명한 프로 선수들을 보면 그들의 성공을 돕는 사단이 늘 함께한다. 선수로서 일관된 스윙과 컨트롤을 위해 부단히 노력해야 하는 것은 기본이고, 가능하다면 정예의 사단과 함께 각 경기에 맞는 전략 지도를 그리고 지속적으로 업그레이드를 해야 한다. 타이거 우즈를 골프의 아이콘으로 만들어준 것도 잘 디자인된 '성과를 내는 구조' 덕분이듯이 말이다.

일의 '구조'를
장악하라

봉우리나 골짜기에 사로잡히지 말고, 산세를 읽어라

제임스 클리어James Clear는 《아주 작은 습관의 힘》에서 장기적으로 좋은 습관을 만들어가는 태도로 주기적 '숙고'와 '복기'가 중요하다고 이야기한다. 마치 적당한 거리에서 자신을 거울에 비춰보는 것과 같다. 장기적으로 습관을 만들려면 평소에 큰 그림을 놓치지 않아야 한다는 것이다.

어떤 일에서 성과를 내기 위해서는 단기, 중기, 장기로 일의 단계를 구분하고 각 단계에 필요한 조치를 해나가는 것이 중요하다. 단기적인 과제라면 순간의 스퍼트가 중요할 수 있지만, 중기나 장기적인 과제인 경우에는 방향성을 가진 습관과 전체를 조망하는 관점이 아주 중요해진다. 단위 모듈들이 조금씩 모여서 누적치의 힘을 가져가야 하고, 무엇보다 봉우리나 골짜기에 사로잡히지 말고, 산세 전체를 조망하는 관점을 가지고 나아가야 길을 잃지 않기 때문이다.

마일스톤, 산세를 읽는 지표

우리가 어떤 프로젝트를 진행할 때, 특히 커다란 프로젝트를 진행할 때는 관련된 사람들이 모두 하나의 동일한 맵Map을 보고서 그 맵이 가리키는 방향으로 발맞춰 나아가는 것이 중요하다. 이때 큰 그림 즉 맵을 '마일스톤Milestone'이라고 부르는데, 이는 프로젝트 진행 과정에서 특정할 만한 사건이나 표기할 만한 '중요한 단계들'을 가리킨다. 예를 들면 계약, 착수, 인력 투입, 선금 수령, 중간보고, 감리, 종료, 잔금 수령 등 프로젝트 성공을 위해 반드시 거쳐야 하는 중요한 지점들을 말한다.

마일스톤은 프로젝트 일정을 관리하는 데 반드시 필요한 지점을 체크하기 위해 사용한다. 프로젝트 성공을 위해 필수적인 사항들을 각 단계별로 체크하여 전체 일정이 늦춰지지 않고 제시간에 과업이 종료되도록 관리하는 데 도움을 주는 것이다. 마치 배가 목적지에 도착할 때까지 끊임없이 방향과 거리를 참조하는 '항해 지도Nautical Map'에 해당한다고도 볼 수 있다.

규모가 큰 일을 할 때, 특정 봉우리나 골짜기에 사로잡히지 말고 전체 산세를 읽는 것이 중요한 것이다. 실제로 마일스톤은 바로 전체 산세를 읽을 수 있도록 안내하는 일종의 지도Map로, 프로젝트 진행 과정의 핵심 사항들을 굵직하게 표기해줌으로써 프로젝트의 과정에 함께하는 사람들이 모두 같은 방향을 볼 수 있도록 하는 '이정표' 역할을 해준다. 우리가 특정한 시점에 적절한 행동을 할 수 있도록 돕는 것이다. 맵을 보면 직관적으로 알 수 있기 때문이다. 이렇게 나무가 아닌 숲을 보면서 앞으로 나아가야 길을 잃지 않을 수 있는 것은 진리이다.

일이 되게 하는 사람들의 공통점과 이유

우리는 '워크'에서 '라이프'에 이르기까지 수없이 많은 프로젝트를 만들고 수행하며 살아간다. 그리고 개중에는 분명 '하는 일마다 잘되는 사람'이 있다. 이런 사람들을 유심히 살펴보면 그들만의 공통점을 발견할 수 있다.

결론부터 얘기하면, 하는 일마다 잘되는 사람들은 '되는 구조'를 감각적으로 잘 만든다. 그들은 어떤 일을 할 때 마일스톤을 만들어서 단계를 표시하고 단계별로 필요한 사항들을 체크한다. 그뿐만 아니라 이 마일스톤을 적극적으로 공유하여 함께 가는 사람들이 엉뚱한 방향에서 헤매지 않고 가고자 하는 방향을 같이 바라보도록 하는 데 높은 우선순위를 두고 일을 한다.

냇가에서 물고기를 잡는 모습만 봐도 '되는 구조'를 만드는 사람은 다르게 움직인다는 것을 알 수 있다. 누군가는 작살을 가지고 한 마리, 한 마리를 쫓아다니며 잡는다. 그러나 '되는 구조'를 고민하는 사람은 어포기에 된장을 잘 풀어서 냄새로 유혹하거나, 혹은 물이 흐르는 길목에 그물을 쳐놓고 상류에서부터 물고기떼를 몰아가기도 한다. 물론 여기는 물고기를 잡는 목적, 도구나 재료 등 상황을 고려해야 하지만 (가급적) 짧은 시간에 많은 물고기를 잡는다는 가장 일반적인 상황을 고려했을 때 생각해볼 수 있는 시나리오이다.

실제로 하는 일마다 잘되는 사람들을 보면 감각적으로 '되는 구조'를 잘 만든다. '구조'를 잘 짜면 같은 시간을 들여도 더 큰 효과를 볼 수 있기 때문에, 그만큼 성공확률이 높은 것이다. 일이 되게 하는 사람들의 공통점과 그 공통점인 '구조화'하는 습관이 중요한 이유이다.

'되는 구조'를 만들고 - 실행하고 - 업그레이드하라

워크와 라이프 모두 동일하다. 일과 삶에서 어떤 일을 하든 먼저 '되는 구조'를 만들어야 한다. 이것은 투자 대비 효과가 좋은 '인프라'를 먼저 구축한다는 의미이기도 하다. 가령 서울에서 부산으로 가려면 먼저 고속도로라는 인프라가 필요하다는 것을 떠올리면 이해하기 쉽다.

한 발짝 물러서서 전체를 담는 항해 지도를 그리는 것이 여기 '구조'에 해당한다. 처음에는 구조를 그리는 것이 막연하거나 어려울 수 있다. 사실 구조는 처음부터 완벽하기가 어려우므로 지속적으로 업그레이드를 해나가는 것이 관건이다.

그다음으로는 "JUST DO!", 실행하는 것이다. 구조를 만드는 것은 어디까지나 그다음에 이어질 '실행'을 위한 것이다. 구조를 만들었다면 다음은 반드시 실행을 해야 한다. 그런데 아무리 심사숙고해서 만든 구조라 하더라도 항상 현실과 잘 맞아떨어지는 것은 아니다. 우리는 계획을 세우고 실행하는 과정에서 수도 없이 헤아릴 수 없는 실패를 경험하게 된다. 실행하는 단계에서는 '지금 내가 진행하는 방향이 과연 맞는지?' 확신하기 어려워 하루에도 마음이 수없이 오락가락하거나, 시도하더라도 생각과는 달리 눈에 보이는 성과가 없는 일이 거듭될 수 있다. **그러나 중요한 것은 JUST DO, 실행 그 자체다.**

그리고 실행을 통해, 구조는 다시 지속적으로 업그레이드되어야 한다. 일단 한번 실행하면, 그 실행에서 시행착오를 만나게 되고 그 실행의 시행착오가 마중물이 되어 계속해서 구조를 업그레이드하는 선순환을 만들 수 있다.

피터 드러커Peter Drucker는 《매니지먼트》에서 이렇게 언급했다. "성과는 백발백중이 아니다. 백발백중 성과를 올리는 일은 불가능하다. 성과란 장기적으로 봐야 한다. 그렇기 때문에 결코 실수나 실패를 모르는 사람을 믿어서는 안 된다. 그런 사람들은 무난한 일, 별 볼 일 없는 일만 해온 사람들이다. 약점만 지적당하면 사람들은 의욕도 잃고 사기도 떨어진다. 뛰어난 사람일수록 많은 실수를 저지른다. 뛰어난 사람일수록 새로운 일을 시도하려 든다"라고.

아무리 '구조'와 '실행', 그리고 '업그레이드'의 관계를 강조해도 처음 시작하는 사람들에게는 '구조'라는 게 어렵게만 느껴질 것이다. 설사 '구조를 그린다' 하더라도 처음부터 완벽한 '판'을 짤 수는 없다. 이 과정을 배우기 위해서는 결과가 좋든 그렇지 않든 무관하게 어떤 일을 마무리한 후에는 한 번쯤, 일이 진행되었던 과정 하나하나를 속속들이 들여다보는 과정을 거치는 것이 좋다. 제임스 클리어는 이것이 숙고와 복기를 통해서 가능하다고 말한 것이다. 다르게 말하자면, 잘한 부분은 강화하고 약한 부분을 보완할 수 있도록 복기하는 것이다. 이 과정이 지속된다면 점차 '일이 될 수밖에 없는 DNA'로 나를 성장시켜줄 것이다.

되는 구조 '프레이밍'으로 나만의 판을 짜라

일을 할 때 '판을 잘 짜는 사람' 혹은 '구조를 잘 만드는 사람'이 있다. 이들은 일Work과 삶Life 모두에서 성과를 내는 것은 물론이고, 누구나 함께 일하고 싶어 한다. 그렇다면 이들처럼 구조를 잘 짜려면 어떻게 해야 할까?

나는 비IT에서 IT로, 또한 비영업에서 영업으로 커리어를 바꿔 왔다. 영업이 되어서 한때 하늘을 나는 듯한 실적도 기록했고, 그런가 하면 추락하는 것에는 날개가 있다는 것도 체감해보았다. 특히 마이크로소프트Microsoft로 옮기고 나서는 '나 혼자서 할 수 있는 일은 아무것도 없다'는 것을 깨닫는 시간을 쏠쏠하게 보낼 수밖에 없었고, 그래서 바닥을 치는 심정도 느껴보았다.

이쯤 되니 내 자존감은 떨어지다 못해 땅굴을 파는 느낌이었고, 자연스럽게 '과연 어떻게 하면 성과를 낼 수 있을까?'를 필사적으로 고민하게 되었다. 그 이후 집요하리만큼 책과 선배들의 가르침에 진지하게 임하게 되었고, 그것은 '되는 구조'에 대한 치열한 고민으로 이어졌다. 그러던 어느 날, 나는 스스로 '되는 구조'를 그리기 시작했다.

영업인으로서 나는 작게는 딜Deal or Opportunity 하나로 시작해서 어카운트Account, 더 나아가서 내가 담당하는 세그먼트Segment 전체를 놓고 '구조화'하는 작업이 필요했다. 물론 처음에 딜 하나를 놓고 구조화할 때는 엉성할 수밖에 없었다. 이 시점에서는 '구조'라고 부르기도 민망한 수준이었다. 그렇지만 엉성한 구조에 뼈와 살을 더하는 연습을 계속 이어갔고, 나만의 프레임은 점차 견고해져갔다.

성공 구조 : 3W 전략, SMART 전술

나는 '일이 되게 하는 구조'를 프레이밍하기 위해 '성공 구조Success Architecture'라는 이름의 인포그래픽을 하나 만들었다.

이 구조물은 6개의 Sense로 이루어져 있는데 기본 원리는 아주 심플하다. 먼저 6 Sense는 일을 할 때 필요한 여섯 가지 요소를 우리 몸의 감각Sense에 비유한 이름으로, 각 요소는 육하원칙을 바탕으로 한다. 이때 Who · What · Why를 기본 축으로 하고, 나머지 When · Where · How to는 기본 축을 떠받치는 구조로 되어 있다.

'성공 구조'는 전략과 전술로 나뉜다. 작전 총지휘에 해당하는 전략Strategic을 보자면, 첫 번째로 기본 축인 'Who'는 '어떤 리소스를 어떻게 참여시킬까?', 여러 리소스가 있을 때 '리소스들 간의 R&RRole and Responsibility을 어떻게 나누고 관리해나갈까?' 등의 질문을 아우른다. 내가 함께 일할 사람을 포함해서 이 일을 할 때 활용할 수 있는 모든 리소스Resource에 대한 검토영역이다. 여기서 리소스란 사람, 돈, 물질 등 다양한 것들을 모두 포함하는 범위이다.

성공 구조

WWW 전략

Who

· 누구와 같이할 것인가?
· 적절한 때에 적절한
  리소스를 투입할 것
· '결'이 맞는 사람과 함께할 것

What

· 무엇을 할 것인가?
· 목표를 명확히 할 것
· 목표에 따라 요구되는
  역량을 준비할 것

Why

· 왜 이 일을 하는가?
· 이 일을 하는 소명을 확실하게
· 대응 명분이 중요!

When   Where | How to |

SMART 전술

Specific	단기·중기·장기 목표를 구체화하라.
Measurable	목표는 시간 가치를 통해 측정 가능해야 한다.
Actionable	실제로 실행할 수 있어야 한다.
Ritual	의사결정 절대 질량의 법칙, 리추얼로 자동화하라.
Think Visually	쓰고 그리면서 생생하게 생각하라.

두 번째로 'What'은 어떤 일을 해나갈 때, 목표 내지는 해야 할 일이 무엇인지를 명확하게 정의하는 영역이다. 내가 현재 위치한 지점과 내가 도착해야 할 지점을 양쪽 끝으로 놓고, 두 지점의 간격을 좁히기 위해 마일스톤에 입각하여 단계별로 '무엇을 목표하는지?' 혹은 '무엇을 해나갈지?'에 관련된 부분이다.

그리고 세 번째로 Why는 '나 혹은 우리가 이 일을 왜 해야 하는지?', 그러니까 일의 본질이나 그 일을 하는 나 혹은 우리의 소명을 확실하게 하는 영역이다.

나머지 When, Where, How to는 기본 요소 WWW에 해당하는 Who, What, Why를 세울 때 선택적으로 포함되어 이 세 축을 더욱 견고하게 만들어주는 영역이다.

이렇게 '전략Strategic'이라는 큰 그림이 그려지면 다음으로 실질적인 실행을 위한 '전술Tactic'도 필요한데 이것은 How to에 해당하는 영역으로 SMART 전술을 활용해서 구조화하면 된다.

WWW 전략과 SMART 전술은, 내가 하고자 하는 일의 종류와 규모, 중요도와 시급성에 따라 모든 요소를 적용해야 할 수도 있고, 선택적으로 적용할 수도 있는 유연한 구조로 되어 있다. 예를 들어 새벽에 일찍 일어나서 운동하기 혹은 매일 15분 책을 읽겠다는 계획을 세웠다고 가정해보자. 이렇게 일반적인 경우라면 Who, 즉 혼자 하는 게 좋을지? 아니면 누구와 같이 하는 게 좋을지? 혹은 어떤 챌린지에 가입해서 단체로 같이 할지 정도만 가볍게 결정하면 된다. 여기서는 What과 Why는 물론 나머지 요소들이 모두 불필요하다.

하지만 엔터프라이즈Enterprise 그룹의 전사 포털 프로젝트로 수백 억 규모의 수주를 목표로 세웠다면 이야기가 많이 달라진다. 이 일은 중요도가 굉장히 높고 시급할뿐더러 관계자도 많을 것이며 타임라인도 고객에 의해 어느 정도 정해져 있을 것이다. 이런 경우라면 전략Strategic 측면에서 WWWWho-What-Why 영역은 기본이고 When과 Where도 살펴봐야 한다. 다음으로 전술Tactic 측면에서도 SMART 영역 모두를 적용해서 정교하게 '구조 설계'를 해야 한다.

나만의 판짜기

이제 '일이 되게 하는 구조'인 WWW 전략과 SMART 전술을 통해 '나만의 구조'를 견고하게 만들어보자.

당연한 이야기지만 '구조' 즉 '판짜기'는 처음부터 완벽할 수 없다. (1) 처음에는 엉성하겠지만 일단 WWW 전략과 SMART 전술을 기반으로 '되는 구조'로 그리려는 노력 자체가 중요하다. 나는 일의 종류와 규모, 중요도와 시급성에 따라 6개 요소의 적용 범위를 결정하고 각 요소들의 본질을 명확하게 하는 데 우선했다. 그다음에는 (2) 우선순위를 정해서 '실행'한다. 그리고 나서 (3) 실행

결과를 바탕으로 내가 그린 구조의 장단점을 점검하고 검토한다. 그리고 (4) 실행 과정에서 배운 레슨런LL, Lessons Learned을 가미해서 '업그레이드'한다.

처음 '구조'라 부르기에도 민망할 만큼 엉성했던 나만의 구조 만들기, 혹은 '나만의 판짜기'는 이 과정을 반복하면서 점차 단단해져갔다. 이는 시간 이 지나면서 내 워크Work에서뿐만 아니라 라이프Life에서도 동일하게 작동하기 시작했다. 성공 구조Success Architecture 만드는 습관은 내 인생이 '멀티트랙Multi Track'을 지향하는 데 큰 역할을 하고 있다. 개인적으로 시도한 많은 도전에서 짧은 시간에 성과를 낼 수 있도록 도와줬고, 덕분에 바닥까지 추락했던 나의 자존감을 천천히 회복해나갈 수 있었다.

일이 풀리지 않을 때는
역산 스케줄을 만들어라

글로벌 No.1 IT 기업들이 직원에게 요구하는 것

내게는 꽤 생소한 분야였던 IT 영역에 처음 발을 들인 때를 나는 생생하게 기억한다. 그때는 당장 처리해야 하는 일들을 그저 쳐내기에 바빴다. 다시 말해 '전략' 없이 일했으며, 전략이 필요하다는 사실도 알지 못하고 있었다. 깊게 고민할 겨를도 없이 내 앞에 주어진 일들을 감당하고 어떻게든 성취해내기 바빴다. 그 시절의 나는, 내게 주어진 일을 닥치는 대로 잘 처리하는 것만이 능사인 줄 알았다.

IT 분야로 넘어와서 첫 번째로 하게 된 일은 '강사'였다. 프로그래밍 강사의 최우선 과제는 한 단원, 한 과목, 그리고 코스 하나를 잘 준비하여 강의하는 일이기 때문에 내일 강의, 이번 주 강의, 다음 달 강의를 충실하게 준비하는 것이 최우선 미션이었다.

강사에 이어서 두 번째로 하게 된 일은 '프리세일즈 엔지니어 Pre-Sales Engineer'였다. 자바 프로그래밍을 가르친 경험을 살려서 이 기술에 기반한 상품을 고객에게 소개하는 일을 했다. 프레젠테이션Presentation을 통해 기술적으로 이해되도록 상품을 가급적 쉽게 설명하고, 직관적으로 이점을 느낄 수 있도록 데모Demo를 만들어 보여줌으로써 고객이 확신을 갖도록 하는 역할이다.

그런데 IT 분야의 특성상, 이제 좀 알 만하면 기술이 업그레이드되고, 내가 준비하는 프레젠테이션과 데모가 좀 안정됐다 싶으면 새로운 기능이 또 추가되는 상황이 계속되었다. 그러다 보니 비전공 출신으로 그 속도를 따라가느라 까만 밤을 하얗게 지새운 날이 셀 수 없이 많았다. 그렇게 코앞으로 밀려오는 일들을 '닥치고 처리해내는' 자체가 중요한 날들이 이어졌다.

마치 게임에서 새로운 적을 물리치고 다음 단계에 진입하면 또 다른 적이 등장하는 상황과 비슷했다. 내공이 쌓이지 않은 내게는 하루살이처럼 살아가는 것이 이상하지 않았고, 그 이상을 미리 대비하기에 여력이 없었다.

서른이 넘어서 글로벌 회사로 이직하고 나자, 이전에 마치 하루살이처럼 일하는 과정에서 자연스럽게 형성된 '무턱대고 일하는 습관'을 돌아보게 되는 순간이 많아졌다. **그즈음 내가 일하는 방식을 돌아**

보면서 스스로 진단하게 된 이유는, 마이크로소프트를 비롯한 글로벌 IT 기업들은 직원들이 '그저 열심히 일하기'가 아닌 효율성을 기반으로 한 '전략적으로 일하기'를 요구했으며, 지속적으로 교육하고 코칭했기 때문이다.

'닥치고 열심히!'가 아닌 '전략적으로 열심히'

'전략적으로 일하기'는 회사의 교육을 기반으로 개인적으로도 마인드를 바꿔내려는 지속적인 노력을 필요로 했다. 그 덕분에 나의 일하는 방식은 점차 체계화되었는데, 이것을 한마디로 표현하기는 어려운 다양한 요소의 조합이었다. 그만큼 시간과 노력이 많이 드는 작업으로 긴장감을 가지고 의도적으로, 그리고 지속적으로 노력하는 게 필요한 영역이다.

이렇듯 '전략적으로 일하기'에는 생각보다 많은 요소가 내포되어 있다. 여러 요소 가운데 내가 일상에서도 자주 사용하는 것이 하나 있다. 바로 시간에 대한 전략인 '역산하기'다. **역산한다는 것은 '성과를 내는 목표일'을 기준으로 스케줄을 거꾸로 짜는 것을 의미한다.** 이는 아주 효과적이다. 왜냐하면 우리가 도달해야 할 지점으로부터 거꾸로 계산하면 지금 당장, 혹은 이번 주에 내가 해야 할 일이 분명해지기 때문이다.

결승 지점이 명확해지면 그 지점까지 도달하는 과정의 단계를 세분화할 수 있고, 그 세분화된 단계별 마일스톤들이 채워질수록 지금 해야 할 일, 다음 단계에 해야 할 일들이 명확해진다. 더불어 각 단계마다 어떤 아웃풋을 내야 하는지까지 한눈에 들어온다.

나는 '역산 스케줄' 덕분에 어떤 일을 시작하면 기필코 마무리를 지을 수 있게 되었다. 평소에 내가 관심을 두던 분야에 목표를 세우고, 자격증 취득을 목표로 하거나 새로운 취미에 도전할 때도 이 '역산하기'의 도움을 톡톡히 보고 있고 그 효과를 경험하면서 주변에도 강력히 추천한다.

'역산 스케줄'로 성취할 수 있는 것들

예를 들어 다이어트를 하려고 헬스를 시작했다가 급기야 '생활체육지도자 보디빌딩 자격'을 취득하려는 목표를 세우게 되었다. 이때도 '역산 스케줄'을 십분 활용해서 효과를 톡톡히 봤다. 사실 혼자 하는 운동은 그리 좋아하지 않는 성향이라 처음 헬스를 시작할 때 시큰둥했다. 그러나 전문 트레이너가 나에게 맞는 운동 프로그램을 짜서 제대로 가르쳐주니 짧은 시간에 효과가 느껴졌고, 운동 단계가 올라가니 자연스럽게 재미를 붙이게 되었다.

헬스의 재미를 맛보고 나서 나는 운동의 원리, 건강한 식단, 더 나아가 해부학까지 공부하면서 헬스 전반에 대한 기본기를 익혀나갔다. 운동을 좀 더 전문적으로 배워보고 싶다는 생각이 들기 시작했고, 그때부터 책에서 본 내용들을 트레이너에게 자주 질문하게 되었다. 그러던 어느 날, 그날도 나는 헬스장 한편에 꽂혀 있는 책들을 살펴보고 있었는데 트레이너가 다가와서 '생활체육지도자 보디빌딩 분야'에 도전해보라고 제안해왔다.

1년쯤 꾸준히 PT를 받았던 터라 운동에 대한 기본 감각은 어느 정도 익힌 상태였으나 자격시험은 별세계의 이야기인 듯했다. 그러나 그런 자격이 있다는 것을 직접 확인하자 욕심이 생겼고, 바로 '역산 스케줄'을 세웠다. 시험일을 마감일Due Date로 잡고, 시험일까지 남은 시간을 확인해서 시험일부터 거꾸로 단계별 마일스톤을 설정하는 방법이다. 이렇게 마일스톤들을 설정하자 각 단계에 필요한 자원들이 눈에 보였다. 나는 그렇게 도출된 자원들을 시기적절하게 개입시켜 효율적으로 준비할 수 있었다. 짧은 기간에 내가 원하는 자격을 취득할 수 있었던 것은 오로지 그 덕분이다.

그리고 다음 해에 생활체육지도자(현 생활스포츠지도사) 자격시험제도가 선진국형으로 바뀐다는 이유로 기존에 1개 이상의 자격을 갖춘 사람에게는 다른 분야의 필기시험을 면제해준다는 소식을 우연히 접하게 된다. 딱 그해가 마지막이었다. 그 소식을 듣고 확인해본 결과, 국가자격시험인 생활체육지도자에는 50개가 넘는 분야가 있다는 것을 알게 되었고 혼자서 가만히 살펴보니 골프 분야가 눈에 띄었다.

이게 내가 골프 자격시험에 도전하게 된 결정적 계기다. 그동안 5년 이상 골프를 즐겨왔기에 나는 '실기'도 웬만큼 준비된 상태가 아닌가 하는 생각이 들었다. 게다가 '내가 한 번 더 도전한다면 이번 기회에 골프 이론을 본격적으로 익힐 수 있고, 그렇게 되면 개인적으로도 상당한 도움이 되겠구나!' 하는 생각에 이르렀다. 나는 바로 '골프'로 종목을 정하고 다시 한번 생활체육지도자 자격시험에 도전하게 된다.

늘 그랬듯이 시험일을 목표점으로 놓고 거꾸로 역산 스케줄을 만들었다. 각 단계를 세세하게 쪼개놓으니 단계별로 준비해야 할 것들이 한눈에 들어왔다. 골프 분야도 역산 스케줄 안에서 오늘, 이번 주, 이번 달에 해야 할 일들과 단계별로 필요한 자원들을 명확하게 정의할 수 있었다. 그렇게 전략적으로 준비한 덕분에 3개월 만에 성과를 낼 수 있었다.

취미 삼아 시작한 운동에서 두 번 연이어 성과를 내고 나니 마음 한구석에서 자신감이 스멀스멀 피어나기 시작했다. 그다음 해에는 완전히 다른 분야로 눈을 돌려서 English Teaching 자격에도 도전했고, 역시 3개월 목표로 단기간에 성과를 낼 수 있었다.

이렇게 역산 스케줄은 나의 개인적인 취미는 물론 업무에서도 크고 작게 성취하는 데 매번 한몫을 담당했다. 이런 경험들이 쌓이면서 나는 어떤 일을 시작하게 되면 반드시 목표일이나 마감 시기를 확인하고 역산 스케줄을 세우곤 한다.

최종 목표점으로부터 오늘까지 시점별 마일스톤을 찍고, 마일스톤 지점별로 해야 할 부분들을 점검해나가면 어떤 일이든 막연하게만 느껴지지 않는다. 마치 어두운 밤바다를 항해할 때, 등대가 배가 가야 할 길을 비춰주어 목적지에 안전하게 도착할 수 있게 되는 것과 비슷하다. '역산 스케줄'은 등대와 같이 목표지점에 이르는 길을 단계별로 비춰줌으로써 지금 해야 할 일과 그렇지 않은 일들을 명확하게 해주기 때문이다. 원하는 것이 있다면 '역산 스케줄'로 나만의 등대를 만들자. 그리고 그 길에 배, 아니 나를 태우기만 하면 된다.

자원을 적재적소에
배치하라

적재적소 성공 전략

많은 사람이 인문학 기본서로 사마천의 《사기》와 노자의 《도덕경》을 추천한다. 인간의 성공과 실패, 그리고 리더로서의 행동 지침에 대해 얘기하는 책들이다.

이들 책에서 공통으로 이야기하는 것은 현대적으로 풀어보면 다음과 같지 않을까? 어떤 일에 성과를 내는 사람들은 다양한 리소스와 주변 사람을 잘 기용한다는 점이다. 또한, 성과를 내고자 할 때는, 성과를 내고자 하는 일의 본질을 이해하고, 주변의 리소스를 분간하여 적기에 참여시켜야 한다는 점이다.

아무리 지혜로우며 뛰어나다고 정평이 난 사람도 혼자서는 매번 좋은 성과를 내기가 어렵다. 《사기》에서 성공한 사람의 표상으로 대표적인 인물은 주왕, 항우, 유방 등이 있을 것이다. 이 가운데 항우는 좋은 재주를 타고났는데도 다른 사람들을 포용하지 못하여 독불장군으로 묘사된다.

반면에 유방은 스스로 엄청난 재주를 가졌다기보다 재주 많은 사람을 다양하게 곁에 두려고 노력했으며, 그것을 즐겼던 인물이다. 유방이 보여준 용병술을 업무 현장으로 가져와보면 어떨까?

알맞은 인재를 알맞은 자리에 씀(적재적소適材適所)으로써 같은 일을 더 효율적으로 한다는 의미이자 '일이 되게 한다'는 의미일 것이다. 영어로 표현하면 'Right time, Right resource'로, 일을 할 때 적절한 타이밍에 적절한 리소스를 활용하여 효율과 효과를 높일 수 있음을 얘기한다.

우리가 어떤 일을 성취하기 위해 매진할 때 그 일에서 성과를 내려면 반드시 '일이 진행될 수밖에 없는' 구조를 짜야 한다. 그러기 위해서는 내가 특정한 역할을 제대로 수행하는 것은 물론이고, 외부 환경과 자원을 적재적소에 활용하는 것도 중요해진다. 예를 들어 누군가에게 맡겨야 할 일이 있다면 그 일에 가장 알맞은 역량을 가진 사람을 배치해야 하는 것이다. 또한 일의 흐름이 매끄럽도록 인재뿐만 아니라 다른 자원들도 적재적소에 투입해야 한다.

마이크로소프트에서 성과를 내는 전략 : 적재적소

그렇다면 무엇이 '자원'이 될 수 있을까? '일이 되게 하는 요소'라면 모두 자원이라고 볼 수 있다. 특히 사회에서 하나의 주체인 기업이 생존과 번영을 위해 움직일 때 무엇을 자원으로 활용하는지 유심히 살펴본다면 개인적인 측면에서도 힌트를 얻을 수 있을 것이다.

마이크로소프트는 어떤 요소를 자원으로 보고 있을까? 어느 조직이든 마찬가지겠지만, 우선 '사람'이 가장 큰 자원이다. 마이크로소프트는 여러 부서의 사람이 직무와 책임에 따라, 서로 협력할 수 있는 조직 구조를 가지고 있다. 이는 일방적인 상하 구조가 아니라 제품, 역할을 기준으로 여러 사람이 엮여 그러나 각자의 역할을 해나가는 구조다. 기업의 가장 큰 자원인 사람들이 상하 구조에 억눌리지 않고 서로 시너지를 내며 일할 수 있도록 조직 구조를 형성한 셈이다.

그 밖에도 마이크로소프트는 다양한 자원을 보유하고 있다. 예를 들어 대표적인 IT 기업답게 보유 중인 무수한 IT 기술이 그 자체로 자원이다. 또한 고객들이 신뢰감을 바탕으로 이 기술들을 사용하고 경험하도록 돕는 전문성도 중요한 자원이라고 할 수 있다. 이외에 대중적으로 널리 알려진 마이크로소프트의 제품군은 대표적인 자원이다. 이 제품군 자체가 무척 중요하기 때문에 상품의 질을 높이기 위해서 실로 어마어마한 투자를 하고 있다.

마이크로소프트는 총 매출의 10퍼센트 이상을 R&D Research and Development에 투자하고, 그중에서도 보안 Security 영역에는 더욱 우선순위를 둔다. 보안에도 역시나 세부 분야가 많은데 그중에서도 사이버 보안 Cyber Security 영역에는 1년에 10억 달러, 한화로 1조 2천억 원 이상을 투자하니 실로 놀라울 뿐만 아니라 회사가 무엇을 중요하게 바라보는지 읽을 수 있는 대목이기도 하다.

그리고 마켓 개발 펀드 또한 아주 좋은 자원이다. 마이크로소프트는 '기술로써 개인이나 조직의 성공을 돕는다'라는 미션을 가지고 있는 회사다. 실제로 시장에 새로운 콘셉트를 제안하고 교육하고 만들어가는 미션을 수행하는 데도 투자를 아끼지 않고 있다. 그만큼 마켓 개발을 위한 펀딩을 한다는 의미로 작게는 특정 고객을 위한 세미나, 웨비나부터 새로운 트렌드를 만들어 시장에 전파하기 위한 다양한 액티비티까지 지원하고 있다.

이렇듯 마이크로소프트라는 기업은 사람과 기술, 그리고 마켓 개발 펀딩 외에도 다양한 자원을 찾아서 적기에 투입할 줄 안다. 우리 개인도 이와 마찬가지로 자신이 보유하고 있는 자원이 무엇인지 객관적으로 파악하여 일을 진행할 때 적재적소에 투입할 수 있어야 성과를 낼 수 있는 것이다.

직장 다니며 상가 주택 짓는 전략 : 적재적소

나는 3년 전에 내가 거주하던 아파트를 팔고 오래된 빌라를 사서 상가 주택을 지은 후 입주했다. 이때도 내가 가진 자원들을 충분히 검토하고, 이 자원들을 어떻게 투입할지 치열하게 고민하여 실행했다. 기업이 움직이는 방식이 개인적인 성취에서도 똑같이 적용될 수 있음을 배운 소중한 경험이었다.

4년 전까지만 해도 나는 마이크로소프트에 입사한 이듬해에 구입한 아파트에 살고 있었다. 우연찮은 기회에 집을 옮기기로 계획하고 이사할 집을 구하다가 일이 커져서 아예 우리가 살고 있는 아파트를 팔아서 상가 주택을 짓기로 결심하기에 이르렀다.

집을 짓겠다는 의지를 주위에 내비쳤더니 극히 일부의 지인을 제외하고는 대부분의 사람이 걱정 어린 조언부터 건넸다. 시골에 계신 부모님이 집을 짓다가 신경 쓸 일이 너무 많아서 병을 얻었다는 이야기부터, 건축 과정에서 사기를 당해서 골치가 아팠다는 이야기까지 부정적인 이야기 일색으로 사연도 참 다양했다. 또한 유지 · 보수 작업이 만만치 않아서 오랜 기간 마음고생을 했다는 이야기도 들렸다. 건축을 반대하는 근거는 생각보다 훨씬 다양하고 폭이 넓었다.

주위 사람들의 우려 섞인 조언에는 일리가 있었다. 일단 주위에 실제로 건축을 경험한 사람이 거의 없었고, 그동안 어렵사리 모은

재산 전부를 걸어야 하는 일이니만큼 가볍게 시도해보기에는 부담스러운 게 사실이었다. 게다가 바쁜 직장 일을 병행하면서 집을 지어야 했기 때문에 섣불리 시작할 수는 없었다. 그러나 당시에 나는 벌써 살던 아파트를 팔고 오래된 단독주택을 계약한 상황이었다.

이미 주사위가 던져진 상황에서 나는 남편과 함께 집을 짓기 위해 우리가 해야 할 일들 중에서 최우선 순위를 먼저 고려했다. 바로 건축 과정이 우리 부부의 본업에 최소한으로 영향을 주도록 하는 것이었다. 설사 완공까지 조금 돌아가더라도 본업에 미칠 영향을 최소화하면서 집은 집대로 잘 지을 수 있는 구조를 마련하는 데 우선순위를 둔 것이다. 따라서 초반에 설계사와 시공사를 선정할 때부터 '일이 될 수밖에 없는 구조'를 만드는 게 최고의 관건이었다.

모든 계획은 AS-IS, 즉 현재 상황에 기반해야 TO-BE, 즉 향후 모습이 견고해질 수 있다. 제일 먼저 우리는 현재 상황을 명확하게 직시하고, 그것을 기반으로 건축 이후에 궁극적으로 바라는 미래의 모습을 그렸다. 우리는 맞벌이 부부여서 현실적으로 공사가 진행되는 동안 현장을 지킬 수 없는 상황이었다. 설사 공사 현장을 자주 방문할 수 있다고 하더라도 건축 문외한인 우리가 제대로 관리에 참여할 수 없다는 사실을 인지했다.

이렇게 AS-IS를 명확하게 하니까 TO-BE와의 차이GAP가 명백하게 보이기 시작했다. 현실과 목표의 차이가 명백해지니까 그 차이를 최소한으로 줄이기 위해 우리가 해결해야 할 요소들이 분명해졌다. 이렇게 해결할 요소들이 분명해지니 그다음으로 어떤 리소스를 선택해서 활용해야 할지 선명해졌다.

예를 들면 집주인이 현장에 가서 지키지 않아도 공사 진척 과정을 투명하게 확인할 수 있고, 필요하면 그 내용을 저장해서 문제가 발생했을 때 참조할 수 있도록 하는 방법이 필요하다는 조건이 도출되었다. 이 조건을 만족시키기 위해서 CCTV 등 모니터링 시스템을 갖춘 시공사를 선정하는 것이 중요했다. 그리고 좀 더 거시적인 관점에서도 공사 진척 정도를 확인하는 것은 필수였다. 시공사의 사후 보고를 통해서만 과정을 알 수 있는 시공사의 모니터링 시스템이 우리에게는 중요한 지표였고, 드론 같은 신기술을 적절하게 활용하는 것도 시공사를 평가하고 선정하는 데 주안점으로 가져갈 수 있었다.

또한 우리가 본업에 시간을 많이 들여야 하는 상황이었으므로 시공사에서 선정한 현장 소장님과의 원활한 커뮤니케이션이 중요했다. 이 부분을 해결하기 위해 현장의 공사 진행을 기록하는 툴을 활용하는지가 중요한 지표였고 또한 회사에서 현장에 계신 현장 소장님과 급한 경우 직접 보면서 협의할 수 있는 원격 회의와 같은 체계를 갖추는 것이 중요했다. 이를 통해서 현장 스케치와 더불어 매일의 공사 진척도를 체크해나갔다. 이렇게 현장에서 가장 중요한 역할을 하는 사람과 정기적·비정기적 커뮤니케이션 체계를 만들고 원격 툴과 공유 툴을 적절하게 활용했기에, 공사 현장에 붙어 있지 않고도 적기에 진도를 효율적으로 공유받으면서 그때그때 발생하는 우리의 요청 사항을 무리 없이 수렴시킬 수 있었다.

IT 혹은 시스템 측면의 자원만 활용한 것은 아니다. 공사가 진행되는 동안 가족들이 머물 곳이 필요했는데, 이때 공사 현장 근처로 생활권을 이전하는 의사결정을 한다. 공사 현장, 즉 지금의 우리 집 바로 앞 2층에 월셋집을 구하고 온 가족이 이사함으로써, 언제든지 공사 현장을 내려다볼 수 있는 구조를 만든 것이다.

물론 맞벌이 부부의 특성상 대부분 집에 없기 때문에 공사 현장을 지켜볼 수 있는 위치여도 늘 그럴 수는 없었다. 그리고 우리가 하루 종일 쳐다본다고 하더라도 비전문가 입장에서 수시로 들어가는 각종 자재나 진행 과정을 일일이 판단하기는 사실상 어려웠다. 그러나 집주인이 공사 현장 바로 앞에 살면서 언제든지 창문으로 내려다볼 수 있다는 사실만으로도 현장 소장님과 관계자들은 부담을 느낄 수 있는 구조를 만든 것은 신의 한 수로 작용했다.

어찌 보면 사소한 것 같지만 이런 세세한 자원Resource까지 모두 활용한 결과, 바쁜 직장일을 하면서도 애초에 예정한 시점에 공사 지연 없이 입주하게 되었다. 게다가 당시에 어느 지상파 TV 프로그램에 우리 집이 소개되기까지 했으니 집짓기 프로젝트를 꽤나 성공적으로 마쳤다고 할 수 있다. 덕분에 TV를 보고 알았다며, 주위에서 상가주택 짓기 노하우를 묻는 일도 적지 않았다.

어떤 일을 할 때 내가 원하는 성과를 내기 위해서는 적절한 리소스를 적재적소에 배치하는 것이 정말 중요하다. 회사나 개인적인 경험을 기반으로 봤을 때, 상당 경우 이것이 성취의 성패를 가른다고도 이야기할 수 있다.

내 경우에는 운이 좋게 글로벌 조직이 커다란 자원을 운용하는 것을 지켜볼 수 있었다. 덕분에 '직장인의 집짓기'는 성공적으로 마무리되었고, 계획된 일정에 맞춰 새집에 무사히 들어갈 수 있었다. 이렇게 개인적인 차원에서도 '일이 되는 구조'를 잡고 적절한 리소스를 발견하고 이를 '제 위치'에 참여, 즉 '적재적소'함으로써 개인적인 성취도 이룰 수 있었다.

기회는 준비된 곳에서 만난다

"기회는 준비된 곳에서 만난다"라는 말이 있다. 일을 잘하는 사람들은 그저 자기 앞에 주어진 '일'만 보지 않는다. 그들은 일을 둘러싼 '자원'을 볼 줄 알고, 이를 잘 활용함으로써 효율적인 구조를 만들고 '준비된 곳에서 기회를 만나게 한다'.

'일이 되는 구조'를 만들기 위해서는 평소에 자기 자신을 포함한 외부의 자원을 파악해두는 것이 중요하다. 평소 관심을 토대로 각 자원의 특징과 장점으로 '일이 될 수밖에 없는 구조'를 만드는 것이다.

성과는 절대로 그냥 오지 않는다. 그러나 꿈쩍도 하지 않는 바위도 지렛대 하나만 잘 구한다면 들어올릴 수 있다. **이렇듯 성과를 내기 위해서는 리소스를 지렛대 삼아서, 레버리지하는 것이 핵심이다. 목표 즉 무엇을 들어올릴지를 명확하게 하고, 그 목표를 들어올리기 위해 어떤 리소스가 지렛대 역할을 해줄지를 심도 있게 고민하고 적극적으로 찾아내야 한다.** 그러고는 '일이 되는 구조' 안에서 힘을 받는 지점을 찾아내서 제대로 레버리징을 해줄 때 성과가 올라가게 되어 있다.

문제 해결을 위한
더 나은 방법, 프레임워크

맥킨지의 문제 해결 방법

글로벌 경영 컨설팅 회사인 맥킨지&컴퍼니McKinsey & Company
는 빠르고 복잡하게 변화하는 경영 환경에 놓인 기업들의 문제를
해결해준다. 맥킨지는 고객사의 복잡한 문제를 해결하기 위해 체
계적이고 논리적인 접근을 하는 것으로 유명하다. 한정된 자원으
로 제한된 시간 내에 가장 중요한 문제를 해결하는 것이 궁극적으
로 가장 임팩트 있는 효과를 내는 것이라고 생각하기 때문이다.

효율적이고 효과적으로 문제를 해결하기 위해서는 먼저 넘쳐나
는 정보의 홍수 속에서 사안의 핵심을 빠르게 파악해야 한다. 이후
에 해결 가능한 이슈들을 분류하고 구조화한다. 마지막에는 이것

들을 면밀히 검토한 후 의사결정을 하는 것이다.

간혹 해결 방향이 명확히 보이지 않을 때는 문제의 핵심에 집중하기보다는 문제와 관련해 얻을 수 있는 정보를 전부 모아서 그 상황을 해결할 수 있는 모든 경우의 수를 나열해본다. 이런 접근을 맥킨지에서는 '바다 끓이기Boiling the Ocean'라고 부른다. 해결하기가 불가능해 보이는 문제까지 해결하겠다는 의지의 표현인 것이다.

그러기에 맥킨지에서는 '80:20 법칙'에 기반하여 문제를 해결한다. "문제의 80퍼센트가 전체 원인의 20퍼센트로 인해 생겨난다"라는 명제를 토대로 핵심적인 20퍼센트의 원인에 집중해 문제를 해결하는 것이 핵심이다.

문제 해결 방법론 7단계 중 첫 번째
: 문제 정의, 셔츠의 첫단추와 같다

맥킨지는 문제를 해결하는 방법론을 7단계로 나눈다. 말 그대로 문제 해결을 위한 단계적 접근 방법을 말하는데 첫 번째 '문제 정의Define Problem' 단계를 가장 중요하다고 한다. 7단계 중에서도 첫 단계를 가장 핵심이라 부르는 이유는, 이 단계는 셔츠의 첫 단추와 같은 역할을 하기 때문이다. 첫 단추가 잘못되면 이어지는 과정도 계속 어긋날 수밖에 없다. 그러니까 문제가 제대로 정의되지 않는다면 다음 단계는 당연히 줄줄이 엇박자가 날 수밖에 없고 그렇게 시간이 지나면 구조적 해결이 불가능해진다.

　요즘처럼 사회의 변화가 빠르고 복잡할수록 '문제의 본질'에 집중하는 관점이 반드시 필요하다. 문제를 정의하는 것이 어느 때보다 중요해지는 것이다. **화살을 쏠 때 각도가 0.01도만 틀어져도 화살의 도착 지점이 확연히 달라진다. 마찬가지로 문제를 어떻게 정의하느냐에 따라 완전히 다른 해결책이 도출될 수 있는 것이다.**

IT 사고의 틀
: AS-IS vs. TO-BE

　문제를 정의하는 게 이토록 중요하다면 비즈니스 컨설팅 펌에서는 '문제 정의'를 잘하기 위해서 어떤 방식을 취하고 있을까? 그들은 고객이 당면한 복잡다단한 문제들을 풀기 위해 무척 다양한 프레임워크를 활용한다. 내가 일하는 IT 분야에서는 비즈니스 컨설팅 펌들만큼 다양한 프레임워크를 활용하지는 않지만, 유독 많이 활용하는 프레임워크가 있다. 나의 집짓기 프로젝트를 얘기하면서 잠깐 언급했는데, 바로 '현재 상황AS-IS과 향후 구조TO-BE'를 나란히 그려보는 프레임워크다.

　IT 시스템이나 서비스를 논할 때 기본적으로 고객의 현황AS-IS을 파악하는 데서 시작한다. 그다음, 그 상황을 어떻게 바꾸고 싶어 하는지 고객의 요구Needs를 반영한다. 마지막으로 고객이 바라는 향후의 구조TO-BE를 그려가는 것이다. IT 업계에서 일하는 사람이라면 친숙하게 접해보았을 이 프레임워크는 굉장히 높은 빈도로 활용된다.

자바 강사로 일할 때도 그러했고, IT 분야에서 일하는 내내 논의의 흐름은 비슷하다. 그것은 바로, 현재 아키텍처를 먼저 파악하고 진단하여 이후에는 더 나은 아키텍처를 그려내는 것이다. 이런 순방향의 접근으로 문제를 다루는 것이 가장 흔한 모습이다. 나는 비전공자였기 때문에 IT 분야에 들어온 뒤 접한 이러한 '사고의 틀'을 내재화하는 데까지 꽤 오랜 시간이 걸렸다.

그러나 'AS-IS vs. TO-BE' 프레임워크를 한번 익히고 나니 비단 워크Work뿐만 아니라 개인적인 라이프Life에도 쉽게 접목할 수 있었다. 워크와 라이프 어디서든 첫 단추를 잘 끼우는 것이 중요하다. 지금 맞닥뜨린 문제의 현주소에 대해 상황 파악을 잘못하면 이후로 줄줄이 엇박자가 나기 때문에 'AS-IS'를 분석하는 것은 모든 것의 출발점이 되어야 하는 이유이다.

문제 해결을 위한 더 나은 방법, 프레임워크

우리가 고객(사), 즉 구매자를 대상으로 '제안'을 할 때 구매자의 필요에 어필하는 '제안 발표' 시간을 갖는다. 제안에 있어서 단계별로 중요하지 않은 과정은 없지만, 제안의 꽃에 해당하는 '제안 발표'는 내 상품이나 서비스의 가치를 설명하는 자리로 무척 중요하다. 프레젠테이션을 할 때 아무리 자료를 잘 만들고 말을 잘 하더라도 그 설명을 듣는 구매자의 입장을 고려하지 않는다면 와닿지 않을 것이고, 그렇게 되면 자연히 제안이 '구매 결정'으로 연결되지 못할 것이다. "일반적으로 좋은 건 알겠는데, 그래서 나 혹은 우리의 지금 상황에서 어떤 점이 좋아진다는 거지? 또 그로 인해서 나 혹은 우리에게 어떤 효과가 있다는 거야?" 하는 반응이 있을 수 있다.

그렇기 때문에 내가 판매하는 상품이나 서비스의 특징을 그저 열거하는 데 그쳐서는 안 된다. 그 대신에 구매자의 현재 상황, AS-IS를 정확하게 파악해서 제시해야 한다. 그러고 나서 이 상품이나 서비스를 구매함으로써 향후 상황, TO-BE를 일목요연하게 제시해야 한다. 이 두 가지가 명확하게 구분되도록 프레젠테이션에 담을 수 있다면 임팩트 있는 제안을 줄 수 있다.

이런 식의 제안은 고객 입장에서 당연히 반가울 수밖에 없다. 그들의 현황을 조사하고 연구해서 그들보다 상세하게 파악하고 있다는 반증이 되기 때문이다. 또한 회사 입장에서는 나와 우리 회사의 상황을 분석하고, 이를 기반으로 더 나은 방향을 제시받는 상황이므로 마다할 이유가 없고, 이런 제안이 믿음직스러워지는 것은 당연할 수 있다.

AS-IS vs. TO-BE 프레임워크를 그리는 작업은 현재 상황을 '객관화'하는 과정이다. 객관화한다는 것은 한 발짝 뒤로 물러나 조망한다는 것으로, 눈앞에 놓인 것뿐만 아니라 좀 더 폭넓게 볼 줄 안다는 것이다. 이것을 향후까지를 보고 좀 더 큰 그림을 그려갈 수 있다는 장점이 있다. 이 단계가 되면 구매하는 사람 입장에서 그저 있으면 좋은 요구Needs가 아니라 정말로 꼭 가지고 싶거나 혹은 없으면 안 되는 그것Wants이 될 가능성이 높아지는 것이다.

이때 TO-BE, 즉 개선되는 측면을 부각할 때는 정성적인 내용도 좋지만 정량적으로 표현해줄 수 있는 데이터를 활용한다면 금상첨화다. 물론 상품이나 서비스를 구매한 뒤의 모습을 100퍼센트 예측할 수는 없을 것이다. 다만 비슷한 상품이나 서비스를 구매한 고객의 사례가 있다면 그 데이터를 간접적으로라도 제시할 수 있다. 이렇게만 해도 충분히 효과적인 제안이다. 이러한 제시가 효과적인 이유는 담당자 입장에서는 먼저 경험한 현장의 경험에서 내가 배울 게 있다고 생각하면서 라포가 형성되고, 이 일과 관련된 사람들에게 '현상現狀 대비 개선점'이라는 측면에서 눈에 보이는 효과를 제시함으로써, 내부 담당자로서 당위성을 가져갈 수 있기 때문이다.

'그저 열심히' 하면 안 되는 이유,
'프레임워크'가 필요한 이유!

어떤 일을 할 때 '그저 열심히'만 한다고 좋은 성과를 만들어낼 수 있을까? 결론부터 얘기하면 절대 그렇지 않다. 우리에게는 더 나은 사고의 틀, 즉 프레임워크가 필요하다. 먼저 현재 상황AS-IS을 명확하게 파악하고, 이를 토대로 향후에 나아가야 할 방향TO-BE을 그려나가는 것. 이것은 무척 간단하면서도 엄청난 효과를 발휘하는 강력한 프레임워크다.

아무리 좋은 약과 치료법이 있어도 진단이 잘못되면 무용지물이다. 모든 치료는 환자의 현재 상태를 명확하게 진단하는 것, 즉 AS-IS에 기반하여 문제를 정의하는 것부터 시작되어야 한다. 같은 병이라도 환자 개인의 현재 상태, AS-IS에 따라 세부적인 치료 · 처방 · 관리 방법이 달라져야만 향후 TO-BE 효과를 볼 수 있는 것과 같다.

안타깝게도 주위를 돌아보면 '그저 열심히'만 하는 사람이 눈에 많이 띈다. 노력은 엄청 하는데 성과가 잘 나오지 않는 사람들은 현재 상황, AS-IS에 대한 파악이 제대로 이루어지지 않았을 가능성이 높다. 마치 사냥꾼이 새를 잡을 때 새의 위치를 파악하고 조준하는 대신, 무작정 하늘을 향해 눈을 감고 따발총을 마구 쏘는 모습과 같다. 어떤 일을 해나갈 때 '나의 현재 위치와 준비 상태 vs. 표적의 위치와 상태'를 정확히 파악하는 게 일의 시작점이 되어야 한다. 그런 다음, 표적을 조준해서 총구를 겨눠야 한다. 그리고 나서 비로소 '열심히' 총을 쏘는 빈도를 높여야만 사냥에 성공할 확률을 높일 수 있는 것이다.

제대로 된 방향 혹은 표적이 없이 그저 열심히만 하게 되면 시간과 노력의 투입량 대비 성과가 낮을 수밖에 없다. 실제로 프로 일잘러들을 보면 성과를 내거나 문제 해결을 위한 더 나은 방법으로 자기 나름의 프레임워크를 가지고 있고, 그것을 충분히 활용한다는 공통점을 발견할 수 있다.

일의 과정을
발견하라

'큰 그림을 그릴 줄 안다'는 것은
일의 '과정을 발견한다'는 의미

우리가 일하다 보면 흔히 "큰 그림을 보면서 일하라"는 이야기를 듣는다. 그럴 때마다 나는 '큰 그림? 이게 대체 무엇일까? 이 추상적인 말을 어떻게 받아들이는 게 좋을까?' 스스로 되묻곤 한다. 20여 년간 일한 날들에 비춰보니 '큰 그림을 그릴 줄 안다'는 것은 일을 하는 데 있어서 '일의 과정을 발견한다'는 의미로 다가온다.

'일의 과정을 발견한다'는 것은 여러 의미가 담겨 있다. 우선 '왜 이 일을 해야 할까?', 혹은 '이 일을 통해서 어떤 아웃풋을 내야 할까?' 하는 질문을 스스로에게 던져서 해치우기 급급한 일을 한 발 떨어져 바라보는 일이 포함된다. 자신이 하는 일에 대해서 좀 더 본질적인 고민을 해보는 것이다. 그다음으로는 일을 해결하기 위해서 타임라인을 그려내고 적시에 일을 해결하기 위한 대책을 세우는 것일 수도 있다. 마지막으로, 지금 자신이 붙잡고 있는 일이 전체 맥락에서 어떤 과정에 놓여 있는지 내려다보는 것도 해당된다. '일의 과정'을 조망하면서 바라보는 것을 가리킨다.

또한 일의 과정을 함께 하는 사람들 간에 상호 작용하고, 때로는 서로가 서로를 레버리지leverage함으로써 과정을 촉진해나가는 일이기도 하다. 따라서 우리가 일을 만나면 '큰 그림'을 그리듯 '일의 과정'을 한 번 더 들여다보는 태도가 중요하다. 나도 처음에는 이러한 과정을 전혀 보지 못했는데, 점차 다양한 이력이 쌓여가는 동안에 '일의 과정'을 이전보다 상세하게 들여다볼 수 있게 되었다.

강의와 세일즈의 공통점 vs. 차이점

썬마이크로소프트 교육센터에서 자바 강의를 하던 때는 하루도 긴장을 늦출 수 없었다. 비전공자로서 전문가들을 대상으로 프로그래밍 강의를 한다는 것은 심리적인 압박감이 큰 일이었다. 결국 밤잠을 설치며 한 자라도 더 공부해서 강의를 준비해야만 했다. 준비한 내용을 잘 전달하는 일에도 익숙하지 않았기에 매번 강의장에 서기까지 극도의 긴장감이 몰려왔다. 그렇게 고단한 하루를 마치면 다시 다음 날 준비, 그렇게 또 하루를 마치면 그다음 날 강의를 준비하느라 다시 밤잠을 설치는 나날을 되풀이했다. 마치 경주마처럼 고개를 처박고 죽어라 달리기만 한 것이다.

이때의 내가 마주한 '일의 과정'은 어땠을까? 먼저 나는 강사로서 전달해야 하는 내용을 공부했다. 그리고 이를 바탕으로 강의안을 준비했으며, 그 내용을 수강생들에게 전달했다. 내 일을 해내는 것은 쉽지 않았지만, 일의 과정 자체는 단순했다고 볼 수 있다. 게다가 내 일에 참여하는 이해 관계자도 적었다. 오로지 내 강의를 듣는 수강생들만이 존재했다. 누군가와 함께 일하는 것이 아니라 대체로 나 혼자서 시간을 밀도 높게 쓰는 것이 중요했다. 그저 내 앞에 놓인 단순한 일의 과정을 묵묵히 수행해낼 뿐이었다. 그러던 어느 날, 스스로 천거하여 세일즈가 되고 나서는 상황이 많이 달라졌다.

강의와 세일즈를 같은 선상에 놓고 전체적인 맥락에서 보면 '가치를 판다'는 측면에서는 크게 다르지 않았다. 강의는 내가 익힌 지식을 잘 전달함으로써 강사로서 나의 콘텐츠와 딜리버리 역량을 파는 일이라면, 세일즈는 내가 가진 상품이나 서비스를 고객이 잘 활용하도록 파는 일이라는 측면이 일맥상통했다.

그러나 세부적인 맥락까지 따지면 많이 달랐다. 특히 일의 순서나 프로세스에서 아주 큰 차이점이 있었다. 세일즈의 경우에 일의 순서는 훨씬 복잡해졌고 단계도 많아졌다. 단계가 많은 일을 혼자서 처리할 수 없기 때문에 함께 일하는 사람들이 늘어났고, 그들과의 원활한 상호작용이 중요했다. 강의 일과 비교를 해보면 세일즈는 대척점에 놓인 일이었다. 그중에서도 업業의 특성상 강의는 주로 공부하고 그 내용을 전달하는 것까지 전부 '혼자' 담당하는 반면, 세일즈는 배로 치면 선장처럼 항로는 내가 제시하지만, 여러 사람이 그 좌표를 향해서 반드시 도우며 항해하는 것처럼 '같이' 해야만 했다.

내 일의 과정을 분석하라

자신이 하는 일의 과정을 하나하나 되짚어보는 것은 중요하다. 자신이 예전보다 복잡한 일을 다룰 수 있게 되었는지, 전체적인 맥락에서 자기 역할이 커지고 있는지 확인할 수 있기 때문이다. 현재 일의 과정을 볼 수 있는 사람은 더욱 복잡한 일도 그 과정을 파악하여 해낼 줄 안다.

대학생이나 주니어 직장인들 멘토링에 가게 될 경우, '일의 과정'을 들여다보라는 이야기를 많이 한다. 가령, 대학생들에게 자신이 '공부하는 과정'을 간소하나마 그려보라는 요청을 하기도 한다. 또한, 학생들에게 도움이 되고자 주제에 대해서 본격적으로 다루기 전에 먼저, 내 소개를 상세히 한다. 학생들이 '일의 과정'을 짚어

볼 수 있도록 내 이력을 예시로 드는 것이다.

고등학교 졸업하고 아무것도 모르던 시절 무작정 사회생활을 시작했을 때만 해도 '일의 과정'이나 '일의 시작과 끝' 같은 개념은 없었다. 나는 그저 주어진 업무를 가이드에 맞춰서 처리하는 데 온갖 신경을 곤두세우곤 했다. 독립적으로 판단하고 일을 하기보다는 남들이 만들어준 '일의 과정'을 따라가는 데 급급한 것이다. 그것이 최선이었고, 그 대신 실수 없이 해내는 데 초점을 두었다.

늦은 나이에 다시 공부해서 '대졸 신입'으로 제조 회사에 새로 입사했을 때는 한 단계를 올라선 기분이었다. 점쟁이가 내 팔자에는 없다고 말했던 '대학교'를 마치고 나서인지 더욱 단단한 마음으로 일할 수 있었다. 그 마음 덕분에 새로운 회사에서는 나에게 맡겨진 업무 외에도 다양한 일에 참여하면서 '일의 과정'이 점차 눈에 들어왔다. 내가 맡은 역할 말고도 회사에서 전사적으로 추진하는 일들을 바라보기 시작한 것이다. 그러고 나니까 회사가 추진하는 굵직한 일들의 맥락 속에서 내가 맡은 일이 어떤 역할인지 이해할 수가 있었다.

대졸 신입으로 5년 차가 되었을 때는 내 업무에 어느 정도 익숙해져 있었다. 그 분야의 경력도 쌓여가던 와중에 안타깝게도 IMF 사태가 터지고 그 여파가 고스란히 내게로 밀려왔다. 청천벽력과 같은 소식, 당시에 내가 근무하던 서울 사무소가 폐쇄된다는 소식을 통보받았고, 하루아침에 직업을 잃고 예상치 못하게 '경력이 중

단되는 과정'을 겪게 된 것이다.

인생이 호락호락하지 않다는 것을 다시 한번 체감하면서 엎질러진 물을 내려다보듯 지금까지 살아온 날들을 물끄러미 조망했다. 내가 걸어온 발자국은 선명하게 남아 있는데 앞으로 나아갈 길은 뿌연 안개 속에 있는 것 같았다. 오직 길을 잃으면 안 된다는 생각에 '돌파구가 될 일의 과정'을 간절하게 찾았고, 마침 정부가 시행하는 교육 프로그램에 조인하면서 제2의 발돋움을 시도하게 된다.

컴퓨터로는 고작 엑셀과 파워포인트 정도를 사용하던 내가 돌파구를 찾는 간절함으로 뭔가에 홀린 듯 새로운 선택을 하게 된다. 남들이 보면 대책 없는 행동일 수 있지만, 내 간절함에 기대어 새 길을 찾아가는 과정을 겪게 된다.

'언감생심 IT 프로그래밍' 과정을 공부하고 'IT 프로그래밍 강사'가 되는 새로운 선택은 마치 누에고치가 허물을 벗고 나비가 되듯, 완전히 새로운 세상을 내게 펼쳐주었다. 비전공자가 전공한 경험자들을 가르쳐야 하는 애타는 속사정에 젖 먹던 힘까지 끌어올려야 하는 깊숙한 피로도는 있었지만, 일의 과정이라는 측면에서 바라보면 강의라는 것은 '그저 공부하고 소화해서 전달하는' 과정을 반복하는 일이었다.

강의를 시작하면서 그저 낯설기만 하던 IT가 이제는 내 삶의 정중앙에 놓이게 된다. IT 역량을 타고나지 못해서 많은 시험대에 올랐으나 내 나름으로 강의를 잘하는 노하우를 많이 쌓을 수 있었다.

일의 과정을 분해해보고 '강의'라는 일은 'IT 지식을 충분히 익히는 것'과 '이렇게 익힌 IT 지식을 잘 전달하는 것'이 별개의 역량이라는 점도 알게 되었다. 무엇보다 진심을 다해서 강의하는 동안 하마터면 놓칠 뻔한, 내 안에 잠자고 있던 나의 역량을 계발할 수 있는 좋은 계기를 맞게 되었다. 어찌 보면 타고난 재능이 없어서 어려움이 컸지만, 오히려 이런 배경 덕분에 어쩔 수 없이 치열하게 고민하며 그 일을 대했더니, 그 과정 안에서 나를 발견하고, 또 나를 증명할 수 있었다. 그런 경험은 이후에도 내 커리어의 든든한 버팀목과 같은 경험이 되어준 것은 물론이다.

그리고 벤처 회사의 프리세일즈를 거쳐 지금의 직무인 '영업'까지 오게 되었는데 이 일은 기존 일보다 '더 많은 과정'으로 이루어져 있다. 시장을 세분화하고, 각 시장의 트렌드를 파악하고, 어느 시장에 우리 상품을 포지셔닝할지 정해야 한다. 이런 것들은 본격적인 영업 이전에 이뤄지는 일에 불과하다. 그다음에는 잠재 고객(사)을 발굴하고, 타깃 고객(사)의 프로파일을 조사하고, 그 프로파일을 기반으로 접근 전략을 수립해야 한다. 마지막에는 이 전략을 바탕으로 고객(사)에게 다가가는 실제적 영업 과정이 필요하다. 강사 시절에 내가 한 일의 과정과 비교하면, 지금 하는 일은 매우 복잡다단한 '일의 과정'을 거친다고 할 수 있다.

실제로 마이크로소프트에서는 새해가 시작되기 전부터 '일의 과정'을 명확히 하느라 매우 분주하다. 한 해를 시작하기 전부터 목표 금액을 정하고, 그에 따른 계획을 세우는 데 많은 시간과 노력을 들인다. 한국 지사에서 올해 목표하는 비지니스 방향 및 성장률과 함께 목표 금액이 설정되면 각 본부로 나누고, 그것은 다시 팀과 개인에게 나누어진다. 그러면 개인은 전사의 큰 방향성에 맞춰서 각자의 계획을 세우고, 그것이 팀의 방향을 구성하며 다시 본부와 회사 전체의 계획으로 뭉쳐진다. 이때 개인은 자신이 맡은 역할별로 '일의 과정'을 만들어가야 하는데, 한국 지사 차원의 큰 그림을 이해하고 자기 나름의 큰 그림과 세부내용을 만들어낼 줄 아는 역량이 성과를 내는 데 아주 중요한 영향을 미친다.

자기 직위나 일의 종류와 무관하게 어떤 일을 하든지 그 일의 과정을 발견하는 것은 '큰 그림을 그리는 과정'에 속한다. 일이 어느 방향으로 어떻게 흘러가는지 분명하게 인지하게 되면 모두가 같은 방향성을 갖고서 일을 속도감 있게 해낼 수 있다는 것을 배울 수 있었다.

일을 더욱 입체적으로 본다는 것

얼핏 모두가 같은 일을 하는 것처럼 보일지라도 그 과정을 들여다보면 그렇지 않다는 것을 알 수 있다. 또한 사원에서 매니저, 이사에서 상무, 더 나아가 사장으로 역할이 커진다는 것은 일을 이루는 과정, 일이 진행되는 과정을 훨씬 입체적으로 바라본다는 것을 의미한다.

결국 '큰 그림을 그릴 줄 안다'는 것은 자기 일을 '과정'으로 세세하게 나누어 바라볼 줄 안다는 것이다. 당신의 일은 어떤 과정으로 진행되는가? 누구나 자기 일의 과정을 그려볼 수 있다. 단순한 일의 과정부터 분석하기 시작하면 복잡한 일의 과정까지 충분히 소화할 수 있을 것이다. 단순한 일이든, 복잡한 일이든 그렇게 자신이 그린 '큰 그림'을 보면서 일을 진행할 수 있다.

2장

ACHIEVE MORE

일이 되게 하는 사람은

'형식'보다 '본질'을 고민하며 일합니다

내가 하는 일의 본질은
무엇인가?

언감생심 자바 강사가 되다. 그러나

우여곡절 끝에 썬마이크로소프트의 공인 강사가 되어 보니 멋진 타이틀 이면에는 멀리서는 보이지 않던 치열함이 숨어 있었다. 막연하게 꿈꾸며 기대하던 것보다 훨씬 장벽이 높았고, 간신히 오른 그 장벽에서 떨어지지 않기 위해 내가 치러야 할 대가는 생각보다 가혹했다.

처음 강의를 시작하던 때를 돌아보면 살 떨렸던 기억들이 마치 어제 일처럼 생생하다. 썬마이크로소프트 교육센터에 자바 교육을 받으러 오는 수강생들은 대체로 다른 프로그래밍은 이미 잘하는 경우가 많았다. 다른 프로그래밍은 이미 잘하는데 '자바'라는 새로운 언어를 경험하기 위해 오는 사람들이 많았다. 내 경우는 달랐다.

이제 막 한글을 떼는 아이처럼 'Java'를 처음 접하고 공부하는 내가 기라성같은 프로그래머들을 대상으로 Java 강의를 해야 하는 상황이었던 것이다. 바늘구멍에 낙타를 통과시켜야 하는 미션처럼 한없이 어렵게 느껴질 수밖에 없었다. 매일 아침 강단에 설 때마다 내가 작아지는 기분을 느껴야 했다.

내 상황이 이렇다 보니 강의를 시작한 지 얼마 안 된 시기에는 뒷골이 당기는 일이 한두 번이 아니었다. IT 경력이 거의 없던 내가 자바 자격증 하나를 얻고는 '강사 배우'로 리허설을 통과한 것이니 당연한 일이었다.

매일이 긴장의 연속이었고, 까만 밤을 하얗게 지새우는 일이 이어졌다. 졸음을 견뎌내느라 다리에 멍이 가실 날이 없었다. 손바닥으로 허벅지를 때려가며 졸음을 몰아내고 공부했기 때문이다. 손바닥으로 역부족일 때는 연필로 콕콕 찔러가며 공부를 이어갔는데, 퍼렇게 멍이 든 곳 한가운데에는 빨간 피멍이 꽃처럼 피어나곤 했다. 내가 강의를 시작한 이래로 치마를 거의 입지 않았는데 알고 보면 이런 사연이 숨어 있었다.

그때의 나는 365일 매일 다시 태어나는 느낌이었다. 하루를 한 달처럼, 한 달을 또 1년처럼 부지런히 구른(?) 덕분에 애벌레는 어느 정도 허물을 벗고 어엿한 나비의 모습을 갖춰갔다.

내 인생에서 가장 치열했던 두 해

매일 밤늦도록 남몰래 공부하고 나서 이른 아침에 강의장으로 향할 때면, 마치 몸속 세포들이 깨어나서 꿈틀거리는 게 느껴지는 듯했다. 프로그램 개발의 고수들 앞에서 의연하게 강의를 해내야 한다는 부담감은, 당시 프로그래밍을 처음 시작한 나로서는 자다가도 벌떡 일어날 정도의 스트레스였던 게 사실이다. 하지만 이런 부담감 덕분에 내 몸과 정신은 최고의 긴장감을 유지할 수 있었고, 그래서 하루에 8시간은 기본이고 때로는 11시간씩 강단에 서서 강의를 해도 지치지 않을 수 있었다.

그렇지만 초보 강사 시절에는 내가 물 위에 떠서 수영하는 백조의 모습에 가까웠다. 신입사원이 경력사원을 교육시키는 상황이었기 때문이다. 강단에 서면 수면 위의 백조처럼 우아한 척을 하지만, 그처럼 우아하게 떠 있으려고 수면 아래에서 끊임없이 허우적거리는 백조의 발처럼 강단을 떠나서는 부족한 실력을 들키지 않으려고 애면글면했다.

나는 '하룻밤 사이에' 강사가 된 경우로 프로그래밍 문법은 가르치지만, 실제로 프로그램을 짜는 일은 다른 이야기였다. 초급과 중급 과정은 프로그래밍 문법 자체를 가르치니 나름대로 강의할 만했다. 하지만 고급 과정에 들어가면 지금까지 배운 문법 이론을 기반으로 수강생들과 같이 프로그램을 짜고 에러를 교정하는 강의를 해나가야 했다. 대형 화면에 컴퓨터를 연결해 실시간으로 프로그램을 짜고 수정을 해내는 건, 당시의 내겐 거의 공포와 같았다.

매 강의가 끝날 때마다, 마지막 순서로 강의와 강사에 대한 피드백을 받게 되어 있다. 1주, 2주, 혹은 한 달 과정이 끝나는 마지막 시간에 어김없이 설문지를 돌리고 수강생들로부터 피드백을 받는 것까지가 강의의 마무리다. 설문지가 슥슥 넘어가는 소리를 듣고 있으면 긴장이 더해질 수밖에 없었다. 설문지는 20여 항목으로 다양한 요소를 평가하도록 만들어져 있는데, 그중에서 마지막 두 질문은 아주 직관적이어서 아직도 선명하게 기억난다. "19. 이 강사의 강의를 다시 들으시겠습니까?" 그리고 "20. 이 강사를 다른 사람에게 추천하시겠습니까?" 강사 입장에서는 이 두 문항에 대한 답변은 상당히 민감하게 다가왔고, 많은 것을 다져야만 좋은 피드백을 받을 수 있는 쉽지 않은 문항이었다.

인생 전체를 놓고서 가장 치열했던 시기를 나에게 묻는다면 썬마이크로소프트 교육센터에서 강의하던 2년이라 단언할 수 있다. 새벽까지 이어지는 공부가 필수였던지라 전장에 나가는 장수가 칼을 갈듯이 새벽이면 연필을 쥐었다. 평소에는 내 몸속에 이것이 있었는지도 몰랐던 말초신경, 그 신경의 처음부터 끄트머리까지 생생하게 살아 있음을 느낄 수 있었고, 수억 만 개의 세포들 하나하나가 스스로를 태워가며 불을 밝혔다고 자부할 정도의 시간으로 내몸과 마음이 온전하게 깨어 있던 때다.

그렇지만 자바 프로그래밍 실력과 현란한 강의 실력을 다 갖춘 강사가 정말 많았다. 나는 나만의 자구책으로 수업 전에 완전한 스크립트를 짜놓고서 충분한 준비를 거쳐서 수업을 진행해야 했다. 태어날 때부터 키보드를 물고 태어난 듯 실력이 뛰어난 강사들에 비하면 나는 하루 벌어 하루 사는(하루 공부해 하루 강의하는) 일일 노동자처럼 일해야 했던 것이다.

강사의 본질을 자문하다

강사가 되었지만 일일 노동자와 다름없는 현실이 이어지고 있음을 직관하면서 '이대로는 안 되겠다!'는 생각이 강하게 들었다. 내가 무엇을 하는 사람인지 스스로 헷갈리기 시작했기에 변화가 필요했다.

나에게 맞는 전략을 세우는 것이 시급한 시점이었고, 나는 '강사의 본질'이 무엇인지 스스로 묻고 또 물었다. 그렇게 자문하기를 몇 개월, 나는 결국 '듣는 사람'에게 무게중심을 두어야 한다는 것을 깨달았다. 강의를 듣는 사람이 이해하고 소화할 수 있도록 돕는 일이 강사의 본질이었던 것이다. 내가 아는 게 아무리 많아도 듣는 사람이 소화하도록 가르치지 못하면 말짱 도루묵이라는 결론을 내렸다. 내가 하는 일의 본질이 더욱 선명해지자, 내 강의를 듣는 수강생들의 실제 눈높이를 파악하는 데 우선순위를 두었다.

다른 언어들에 능숙한 실력자들이라도 자바는 새로운 언어이므로 그들도 사실은 낯설어하고 있었다. 그래서 같은 내용이라도 내가 겁먹고서 지레짐작한 그들의 '어림잡아' 눈높이 말고 '진짜' 눈높이에 맞추어 적절하게 전달하여 충분히 이해시키자는 원칙과 방향을 잡았다. 빡빡한 강의 일정만 생각하면 강사 입장에서는 그저 따라오는 일부 학생들만 데리고서 진도부터 나가는 게 쉬운 방법이다. 그러나 강의 초반에 스스로 강사라는 업의 본질을 깊이 생각해서 강의의 원칙과 방향을 명확하게 설정하니 듣는 학생의 입장이 되어보는 여유가 생겼다.

강사에게 가장 기본적인 자질은 '역지사지'

'내가 이곳에 앉아 있는 학생이라면?' 하고 역지사지해보니 '재취업 교육과정에 들어온 수강생들에게는 내가 그랬듯 자바 프로그래밍이라는 게 기존과 다른 새로운 우주일 것이다'라는 데까지 생각이 미치게 되었다. 그들처럼 하루아침에 직업을 잃어봤고, 어쩔 수 없이 난생처음인 새로운 도전으로 어려움도 겪어봤으며, 무엇보다 내가 타고난 프로그래머가 아니었기에 오히려 가능한 일이었던 듯하다.

내 생각을 바꾸니 그들이 프로그래밍을 낯설게 여기는 것이 자연스럽게 이해되었다. 그리고 이론적인 설명만으로 이해가 안 된다는 수강생들을 위해 가급적 다양한 코드를 준비하여 시연하면서 그들의 이해를 도우려고 노력했다. 시연을 더해도 이해가 안 간다는 수강생들을 위해서는 쉬는 시간을 쪼개가며 기본적인 내용들을 다시 한번 설명하면서 코드와 같이 매핑해주었다.

강사로서 학생 입장으로 역지사지해보는 태도, 그로써 수강생들의 눈높이를 제대로 파악하고 강의의 방향과 난이도를 맞추려는 원칙과 노력은 그들의 만족도를 자연스럽게 끌어올려 주었다. 그뿐만 아니라 샘플 코드를 다양하게 준비하는 과정에서 나의 코딩 실력도 쑥쑥 늘어났다. 이쯤 되자 고마움을 표현하는 학생들로 책상에 음료수와 간식이 쌓여갔다. 이는 내가 코딩에 탁월하지 않았기 때문에 가능했던 일이다. 그들의 어려움에 마음 깊이 공감할 수 있었고, 그 덕분에 그들의 진짜 눈높이에 맞춰서 강의를 진행할 수 있었던 것이다. 그렇게 더 고민하고 노력한 끝에 나중에는 '타고난 강사'라는 피드백을 받을 수 있었다.

이 경험을 통해 강사에게 가장 중요한 자질은 프로그래밍 실력을 증명하고 그에 관한 지식을 마구 던져주는 것이 아니라는 점을 배웠다. 그보다는 강사로서의 본질을 고민하고 학생 입장을 역지사지하여 학생들의 어려움을 이해하고 그들과 눈높이를 맞춘 뒤 함께 호흡하면서 한 발씩 나아갈 수 있도록 이끌어주는 것이 강사의 결정적 자질인 것이다.

일의 본질과 나의 역할을 명확하게

일에 치이다 보면, 역설적으로 자기 눈앞에 있는 일이 무엇인지도 모르고 하게 되는 경우가 있다. 내가 자바 강사로 일하던 때도 그랬다. 이리저리 휘둘리면서 끊이지 않는 외부의 요청에 따라 움직였다. 그러다 보면 일 자체는 진척되긴 했지만, '내가 도대체 무슨 일을 하고 있는 것인가?'라는 답답함에 지치기 십상이었다. 그렇게 무작정 달려가다가 나는 문득 멈춰 섰다. '내가 하는 일이 무엇인가?'라는 질문을 스스로에게 던지면서 강사의 본질을 더듬더듬 찾아나가기 시작한 것은 바로 그때였다.

숨 막히게 돌아가는 업무 현장의 요구에 맞추다 보면 자신이 하는 일의 본질을 잊기 쉽다. 이때 자신이 무슨 일을 하는지 그 본질에 대해 고민하고 명확히 하면 '나는 어떤 일을 하는 사람인가?'에 분명한 해답을 가지고 자기 일에 임할 수 있으므로 성과 또한 자연스럽게 따라온다. '일의 본질'과 '나의 역할'은 그렇게 연결되어 있다. 이제 나는 어떤 새로운 역할을 맡든 일의 본질, 업의 본질을 먼저 묻는다. 아무리 세상이 빠르게 변할지라도 일의 본질을 고민하는 사람이라면 자기 일을 잘 해낼 수 있다고 믿기 때문이다.

변화의 흐름에 따라
'일의 본질'은 트랜스폼된다

**시대의 변화에 따라 '일의 본질'을 파악하고
그 방향에 맞춰서 준비하라!
나의 커리어와 직결된다**

세상이 빠르게 변하고 있다. 게다가 코로나가 촉매가 되어서 변화의 속도가 더욱 빨라졌다. 이는 결국 조직과 개인 모두에게 커다란 변화를 요구한다. 시대가 바뀌면 그 흐름과 방향을 유심히 살피는 것이 더없이 중요하다. 세상이 바뀌면서 때로는 '일의 본질'도 함께 바뀌기 때문이다. 이 변화를 정확하게 이해할 때만이 우리는 그 방향에 맞추어 변할 수 있을 것이다.

특히 기업들은 '트랜스포메이션Transformation'이라는 이름으로 다양한 변화를 요구하고 시도한다. 내가 근무하는 곳은 IT 분야이다 보니 '어떻게 하면 우리가 제공하는 IT 기술을 개인과 산업에 접목함으로써 제대로 된 방향으로 변화를 이끌어갈 수 있을까?' 하는 고민이 한창이다.

이는 일명 '디지털 트랜스포메이션Digital Transformation'이라 불리는데, 디지털 즉 IT 기술로 더 나은 개인과 비즈니스 국면을 맞이할 수 있도록 하겠다는 의도와 방향성을 가지고 있다. 마침 코로나라는 상황의 특성상 물리적인 '거리두기'를 할 수밖에 없게 되었고, 그러다 보니 대상과 산업을 막론하고 IT 기술을 접목하는 것이 필수적인 과제로 떠올랐다. 그래서 요즈음 IT 인력들의 연봉은 부르는 게 값일 정도로 많은 프로젝트와 다양한 기회들이 실제로 몰려오고 있는 상황이다.

IT 분야를 예로 들었지만 어느 직종에 속해 있든 마찬가지다. 시대가 바뀜에 따라 요구되는 '일의 본질'을 파악하고 거기에 맞는 역량을 준비하는 것은 자신의 커리어Career와 직결되는 아주 중요한 사안이다. 특히 직장인은 결국 조직에 속한 일원이다 보니 회사가 지향하는 방향을 잘 볼 줄 알아야 한다. 회사가 나아가려는 변화의 방향과 전략을 정확하게 이해하고 그 방향에 맞추는 게 필요하다. 그래야만이 '그저 열심히'가 아닌 '방향과 목적이 있는 열심히'가 되어서 '제대로 된 성과'를 낼 수 있다. 나아가서, 이렇게 **회사의 변화에 발맞춰서 내가 변화할 때 회사 안팎에서 새로운 커리어의 기회가 많아질 수 있는 것이다.**

마이크로소프트의 '비즈니스 트랜스폼'

마이크로소프트Microsoft의 비즈니스 트랜스폼Business Transform
을 예로 들어보자. 시대가 달라짐에 따라 '일의 본질'이 바뀐다고
했는데, 내가 주로 담당하는 '영업'이라는 업무 차원에서 그 변화
를 살펴보고자 한다.

첫 번째, 영업의 매출 인식 측면에서 먼저 보면 그 본질이 크게 달라졌다.
한때 마이크로소프트의 대표 제품이 '설치형 오피스Office'이던 시
절이 있었다. 이때는 설치형 소프트웨어를 CDCompact Disk에 담고 그
CD를 구매한 사용자가 PC마다 설치해서 사용할 수 있도록 판매하
는 방식으로, 이렇게 쌓인 '매출 총액'이 영업사원의 성과로 인식되
었다. 그러나 이제 오피스Office 제품은 '오피스365Office 365'라는 이
름으로, 100% 클라우드 방식으로 바뀌었고, 사용자의 사용이 중요
해진 방식 즉 '소비 총액'을 성과로 인정받는 구조로 바뀐 것이다.

1년 혹은 3년 단위로 매출을 끊는 순간 '매출 금액' 자체를 성과
로 인정받았던 데 비해, 제품의 성격이 트랜스폼, 즉 변화된 이후에
는 클라우드 기반 상품의 본질에 입각해서 고객의 '사용 즉 소비'
를 성과로 인정해주는 것이다. 실제 사용자가 언제Anytime 어디서든
Anywhere 그리고 어떤 장치에서든Any Device 쉽게 빠르게 접속해서 편
리하게 사용할 수 있는 가치를 제때, 제대로 전달하는 것이 마이크
로소프트 회사가 영업사원들에게 요구하는 핵심 역량임을 정확하

게 인지해야 하는 것이다.

이처럼 변화된 세상에서 영업사원은 자신의 성과를 측정하는 핵심성과지표KPI, Key Performance Indicator의 본질을 정확하게 인지해야 하는 것이다.

두 번째, 영업사원의 역량Capability과 전략Strategy 측면에서 보면, 변화된 상품의 특성(What)을 정확하게 이해하고, 고객의 상황에 맞춰 딜리버리함으로써 고객이 그 효용을 더욱 느낄 수 있도록 하는 것이 중요하다. 기존 오피스Office의 경우, CD만 전달하면 고객이 알아서 정해진 PC 1대에 설치해서 사용하던 것 대비, 클라우드 기반으로 변화된 오피스 365는 다양한 디지털 기기를 가지고 시간과 장소에 구애받지 않고 사용할 수 있다. 바로 이런 가치를 제대로 고객에게 강조하고 적절하게 전달해야 하는 것이다.

요즘은 한 사람이 다양한 디지털 기기를 여러 대 가지고 있고, 상황과 환경에 맞춰서 다양하게 사용한다. 그렇다면, 이러한 새로운 필요Needs와 욕구Wants에 접목해서 우리의 상품을 제시할 수 있어야 하는 것이다. 실제로 회사 측에서는 상품의 라이선스 구조에도 이러한 환경의 변화를 반영해서 가격을 설계해나간다.

'Per Device' 라이선스 체계는 디바이스(기기) 1대를 기준으로 과금하는 방식이고, 'Per User' 라이선스 체계는 디바이스(기기)가 아닌 유저(사용자) 1명을 기준으로 과금하여, 그 유저가 여러 기기multi device에서 사용할 수 있도록 하는 것을 기본으로 한다. 기업이 고객일 경우에는 직원의 구성과 업무 성격 그리고 제품 사용 환경을 놓고 다양한 시뮬레이션을 제시함으로써, 기업이 지급해야 하는 라이선스 비용을 최적화하고 이를 통해 업무 효율성을 극대화할 수 있는 방안을 제시하는 것이 반드시 필요해졌다.

세 번째, 영업으로서 고객에게 제품 자체가 아닌, 더 포괄적인 가치를 제안하는Value Proposition 측면이 더욱 중요해지고 있다. 기존에는 개인 고객과 기업 고객을 막론하고 제품을 판매하는 방식이 동일했다. 하지만 '클라우드Cloud 상품'의 경우 특히, 고객의 업무환경과 해당 산업에서 일하는 방식을 정확하게 이해하고 거기에 맞는 시나리오 기반으로 가치를 파는 일Value Selling이 더욱 필요해지고 있다. 다르게 말하면, 이제는 상품에 대한 설명은 기본이고 산업과 고객의 이해를 바탕으로 그 고객에게 맞는 '맞춤 설명, 맞춤 판매'를 통해서 부가가치를 높여줘야만 영업 성과를 낼 수 있게 된 것이다.

이쯤 되면, 기존의 방식처럼 우리 상품의 이런저런 기능이 좋다는 나열만으로는 부족하다. 고객의 산업과 환경을 이해하고 그들의 어려움을 파악하여 그들이 정말로 필요로 하는 '필요Needs'를 제대로 포착하는 게 필수사항이다.

로버트 밀러Robert B. Miller, 스티븐 헤이만Stephen E. Heiman의《전략적 판매Strategic Selling》에서는 영업을 가리켜 '필요Needs'를 '욕구Wants'로 바꾸는 일이라고 정의한다. 영업사원이 판매하고자 하는 상품이 고객의 필요를 만족시켜 주거나 더 나은 해결책을 제시해줄 수 있다는 믿음을 줄 수 있을 때만 고객은 그 제품에 대한 욕구를 느끼게 되고, 결국 구매까지 연결될 수 있다는 것이다.

한마디로, 영업인들이 상품에 대한 이해만 갖고 고객에게 다가가서는 안 되는 상황이 된 것이다. 고객의 산업과 현재 처해 있는 환경을 이해하고 '조언Advisory'이 되어야 한다. 정보가 홍수처럼 넘치는 시대에 "상품이 좋다"는 말로는 무엇도 팔 수 없다. 정량적인 데이터를 기반으로 정성적인 효과까지 언급하는 것은 물론 고객과 유사한 산업에서 성공한 사례와 경험을 제시하면서 Advisory 포지션에서 조언할 수 있는 '전문가 역량'을 갖출 때, 비로소 고객이 동의하는 부가가치를 논할 수 있다.

시대적 환경이 달라지면서 마이크로소프트의 영업 및 판매방식이 바뀐 것처럼, 시대에 따라 일의 본질은 달라질 수 있다. 이것은 마이크로소프트라는 하나의 기업이 비전과 사업 방향을 바꿔간 실제 케이스 스터디Case Study이기도 하지만, 비단 이 기업뿐만 아니라 개인 입장에서도 눈여겨봐야 하는 시대적 의미와 시사점을 담고 있는 이야기다.

주도적인 변화는 곧 나의 커리어 기회로 직결된다

가트너Gartner와 같은 글로벌 리서치 회사들은 분야별로 최상위 레벨의 회사들을 분석하고 그 가치를 평가하고 그 안에서 시사점을 제시하는 역할을 담당한다. 따라서 이러한 리서치 회사들은 '변화' 그 자체에 가장 민감할 수밖에 없다. 이들은 기업이 변화했다는 사실 그 자체만을 나열하기보다는 새로운 변화의 방향과 실질적인 실행이라는 두 가지 역학Dynamics을 모두 고려해서 인사이트를 제시하려고 한다.

이러한 리서치 회사들로부터 좋은 평가를 받는 기업이 많지만, 한번 더 들여다보면 마이크로소프트Microsoft는 같은 분야, 유사한 규모의 회사에 비해 또 하나의 특징을 가지고 있다는 것을 발견할 것이다. 최근 클라우드 기술을 가지고 미래 비전을 같이 논하는 기업들 가운데 마이크로소프트는 전통 제품과 유통체계를 가지고 있으면서도 전면적으로 탈바꿈하는 데 성공한 유일무이한 회사다.

그래서 비즈니스 트랜스폼을 논할 때, 그중에서도 기존의 것으로부터 변화하는 측면을 논할 때는 특히 마이크로소프트를 논외로 두기 어렵다. 기술 자체의 평가 외에도 시대의 변화에 대응하는 선제적인 비즈니스 트랜스폼 측면에서 볼 때 더욱 참고할 만하다. 시대의 변화를 빠르게 읽고 내 상품과 서비스에 대한 본질을 재정의하여 그에 맞는 방향을 잡아가는 것은 우리가 살아갈 앞으로의 시대에는 더욱 경쟁력의 중요한 구분자가 될 것이다. 개인도 마찬가지다. 주도적으로 변화하려는 방향성은 곧 나의 커리어 기회로 직결된다.

'작은 습관'이
'큰 일'을 만든다

큰 일 vs. 작은 일 차이

직장 생활을 오래 하다 보면, 의욕이 넘치는 신입 직원이나 선후배 직원들을 만날 때가 있다. 어떤 영업들은 의욕이 앞서 거침없이 공약을 지르는 경우가 있는데, 이 패기가 적절한 실행을 만나면 빛을 발하지만, 의욕이 앞선 탓에 중요한 사항을 놓쳐서 일을 그르치는 경우를 종종 봤다.

영업사원은 태생상 성과를 목표로 뛸 수밖에 없는 구조 안에서 살아간다. 일반적으로 생각하면 계약 금액이 큰 딜이, 계약 금액이 작은 딜보다 일이 훨씬 많을 것이라고 생각하기 쉽지만, 실제로는 그렇지 않은 경우가 많다. 예를 들어 어떤 상품의 목표 매출액이

1,000만 원이라 하더라도, 100만 원어치를 판매하기 위해 쏟는 시간과 노력의 10배만큼으로 정비례하지는 않는다는 이야기다.

물론 딜의 규모에 따라서 의사결정에 영향을 주는 담당자들의 범위가 달라질 수는 있다. 하지만 하나의 딜이 마무리되기 위해서 거치는 전반적인 프로세스는 결국 크게 다르지 않다. 예를 들어 상품의 타겟팅을 통해 상품을 어떤 고객에게 어떻게 팔지 기획하는 것으로 시작해서, 타겟 고객의 니즈를 이해하고 그것에 부합하도록 내가 가지고 있는 상품을 설명하고 시연하는 과정이 이어진다. 그러고 나서 고객이 더 궁금해하거나 추가로 요청하는 내용에 대해서 대응해나간다. 딜의 규모가 다르더라도 일이 전개되는 과정은 대동소이한 것이다.

물론, 영업사원 입장에서는 목표 금액에 따라 딜에 투자하는 시간과 노력을 적절하게 안배하는 것은 당연하겠지만, 실제로 목표 금액이 큰 딜이든 혹은 작은 딜이든 딜이 진행되는 프로세스 차원에서는 그 차이가 실제로 그리 크지 않다는 것을 알 수 있다. 게다가 금액은 작지만 그 딜이 '씨앗'의 의미를 가지는 경우, 즉 그 딜로 해당 고객사에 처음으로 납품하게 되는 경우나 향후 커다란 계약으로 이어지는 물꼬 역할을 하는 경우라면 '빅 딜Big Deal' 이상으로 정성을 들여야 할 수도 있다.

영업을 하다 보면 거래 과정에서 잘한 일도 있고, 그렇지 못한 일들도 있다. 딜을 하나 마무리하면 바둑에 비유하면 '복기' 과정을 거쳐 리뷰를 해야 한다. 특히 영업사원들이 딜을 수주하지 못했을 때 그 과정을 돌아보면, 의외로 큰 일은 잘해 놓고도 아주 작은 일을 놓쳐서 그로 인해 결과가 좌지우지되는 경우를 많이 본다. 영업을 할 때뿐만 아니라 일반적인 일을 할 때도 이런 파동을 적게 하면서 성공 확률을 높이기 위해서는 평소에 '작은 습관'을 잘 다지는 것이 매우 중요하다.

'아주 작은 습관의 힘'
- 하루 습관은 나무의 나이테와 같다

제임스 클리어James Clear는 《아주 작은 습관의 힘》을 통해서 매일의 습관이 주는 힘에 대해서 따끔하게 지적한다. 우리는 현상으로 나타나는 부분만을 주목하지만, 그 현상이 나타나기 전에는 항상 과정이 존재한다는 이야기다. 클리어는 "과정은 곧 습관이다"라고 말한다. 클리어에 따르면 평소의 식습관이 쌓여서 내 몸무게와 건강으로 나타나고, 평소의 경제습관이 쌓여서 내 순자산이 형성된다. 또한 평소의 공부습관이 쌓여서 내가 가진 지식을 형성하고, 평소의 청소습관이 쌓여서 내 방이 깨끗한지 지저분한지가 결정된다. 클리어가 얘기하려는 것은 결국 우리는 우리 자신이 반복했던 일의 결과를 돌려받으며 산다는 것이다.

'목표'를 달성하는 것은 우리 인생의 '한 순간'을 변화시킬 뿐이다. 이는

'개선'과는 다르다. 우리는 늘 결과를 바꿔야 한다고 생각하지만 사실 그 결과 자체는 문제가 아니다. 결과에만 집중하는 수준에서 문제를 해결하려고 하면 이는 임시방편일 뿐으로, 우리가 진짜로 해야 할 일은 '영원한 개선' 즉 결과를 유발하는 시스템을 바꾸는 것이다. 입력 값을 바꾸면 결과 값이 바뀌는 것과 유사하다.

목표를 설정하는 것은 게임에서 이기기 위해서인 반면, 시스템을 구축하는 것은 게임을 지속해나가기 위해서다. 장기적으로 발전하기 위해서는 목표 하나의 성공보다, 지속가능한 시스템을 구축해야 한다는 이야기다. 그런 시스템 구축의 첫발이 바로 평소에 아주 작지만 습관을 만들려고 노력하는 것이라고 그는 덧붙인다.

클리어는 발전하기 위한 시스템을 만들고, 끊임없이 개선하는 것이 진짜 성공이라고 강조하면서 동시에 우리가 목표와 결승점만을 보고 달려서는 안 된다고 지적하는 것이다. 이렇게 '끝없는 과정'이라는 관점에서 '하루하루의 시도가 누적되면서 만들어지는 습관'은 궁극적인 성공의 결정적 요소로 작동하기 때문에 매우 중요하다. 마치 나무가 해를 거듭하면서 켜켜이 나이테가 누적되고, 그것이 나무를 지탱하는 힘이 되고 그 코어 힘으로 줄기도 가지도 쭉쭉 뻗어나갈 수 있듯이 말이다.

그저 열심, '고사빠'

퀵서비스 오토바이에 올라타고 찾아간 벤처 회사에서 프리세일즈Pre-Sales 역할을 시작한 이래, 어느 날 나는 사장님실에 직접 찾아가서 영업을 해보겠노라고 자원했다. 그렇게 자발적으로 영업사원이 되었던 만큼 무척 바쁜 나날의 연속이었지만, 내 일에는 항상 진심을 다했다. 내가 담당하는 고객사를 대상으로 영업 방향과 전략을 잡고, 그것을 수행하기 위해 필요한 리소스를 요청하고 지원받으면서 진행해나가는 매 단계가 모두 재미있었다. 마치 갯벌에서 조개를 잡는 것처럼 작은 구멍에서 가능성을 찾아내고, 처음 보았을 때만 해도 여지가 없어 보이던 곳에서 작은 실마리들을 찾아내 점점 가능성으로 연결 연결시켜가는 기분은 나의 존재 이유를 느끼기에 충분했다. 그렇기에 밤이고 낮이고 시간 가는 줄 모르고 즐겁게 일할 수 있었다.

강의를 하던 시절부터 프리세일즈를 하던 시절을 돌아보면, 내 역량이 누적되는 시간이었다. 그때 누적된 역량은 '영업대표'라는 이름으로 빛을 낼 수 있었다. 처음 영업을 시작하고 2년여 만에 구두를 10켤레 이상을 갈아치웠는데, 한창 다닐 때는 6개월에 두세 켤레 이상 신었다. 하나같이 구두 바닥이 닳는 바람에 물이 새서 버릴 수밖에 없었다. 물론 동네 시장에서 저렴하게 구매한 구두였지만, 바닥이 닳을 정도로 고객을 방문하고 같이 일하는 파트너와 지속적으로 협의하면서 밤을 지새웠던 경험 덕분이라 믿는다.

밤잠을 설치고, 신발이 닳도록 뛰어다니며 고민하는 동안 나 자신에 대한 믿음은 점점 확고해졌다. '세일즈는 내게 천직'이라는 생각을 하게 되면서 고객과 사랑에 빠지듯 내 머릿속은 자나 깨나 온통 고객에 대한 생각으로 가득 찼다. 방금 고객에게 다녀왔는데 돌아서면 궁금해지고, 고객이 요즘은 무엇에 관심을 가지고 있고 무엇을 필요로 하는지 하나라도 더 알고 싶고, 사랑하는 연인처럼 하나라도 더 해주고 싶은 마음으로 문지방이 닳도록 드나들었던 기억이다.

젊은 영업사원이 마치 '전도사'처럼 설명하고 또 설명하면서, 진심을 다해 설득하는 과정을 지켜본 지인들이 급기야는 나를 보고 '고사빠'라고 불렀는데 '고객과 사랑에 빠지다'는 뜻이었다. 영업을 시작한 초기에는 그저 열정 가득한 '고사빠' 포지셔닝으로, 상황이 적절하든 혹은 그렇지 않든 일단 들이대고 봤다. 그러니 어떤 때는 그게 맞기도 했지만, 많은 경우 빗나가기를 계속했다. 이처럼 다르게 나타나는 결과를 해석하는 능력이 중요하다는 것을 알면서도 어떤 때는 알듯, 그러나 대부분은 빗나간 원인과 이유를 알지 못한 채 그저 열심히'만' 할 뿐이었다.

이유 있는 열심, '전략적 판매'

어느 때는 되고, 또 어느 때는 안 되는 들쭉날쭉 빈도가 계속되면서 '이대로는 안 되겠구나!'라는 생각에 이르렀고 '그저 열심' 대신에 '이유 있는 열심'을 위해 전략적 판매에 대해서 심도 있게 고민하기 시작했다. 이전에는 딜 하나에 좌충우돌하면서 그때그때의 운을 낚았지만, 전략적인 판매의 본질을 하나씩 알아가게 되면서, 좀 더 효과적인 판매전략을 구조화하려고 노력했으며, 그 덕분에 영업사원으로서 나만의 패턴을 만들 수 있었다. 그리고 그 패턴을 습관화함으로써 영업 성과를 배가함은 물론이고 훨씬 더 예측 가능한 영업 상황을 만들어나갈 수 있다는 것도 깨달았다.

'누적'되는 경험의 조합을 우리는 '노하우'라고 부른다. 노하우라고 불리려면 한 해 한 해 켜켜이 쌓여가는 나무의 나이테처럼, 물리적인 시도와 경험의 횟수가 쌓이는 시간이 필요하고, 그 누적의 총합만큼 특별한 가치로 취급받는다. 이런 노하우를 많이 가지고 있는 사람을 우리는 전문가라고 부른다.

영업? 효율적 구조와 좋은 습관의 누적으로
승률을 높이는 전문가!

'전략적 판매'에 대해서 공부한 이후, 내가 영업으로서 가장 주력한 부분은 '일이 되는 구조'를 만드는 것이었다. '그저 열심히' 하는 영업이 아닌 '구조를 보면서 일하는' 영업이 되고자 고민하면서 일했다.

이런 고민들을 통해서 나는 차츰, 나만의 영업 방법론, The way of doing things를 만들어갈 수 있었다. 그 시작은 아주 작은 행동이었고, 나는 그런 행동들이 모여 습관이 되도록 했다. 그랬더니 아주 작은 습관들이 모여서 결국 성과까지 좌우하는 경험을 하게 된 것이다.

그렇다면 나는 어떤 '작은 습관들'을 만들어왔을까? 예를 들어 내가 새로운 고객사를 담당하게 되면, 제일 먼저 조직구조부터 습관적으로 살펴본다. 조직도를 통해서 해당 조직 내부의 힘의 구조를 파악하면서, 향후 고객의 비지니스 방향성을 파악하는 데 우선순위를 높였다. 그러기 위해서는 먼저 한 고객사를 맡게 되면, 연초 CEO의 신년사나 경영방침과 관련된 뉴스를 찾아 공부했다. 그 내용들을 정리해서 함께 일하는 관계자들과 공유했고, 이를 토대로 우리의 사업방향을 같이 모색하기를 정례화했다.

이때 관련 사이트를 일일이 서칭Searching하기보다는 오토 뉴스 클리핑Auto News Clipping 기능(구글에 뉴스 키워드로 고객사 이름을 저장해두면, 관련 뉴스를 검색해서 이메일로 보내주는 서비스)을 활용했다. 이렇게 몇 가지 도구의 도움을 받으면 고객사의 현황을 시시각각 자동으로 받아볼 수 있게 된다. 고객사의 현황을 실시간으로 파악하면, 빠르게 발을 맞춰서 한 방향으로 '협업 구조'를 만드는 데 용이하다. 이렇게 작은 습관을 여러 겹으로 쌓아가니 고객사의 현황을 넓은 시야로 보는 일이 능숙해졌다.

그리고 영업으로서 고객사에 방문할 때는 방문 전에 방문 목적을 명확하게 하고, 이메일로 사전에 참고할 필요가 있거나 서로의 눈높이를 맞추기 위한 내용을 미리 공유하고, 현장에서 던질 질문을 미리 준비하는 습관을 들였다. 현장에서는 그 질문들 중 상황에 적절한 질문을 적기에 던져서 마치 빨래의 물기를 짜내듯 관련 정보를 한꺼번에 쭉 파악할 수 있도록 했다.

회의가 끝나면 가급적 하루 이틀 이내에, 회의에서 협의한 내용을 정리해 공유하고 콜투액션Call to Action이 필요한 사안은 타임라인과 담당 오너Owner를 명확하게 한 다음에 적절한 주기를 가지고 진행 과정을 점검해나가는 구조를 습관화해왔다.

아주 작은 습관이 일의 성과를 바꾼다

'구조를 만든다'는 것은 말이야 쉽지만 어느 날 마음을 먹는다고 해서 하루 아침에 만들 수 있는 것은 아니다. 평소에 하나씩 좋은 습관을 가지도록 시도하는 과정이 반드시 필요하고, 이렇게 누적되는 습관들로 일의 진행 과정에서 승률을 높여야 비로소 유의미한 아웃풋을 내는 진정한 전문가가 될 수 있다.

고객들이 나를 '같이 일하기 좋은 파트너'로 인정하기 시작한 것도 내 행동을 패턴화하고 습관화하여 대응한 덕분이다. 좋은 습관 몇 가지로 영업에서 성과를 만들고 고객과 주위로부터 인정받을 수 있다고? 놀랍지만 사실이다! 고객이 의사결정을 할 때 가장 기본적인 고려사항은 상품이나 서비스의 질Quality이겠지만, 요즘처럼 상품이나 서비스 자체가 상향 평준화된 시대에는 그것을 어떤 이가 취급하느냐에 따라 최종 의사결정이 달라지는 경우가 많다.

영업의 평소 작은 습관이 빛을 발할 수밖에 없는 이유다. 처음에는 그 습관이 너무나도 사소한 것이어서 대단한 무슨 덕을 보리라고 생각하기가 어렵다. 그렇지만 그런 미미한 습관들이 차곡차곡 쌓이는 만큼 우리가 하는 일의 성과에도 큰 차이를 만들어줄 것이다.

의욕은 높지만 경험이 누적되지 않는다면, 크고 작은 어려움이 파도처럼 밀려올 때 헤쳐나가기가 어렵다. '의욕'을 강점으로 지닌 신입 또는 사회초년생이라면 더욱이 사회생활의 출발선에서부터 '작은 습관'을 중요하게 여기면서 한 발자국씩 견고하게 내딛다 보면 이 습관들이 우리가 큰 일을 도모할 때 든든한 뒷심이 되어줄 것이고 '승률을 높이는 구조'의 첫 단추가 되어줄 것이다.

누구나 오너Owner로서
일할 수 있다

'오너십'은 '오너'만이 가질 수 있는 마음

얼마 전에 한 친구의 생일을 축하할 겸 대학 동기들과 모이는 자리가 있었다. 각자의 삶이 바빠서 1년에 한 번쯤 만나는 형편이지만, 오랜만에 만나도 집안 사정을 비롯해 살아가는 이야기를 속속들이 나누기에 전혀 스스럼없는 친구들이다.

한때 이들과 삶의 철학과 가치관에 대해서 치열하게 논하곤 했는데, 어느덧 나와 친구들이 모두 가정을 꾸리고 나이가 들어가면서 화제도 자연스럽게 바뀌었다. 특히 수년 전부터 날이 갈수록 무르익는 주제가 하나 있다. 그 주제는 바로 '투자'다. 최근 들어 더욱 투자 이야기가 어느새 자녀 교육 이야기를 앞질러버렸다. 오랜 기간 투자를 해서 수익을 내고 있는 친구부터 최근에 투자를 늘리고 있는 친구까지 투자 형태가 다양하다. 그리고 어느 자리든 마찬가지겠지만 투자 이야기가 나오면 뜨거운 동조와 함께 소소한 언쟁도 오간다.

이것은 비단 우리 친구들만의 이야기가 아닐 것이다. 최근 몇 년간은 그 어떤 모임에 가더라도 '투자' 이야기가 빠지지 않는다. 늘우리 사회를 요동치게 하는 '뜨거운 감자'이기 때문이다. 투자에 관해서 많은 이야기가 오간다. 그중에서 투자가 대중적으로 친숙한 개념이 되면서 투자란 '개인이 회사의 주인이 되는 방법'으로소개되기도 한다. 이제는 '오너Owner 일가'가 아니라고 해도, 회사의 주식을 보유해서 오너가 될 수 있다는 말이다.

정말로 오너십을 가지면 생기는 변화

일반적으로 '오너십Ownership'이라고 하면 자신이 소속된 학교나 회사 등 조직에서 자신이 조직의 주인인 것처럼 자발적으로, 또 적극적으로 일하는 것을 의미한다. 사회 초년생이던 때 나도 그 오너십을 가지고 일한 경험이 있다.

서른 즈음에 나는 글로벌 IT 회사에 입사하는 것을 강하게 염원했다. 그 바람을 이루기 위해서 남들이 하지 않는 시도를 하고, 운도 따라줘서 우여곡절 끝에 글로벌 회사에 발을 들이게 된다. 그렇게 하늘이 돕고 주변이 도와서 첫 글로벌 회사에 입사하고는 마치 하늘을 나는 듯 기뻤다. 말 그대로 '염원' 끝에 원하던 회사에 입사한 상황이었으니 나는 이 자리가 그저 주어진 것이 아니라 마치 하늘에서 내게 기회를 내려주신 듯한 생각이 들었고 '그저 열심히 하자'는 태도를 넘어 누가 시키지 않아도 일을 찾아서 해내는 '오너십'이 발현되었던 것이다.

당시에 나는 날마다 일명 '새벽 별 보기 운동'을 했다. 야근이 끝나고 집으로 향할 때면 하늘에 별이 반짝였고, 여전히 별이 떠 있는 새벽 시간에 다시 집을 나섰기 때문이다. 무지막지하게 일을 하느라 물리적인 피로감이 상당했다. 그런데 하고 싶은 일을 할 수 있게 됐다는 데 커다란 희열을 느꼈다. 그야말로 오너십이 충만한 시절이었다.

새벽 운동으로 하루를 시작해서 야근을 마친 뒤 밤 12시쯤 귀가하는 것이 일상이었다. 자정에 집에 도착하면 낮에 있었던 미팅 내용을 메일로 전달하며 일을 마쳤고, 주말이면 또 스터디나 운동을 이어가느라 몸이 열 개라도 모자랄 지경이었다. 그러나 늘 즐거운 마음이었다. 함께 할 사람들이 있어서 감사했고, 도전할 과제가 있어서 신났다. 이런 기운 덕분인지 그때 내가 만난 사람들 모두 나의 '활기찬 에너지'에 대해 칭찬을 아끼지 않았다.

글로벌 회사 경험

: 직책은 부장, 마음은 벌써 지사장

당시 내가 다니던 회사의 지사장은 물론이고 직원들 모두가 훌륭한 분들이었다. 그런 그들과 함께라서 그런지, 내 직급은 부장이었지만 마음만큼은 지사장처럼 하루하루를 살았다. 그런 마음으로 일하다 보니 업무를 대하는 태도가 남달랐고, 고객을 떠올릴 때면 마음이 설렐 정도였다. '어떻게 하면 고객에게 더 좋은 가치를 줄 수 있을까?' 하는 생각이 가득 차 있었다.

이처럼 누가 시키지 않아도 '마음은 벌써 지사장'이니 업무 성과는 덤으로 따라왔다. 영업에게는 매출 목표량Quota이 매해 주어지는데, 나는 줄곧 100퍼센트 이상의 성과를 냈다. 매해 목표량을 초과달성을 하다가, 그 회사에서 근무하던 마지막 해에는 매출 목표량 대비 380퍼센트 달성이라는 어마어마한 성과까지 만들어내고야 말았다. 당시 회사의 인센티브 제도에 상한선이 따로 없었던 덕분에 큰 보너스까지 받을 수 있었다.

당시 이런 나를 지켜보던 동료들은 우스갯소리를 하곤 했다. 내가 앉은 자리에는 지붕이 뚫려서 비가 내린다는 말이었다. 내 의지가 하늘로 솟구쳐서 지붕을 뚫는다는 의미였다. 내가 오너십을 가지고 일한다는 것을 주변에서도 알았으며, 이를 인정해줬다. 쏟아지는 보너스를 일일이 계산하기가 어려울 정도였던 그 시절은 "하늘은 스스로 돕는 자를 돕는다"라는 속담을 상기하기에 충분했다.

'오너십'이 불러오는 기적과 같은 선물

그 시절에 내가 어떻게 '마음은 벌써 지사장'이라는 극적 오너십을 발휘할 수 있었는지, 돌이켜 보면 여전히 신기하기만 하다. 지금 내가 그때의 마음으로 돌아가는 것은 어려운 일이다. 그렇지만 그때의 경험이 나에게 새긴 선명한 교훈이 있다. 자신이 진정으로 염원하는 것을 알아차리고 그것을 조직의 일이나 혹은 개인의 일에 반영할 수 있다면 그야말로 오너만이 가질 수 있는 '오너십'을 가지고 일할 수 있다. 말 그대로 그 일은 내 것이기 때문이다!

나와 내 주변의 경험을 토대로 말하자면, 오너십을 가지고 일하면 크게 두 가지 선물을 받게 된다. 첫 번째 선물은 '아무튼 성과'다. '380퍼센트'를 기록했던 나의 최대 성과를 그 이후로 재현하기는 어렵지만, 여기서 배운 오너십을 발현한다면 크고 작은 성과로 이어질 수 있다. 여기서 성과는 반드시 돈이나 승진만을 가리키지는 않는다. 다음 성공을 위한 실패의 과정도 성과를 이루는 과정 중 일부이기 때문이다.

지금 내가 속한 회사에서는 한 해를 마무리하고 내년 계획을 세울 때, 기본적으로 지난 1년을 돌아보는 것이 우선인데 그중에서 잘된 일은 '하이라이트Highlight' 난에, 잘 안 된 일은 '로우라이트

Lowlight' 난에 각각 구분하여 정리한다. 그런데 내가 진행한 일 하나를 놓고서 경우에 따라서 잘된 일Highlight로 표현되기도 하고, 또는 잘 안 된 일Lowlight로 구분할 때가 있다.

여기서 중요한 것은 미리 계획한 대로 지난 1년 동안 잘 실행해왔는지, 혹은 잘 실행할 수 있는 계획이었는지 명확하게 되짚어보는 과정 자체다. 잘한 일은 잘한 대로, 혹은 그렇지 못한 일은 또 그런 대로 레슨런Lessoned & Learned을 도출하고 그것을 기반으로 콜투액션Call to action을 정해서 내년 계획은 더 나은 계획으로 발전해나가는 것이 중요하다. 조직마다 양식은 다를 수 있지만, 많은 조직이 이런 패턴으로 계획을 세우고 실행해나간다.

잘한 일과 그렇지 못한 일 모두를 소중한 경험으로 바라보는 것이 대전제다. 일의 결과가 어떻든 이런 전제가 있다면 성공과 실패 모두가 나의 자산이 된다. 성공과 실패에서 각각의 레슨런을 발견하고, 다음 계획에 반영한다. 그러면 끊임없이 성장하는 근육을 분명 가질 수 있다.

오너십의 두 번째 선물은 스스로 존재감을 느끼며 일할 수 있도록 해준다는 것이다. 자신이 지금 이 일을 하는 이유를 명확하게 알고, 스스로 되뇌어 새기며 실행해나가기 때문이다. 이런 오너십이 없이 일을 한다면 '회사가 시키는 일만 하느라 소모되는 느낌'이기 쉽다. 이런 느낌이 들면 사람은 자연스럽게 어렵고 까다로운 업무를 피하게 되고, 자신에게 주어지는 일들에 그저 툴툴거리기만 하기 쉬워진다. 결과적으로 회사 생활 자체가 고역이 되는 것이다. 오너십을 불러일으켜서 스스로 존재감을 확인하면서 자발적으로 일할지 혹은 그렇지 않을지는 철저히 우리의 선택에 달려 있다.

'오너십'은 발바닥의 주름까지도 같은 방향으로 동작시킨다

한때, '열정 페이'라는 말이 크게 유행했다. 조직과 회사 차원에서 개인에게 '오너십'을 강요하고, 그에 대한 적당한 보상을 하지 않는 경우를 꼬집는 말이다. 이렇듯 회사가 합당한 대가를 지불하지 않으면서, 불합리하게 직원을 착취하기 위해 오너십이 악용되어서는 안 된다.

다만, 회사를 위해서가 아니라 개인 차원에서 오너십의 힘은 여전히 유효하다고 나는 믿는다. 내 주위를 살펴보면 '오너십'을 갖고 일하는 사람들은 스스로 빛이 난다. 어떤 회사에 소속해 있든, 어떤 직무를 맡고 있든 그들은 함께 일하고 싶은 사람이라는 주위의 피드백을 받는다.

지금 내가 속한 조직 혹은 나에게 맡겨진 일이 고통스럽게만 느껴진다면, 문을 열고 밖으로 나가 다른 많은 기회를 적극적으로 탐색하는 것도 하나의 선택지일 것이다. 그러나 일단 지금 내가 있는 자리에서 좀 더 일해보기로 결정했다면 이제부터는 내 안에 숨겨진 오너십을 끌어올리자.

물론 회사 생활 전반에 대해서 오너십을 갖기란 어려울 수 있다. 그렇지만 내가 맡은 일에 대해서만큼은 오너십을 갖는 일이 그리 어렵지는 않을 것이다. '나는 내가 맡은 일의 소사장이다' 하는 마음을 선언하는 순간, 내 마음에서부터 세포는 물론 하다못해 발 뒷바닥의 때와 발뒤꿈치의 주름까지도 한 방향으로 동작하는 힘을 만들게 되고, 이 힘이 모이면서 어떤 일의 결과를 바꿀 수도 있는 것이다.

회사
: 옮기느냐? 마느냐? 그것이 문제로다!

직장에서 일하면서 마주하는 문제들은 수학 문제처럼 뚝 떨어지는 정답이 없는 경우가 더 많다. 직장 생활의 문제들은 사지선다형으로 주어지지 않고 복잡다단하기만 하다. 그렇기에 뛰어난 인재들이 머리를 맞대고 미팅에 또 미팅을 거듭한다. 그렇게 각고의 노력을 거쳐서 문제에 대한 가장 최선의 해답을 찾아내는 것이다. 직장에서 일하는 사람들은 이런 과정에 도움이 되는 '사고의 도구', 혹은 '생각의 틀'을 다양하게 갖추고 있다. 앞에서도 이야기했지만 이를 '프레임워크Framework'라고 부르는데, 그 종류와 용도,

활용범위가 무척 다양하다.

프레임워크는 업무에서도 요긴하지만, 개인적인 차원의 까다로운 고민을 해결할 때도 큰 도움이 된다. 예전 직장에서 같이 일하던 후배를 만났을 때의 일이다. 여의도에서 회의가 끝나고 우연히 연락이 닿아서 갑작스럽게 성사된 반가운 만남이었다. 지금 일하는 회사와 동료들에 대한 이야기와 더불어 함께 일하던 시절의 기억들까지 꺼내다 보니 대화가 마를 일이 없었다. 그러던 차에 후배가 고민이 있다면서 말 문을 열기 시작했다. 이직 제안이 들어왔는데 지금 다니는 회사도 나쁘지 않아서 이직을 해야 할지 아니면 그대로 있을지 고민이라는 것이었다.

예전 회사에서 5년 이상 함께 근무하면서 지켜본 바, 아주 똑똑하고 업무처리 능력이 탁월한 후배였다. 함께 일하는 동안 후배는 다양한 업무를 수행했는데 새로운 업무가 주어지더라도 언제나 빠르게 습득하고 일도 무척 깔끔하게 처리하는 편이었다. 지금 다니는 회사에서는 마케팅 담당 차장인데, 업무적인 인정을 받아서 지금은 한국 매출의 전체 흐름을 보면서 부사장에게 직접 보고하는 역할까지 겸임하고 있다고 했다. 덕분에 회사 내에서 후배의 존재감이 매우 컸다.

당시 후배의 업무량은 상당히 많았지만 부사장의 신임을 얻고 회사 내에서 역할이 확고했기에 그대로 회사에 남아도 좋은 상황이었다. 한편 후배를 스카우트하려고 제의한 회사는 제약 분야에서 글로벌 넘버원 기업으로, 후배가 가게 되면 담당하게 될 직무 역시 지금과 같은 마케팅 업무였다. 다만, 완전히 다른 산업에 대한 두려움이 있다고 했다. 후배의 이야기를 들어보니 장점과 단점이 한데 뒤섞여 있어서 뭐라고 딱 꼬집어 조언을 하기가 어려웠다.

게다가 후배의 아이들이 초등학교 입학을 앞둔 시점이라 회사와 집의 거리도 고려해야 했다. 후배의 가정 상황까지 고려하니 더욱 명쾌한 답을 주기가 어려웠다. 이직을 할지 말지 고민하는 것이 까다롭게만 느껴졌다.

이직을 선택하지 않았을 때, 그러니까 현 직장에서 그대로 근무할 때의 장점은 명확했다. 회사에서 어느 정도 자리를 잡았으니 업무가 수월한 편이고, 앞으로도 부사장님 직접 보고를 하면서 입지를 더욱 확고하게 다질 수 있는 상황이었다. 또한 집과 가까운 직장 위치도 어린아이들을 둔 엄마 입장에서 큰 메리트였다. 한편, 단점도 분명했다. 특정 제품군에 대해 한국 시장 전체를 조망하고 챙겨야 했기 때문에 업무 강도가 보통이 아니었다. 또한 부사장을 직접 보좌하는 일도 겸하기 때문에 상당한 긴장감이 있었고 야근과 주말 근무도 빈번했다.

후배에게 이직을 제안한 회사는 IT 분야가 아닌 '의료'라는 새로운 분야로 글로벌 시장에서 입지가 확고한 No. 1으로 누가 봐도 탄탄한 회사였다. 경력직 스카우트로 지금과 동일하게 마케팅 업무를 하면서도 큰 재량권을 가질 수 있다는 점 또한 확실한 장점이었다. 이직할 회사의 업무에 한번 익숙해지면 지금 회사보다 업무 강도가 낮을 것이므로 아이들과 시간을 많이 보낼 수 있다는 것도 큰 장점으로 보였다. 반대로 생소한 헬스케어HealthCare 분야로 나아 간다는 것은 큰 부담이었다. 의료 분야 전문가들 사이에서 비전공 자로서 많은 공부가 필요할 것이기 때문이다.

후배의 고민을 듣는 내내 '만약, 나라면?' 하는 마음으로 들어봤 지만 입장을 바꿔놓고 생각해봐도 두 가지 옵션 모두 장단점이 뒤 섞여 있었기에 의사결정이 쉽지 않았다.

데카르트 사분면
: 복잡한 문제는 단순하게 만들어라

뜨거운 커피가 식어갈 즈음, 문득 나는 한 가지 프레임워크 가 떠올랐다. 회사 업무를 하다가 가로막혔다는 생각이 들 때 자주 활용하는 방법이었다. 내 스프링노트를 한 장 뜯어서 크게 사분면 을 그리고 후배에게 건넸다. 그러고는 왼쪽 축의 제2사분면과 제 3사분면에는 현재 직장에 남기를 선택했을 때의 장점(+)과 단점 (−)을, 오른쪽 축의 제1사분면과 제4사분면에는 회사 이직을 선택 했을 때의 장점(+)과 단점(−)을 나열해보라고 후배에게 권했다. 흔히 '데카르트 사분면'으로 불리는 이 프레임워크는 아주 고전적

데카르트 사분면

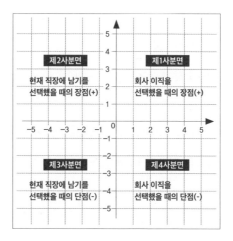

인 방법이지만 복잡한 문제를 간결하게 바라보도록 도와준다.

우리가 의사결정을 할 때, 많은 경우 장점과 단점이 섞여 있다. 장단점이 극명하게 나뉘는 경우가 아닌 이상 고심할수록 마치 실타래가 엉키듯 머리가 복잡해지면서 선뜻 선택하기가 망설여진다. 그럴 경우 이 사분면을 그려놓고 각 사분면별로 해당하는 내용을 적다 보면, 그저 머릿속으로만 생각할 때보다 생각이 훨씬 더 명료하게 정리되는 경험을 할 수 있다. 자신의 생각을 시각화하여 바라보면, 머릿속으로 생각할 때보다 훨씬 더 일목요연해지기 때문이다. 더 나아가서 이렇게 써나가다 보면 자신의 마음이 어느 쪽으로 기울고 있는지를 알아차리기도 쉬워진다.

그날 후배는 집으로 돌아가자마자 내가 메모지에 그려준 사분면을 빼곡하게 채우면서 자신의 고민을 정리할 수 있었다고 한다. 데카르트 사분면 덕분에 후배는 복잡하지 않게 자신의 머릿속을 정리했고 편안하게 이직을 선택했다.

똑 떨어지는 해답을 찾기 어려울 때, 그 해답을 어떻게든 발견하기 위한 사고 도구, 프레임워크가 큰 도움이 된다. '데카르트 사분면'은 매우 고전적이고 간결한 도구지만 그 효용만큼은 꽤 강력하다. 그 사분면에 자신의 문제, 고민 그리고 생각을 일목요연하게 정리하고 나면 신기하리만치 문제의 실마리가 보인다. 다양한 프로임워크 중에서도 상황에 맞는 나만의 프레임워크를 찾고, 나에게 꼭 맞도록 더욱 개선해보라. 그것은 일상의 문제를 넘어서 내가 맡은 일의 문제도 더욱 수월하게 풀어줄 것이다.

당신만의 직업을
창조해야 하는 시대

You have to create your own job

"You have to create your own job." 옥구슬이 구르는 듯, 유창한 발음이 내 귀를 쫑긋 세우게 한다. 한 박자쯤 쉬고 본격적으로 이야기를 이어갈 때 그녀가 누구인지 알아볼 수 있었다. 한국 IBM 대표로 중국IBM GBSGlobal Business Service 제너럴매니저를 담당해온 여성 임원 셜리 위-추이Shirley Yu-Tsui였다. 그녀는 중국계 미국인으로 중국IBM에서 글로벌서비스GS, Global Service 제너럴매니저, 전략 및 비즈니스개발SBD, Strategy & Business Development 부사장, IBM 본사 SBD 부사장을 거친 인물이다.

IT 업계에서 워낙 유명한 리더로 신문이나 미디어를 통해 여러

번 접했기에, 내가 이미 알고 있는 사람 같은 기분이었지만, 직접 위-추이의 얼굴을 보고 목소리를 들은 건 그때가 처음이었다. IBM 에 근무하는 지인에게 회사 내에서 셜리 위-추이의 리더십 스타일 은 어떤지 일부러 물은 적도 있을 만큼 평소 관심이 있었다. 그런 위-추이가 송년행사에 직접 참여하다니 행사 자체가 더더욱 흥미 진진했다.

당시 IT 업계에서는 공룡과 같던 글로벌 기업의 수장으로서 영어가 모국어이고 한국어에는 서툰, 같은 동양인 여성이 한국 지사장을 역임한다는 배경에 혼자서 마구 상상의 나래를 펼치고 있었다. 외국인으로서 문화의 차이를 뛰어넘는 리더십과 인사이트가 기대됐다. 여성으로서 한 회사를 책임지고 한국을 대표하여 본사와 커뮤니케이션해 나가려면 스마트함과 배짱을 동시에 지니고 있으리라! 나의 상상에 위-추이의 목소리가 더해지니 그의 모든 몸짓이 행사장 끄트머리에 앉아 있던 나에게 '당당함'으로 다가왔다.

위-추이가 다시 마이크를 들었다. "저한테 아들이 하나 있어요. 이 아이가 이제 대학 졸업반이라 요즘 취업을 준비한다고 한창 바쁘네요." 고개를 한 번 갸우뚱하더니 그녀가 말을 이어나갔다. "최근에 취업에 대해서 고민이 많은 아들하고 대화를 나누다가 이런 말을 했어요. '너만의 일을 창조해야 한단다You have to create your own job'라고요."

위-추이는 멀리로 시선을 옮기며 이야기를 다시 이어나갔다.

"여러분, 시대가 정말 빠르게 바뀌고 있죠? 앞으로 그 속도는 더욱 빨라질 것입니다! 필드에 계신 여러분들이 더 많이 느끼겠지요. 우리 세대만 해도 공부 열심히 해서 대학에 진학한 다음 대기업 취직하려고 노력했어요. 회사는 한번 들어가면 어느 정도 정년도 보장됐죠. 물론 각자가 자신에게 주어진 일들을 정말 열심히 했죠. 특히 오늘 여기에 앉아 있는 리더분들은 모두 그 시절에 성실하게 공부하고, 좋은 대학 나와서 대기업이나 글로벌 기업에서 일하시고 거기서 살아남은 분들일 거예요. 맞죠?"

처음에는 위-추이의 여유작작한 목소리와 당당한 태도에 압도됐다면, 아들과의 에피소드는 깊은 공감을 일으켰다. 그 자리에 앉아 있던 리더분들도 끄덕끄덕 긍정의 몸짓을 보였고, 멀리 구석에서 앉아 있던 내게도 예외 없이 뜨겁게 다가왔다. "You have to create your own job." 이 문장은 그렇게 내 입에 붙었고, 그날 이후 마치 내 생각인 것처럼 여러 자리에서 인용하곤 했다. 개인적으로 새로운 시도와 도전을 좋아하는 내게 이 말은, 내 생각의 중심을 잡아주고, 또 마음의 등대처럼 어려울 때 빛을 비춰주는 역할을 하곤 했다.

마이크로소프트의 스타트업 프로그램, M12

위-추이가 아들에게 한 조언은 비단 개인에 국한된 이야기가 아니다. 당장 내가 일하는 IT 영역 전반에서 '업業을 창조하는 것'은 매우 중요한 화두가 된 지 오래다. "모든 기업은 스타트업에서 시작한다"는 말이 있다. 마이크로소프트 역시 어린 시절부터 또래 친구인 빌 게이츠Bill Gates와 폴 앨런Paul Allen 두 사람이 소프트웨어의 미래를 확신해서 1975년 공동으로 창업한 스타트업이다. 지금은 마이크로소프트가 거대한 기업이 되었지만, 새로운 일과 업을 창출해내는 스타트업에도 지대한 관심을 가지고 있다. 대표적으로 마이크로소프트에는 '스타트업 프로그램'이 있다.

마이크로소프트 벤처스Microsoft Ventures라고 불리기도 하는 'M12'가 바로 그것이다. 마이크로소프트는 이 벤처캐피털을 통해서 미래의 업을 창출하는 스타트업에 투자하는 데 무척 진지한 태도를 취하고 있다. 마이크로소프트는 스타트업이 어떤 산업에 속하든지 간에 오로지 가능성을 보고, 투자를 진행한다.

미래 경쟁력의 핵심은 '마인드셋'

내 이력은 대부분 대기업군에 속해 있다. 썬마이크로소프트 교육센터에서 강의하던 시절을 제외하면, 국내 벤처 회사의 영업대표를 거쳐, 마이크로소프트에서 다양한 형태의 영업을 하는 지금까지 내가 담당하는 고객은 모두 기업고객Enterprise Customer 이다. 내 영업의 거의 70~80퍼센트 이상이 대기업을 지향하는 B2BBusiness to Business 세일즈에 집중되어 있다.

불과 얼마 전까지만 해도 신생보다 오래된 기업이, 그리고 작은 기업보다 대기업이 많은 예산을 가지고 있다는 것이 업계 불문율이었고, 투자도 많이 하는 만큼 대기업을 담당하는 영업들에게 실제로 기회가 많았다. 그래서 프리세일즈로서 혹은 세일즈로서 담당 영역을 선택할 수 있다면 묻지도 따지지도 않고 대기업 군을 선택해왔다. 그러나 디지털 트랜스포메이션이 화두가 되고, 코로나가 모든 산업의 디지털화를 촉진한 지금은 오히려 대기업보다 중소기업, 더 나아가서 스타트업 회사가 민첩하게 변화를 주도해나가는 경우를 흔히 볼 수 있다.

실제로 요즘 내 업무의 상당 부분은 마이크로소프트 스타트업 프로그램을 통해 발굴된 스타트업 회사들과의 협업으로, 예전과 사뭇 달라진 풍광을 많이 접하게 된다. 요즘 들어 스타트업 회사들과 협업하며 느낀 점이 많은데 그중 분명한 한 가지는 '시장 변화에 대응하는 민첩성'은 앞으로의 경쟁력을 좌우하는 관건이 될 것이라는 점이다. 기업의 몸집이 크고 작음을 떠나서 미래 경쟁력을 좌우하는 핵심은 마인드셋이다. 다가오는 시대에는 더욱 일의 본질을 기반으로 하되, 반드시 새로운 융합을 시도하는 것이 중요하리라. 조직도 개인도 자기 자신의 일을 창조해야 하는 시대다. 많은 사람에게 낯설고 두려움이 있는 세상이지만, 이것은 이 시대를 사는 우리에게 이미 정해진 미래의 방향이라 말할 수 있다.

내가 살아온 세상, 답정남 답정녀

지난해, 큰아이가 대입 수험생으로 한 해를 지냈다. 대학 입시의 터널을 지나면서 암담한 순간이 한두 번이 아니었다. 수시모집에 정시모집, 그리고 논술까지 복잡하기 그지없는 입시는 때로는 지도 없이 싸우는 전쟁터를 방불케 한다.

기본적으로 대입 입시제도가 복잡해서 입시 전문가가 아니면 한눈에 파악하기 어렵고 정권이 바뀔 때마다 새로운 정책이 쏟아져나오니 수험생과 학부모 입장에서는 지뢰밭을 걷는 기분일 때가 많다. 어렸을 때부터 다양한 활동을 하며 학생의 적성과 특기에 대해서 충분히 고민하고 경험하기보다는, 많은 학생이 발 등에 떨어진 불을 끄듯 점수에 맞춰 대학과 전공을 택하는 게 현실이다.

아이들에게는 수능이 세상에 태어나서 처음으로 목숨을 건 첫 도전이라 해도 과언이 아니다. 설사 이 전쟁에서 승리하더라도 과연 내가 무엇을 좋아하는지? 어떤 일을 할 때 신이 나는지? 내 성향이나 장단점을 고려할 때 어떤 전공을 선택하면 좋을지? 등 근본적인 고민이 선행되지 못했기 때문에, 세상이 정해준 스펙을 만들어 나가느라 정신이 없다. 그렇게 졸업을 준비하고 등 떠밀리듯 사회로 흘러나온다.

많은 대학생이 스펙을 쌓는 데 시간과 노력을 쏟아붓고, 운이 좋으면 이름이 번지르르한 대기업에 취직하고 또는 중견기업, 중소기업 순서로 문을 두드리고 기업이 원하는 인재상이 되기 위해 각고의 노력을 한다.

이 시절을 잘 살아냈던 우리 DNA에는 맹목적으로 스펙을 쌓던 기질이 발현되었던 부분이 분명 있고, 이 시절에는 어쩌면 내게 주어지는 일을 잘 처리하는 데 에너지를 쓰면 되었다. 누군가가 정해놓은 정답을 '누가 먼저 맞히는지'의 방향으로 돌진해온 것이다.

우리 아이들이 살아갈 세상, 내 직업은 내가 만든다!

셜리 위-추이의 뼈 있는 한마디는 계속 이어졌다. "우리 세대는 그렇게 사회가 회사가 그리고 선배가 어디로 가야 하는지 '방향'을 제시해줬습니다. 여기 계신 여러분은 저 포함, 그 와중에 장하게도 잘 달려왔고, 잘 살아남은 사람들입니다. 충분히 가치가 있었죠. 그때는! 누군가 정해준 목표를 받들어 달려온 것 자체가 말이죠. 그러나 요즘 아니 앞으로의 세대들은, 과연 어디에 초점을 맞춰서 살아가야 할까요?"

나 또한 과거의 시대를 달려, 현재를 시대를 달리고 있는 1인으로, 이 질문이 가슴 깊은 곳으로 스며드는 느낌이 들어 이내 먹먹해졌다. 내 머릿속에서는 여러 개의 CPU가 동시에 돌아가듯, 많은 생각이 떠올랐지만, 딱 떨어지는 명쾌한 해답이 떠오르지 않았다. 하지만 분명한 것은 앞으로는 전과 같은 방식이 먹히지 않으리라는 점은 확실히 느낄 수 있었다. 그러나 'What' 정작 무엇에 좌표를 맞추고 살아가야 하는지 방법이 떠오르지 않았다. 그저 정지된 시계추처럼 오도 가도 못하는 마음이 인지되면서, 가슴 한가운데 이는 소용돌이를 조용히 삼켜본다.

요즘 아이들은 문자 그대로 완전히 다른 세상에서 살아가야 한다. 직장의 명함이 더 이상 나를 보호해주지 않는다. 스스로 '나'라는 브랜드를 만들고, 완전히 독립적으로 살아가야 하는 세상이다. 그래서 위-추이가 남긴 "You have to create your own job"이라는 한마디가 여전히 생생하게 내 귓전을 맴도는 것이다. 세대와 성별을 떠나서 앞으로의 경쟁력이 될 마인드셋이 필요한 시점이다.

원하는 것을 성취하고 싶을 때
공유하라

원하는 것을 성취하고 싶을 때는 '공유하라'

성과를 내보는 경험은 나의 쓸모를 발견할 수 있어서 소중하다. 작은 성공 경험들이 모여서 자신감을 길러주고 비로소 독립적인 내가 되는 일인 셈이다. 따라서 성과를 내기 위해서 나의 잠재력을 믿고 내 마음이 끌리는 일을 선택하는 게 첫 번째라면, 다음은 한정된 시간과 자원 안에서 그 일을 어떻게 실현할지 고민하는 게 필요하다.

나는 다양한 회사와 직무를 거쳐오면서 회사 일에서 성과를 내기도 했고, 지인들에게는 '100일 공주'로 불릴 만큼 내 마음에 끌리는 일을 선택해서 목표를 세워, 크고 작은 성취를 이룬 경험이 많다. 그러다 보니 동료나 지인들이 '어떻게 하면 네가 원하는 것을 성취할 수 있냐'는 질문을 자주 받는다. 이에 대한 나의 대답은 여럿이 있지만 단 한 가지를 꼽는다면 바로 '내가 목표를 하는 것을 주위 사람들에게 공유하라'는 것이다.

주위를 둘러보자. 마음이 끌리는 일에 우선순위를 두고 목표를 세워서 잘 이루는 사람들을 가만히 살펴보면 공통점을 발견할 수 있다. 그들은 수많은 일 가운데 먼저 해야 할 일을 잘 알고 있으며, 또한 그 일을 이루려는 염원을 주변에 공유한다는 공통점이 있다.

공유가 기회를 부른다!

공유한다는 것은 '내 염원을 구체화해서 상대방에게 표현하는 일'이다. 성격이나 취향에 따라 그 방법은 무척 다를 수 있으니 부담 없이 각자의 상황에 맞게 결정하면 된다. 공유할 대상과 범위도 다양하다. SNS를 이용하는 것도 좋고, 가족이나 내가 속한 커뮤니티에 이야기할 수도 있다. 혹은 회사의 친한 동료나 가까운 친구에게 공유하는 것도 좋은 방법이다.

아무튼 누군가에게 내 염원을 알리는 것은 실로 큰 힘을 가져다 준다. 성과를 잘 내는 사람들을 보면 공유하는 과정을 통해 주변으로부터 도움을 받는 것에 두려움이 없다. KT 엔터프라이즈의 신수정 부문장은 몇 년 전부터 SNS에 생활의 단상을 메모하기 시작했다. 그 단상들을 묶어서《일의 격》이라는 책이 탄생했고 베스트셀러가 될 정도로 많은 사람에게서 좋은 피드백들이 이어졌다. 그는 자기 경험을 통해 우리에게 말해주고 있다. "공유가 기회를 부른다"라고.

공유를 잘하는 사람들도 처음부터 그랬던 것은 아닐 것이다. 처음 '공유'했을 때는 그저 그런 일상의 끄적임이었을지 모른다. 하지만 계속 공유하면서 점차 스스로 단단해지고, 사람들과 연결되면서 자연스럽게 시너지가 나고, 그 연결을 통해 더 큰 기회의 문이 열리는 경험을 하고 또 그 놀라운 경험을 다시 공유하는 초연결의 경험을 했기 때문일 것이다.

아마도 조직에 속해 있다면 자신의 성과 목표를 공유하는 일이 생소하지만은 않을 것이다. 이와 마찬가지로 개인적으로 계획하고 목표하는 일도 공유하는 것이 효과적이다. 나 또한 어떤 목표가 생기면 가까운 지인들이나 몇몇 커뮤니티에 그 결심을 알리는 편이다.

처음에는 나 혼자의 염원인데 그것을 누군가와 공유한다는 것이 영 어색했지만, 지인들과 함께 '만다라트(297~304쪽 참고)' 워크숍을 하면서 공유하는 것이 자연스러워졌다. 공유의 힘을 경험해보고 확실히 알게 되어서 개인적인 목표가 생길 때마다 주위에 그것을 적극 알리는 편이 되었다. 실제로 나 개인으로 봤을 때, 이처럼 내 목표를 주위에 공유하기 시작한 이후로 성취율이 높은 통계를 가지고 있기도 하다.

공유하면 좋은 3가지 장점

자신의 생각과 결심을 주위 사람들에게 공유하면 실질적으로 어떤 도움을 받을 수 있을까? **첫 번째, 내 목표를 스스로 더욱 구체화할 수 있다.** 남들에게 공표한 이상, 뱉은 말을 지키기 위해서 정말로 목표에 매진하게 된다. 공유하는 대상과 방법은 다양할 수 있지만, 중요한 것은 '공유하는 행위' 그 자체다. 스스로 뱉은 말을 책임지기 위해 내 안에서 동력이 만들어지는 셈이다. 이렇게 자신의 목표를 구체화하고 이를 이루기 위해 애를 쓰다 보면, 처음에는 어설픈 염원과 다짐이 점차 그럴싸한 현실로 다가오는 것을 경험할 수 있다. 목표를 구체화하는 과정에서 자신의 다짐에 스스로 설득되는 것이다.

두 번째, 내 목표를 향해 함께 뛰어줄 조언자나 조력자를 만날 가능성이 높아진다. 일단 공유하고 나면 그때부터 다른 사람과 연결될 가능성이 생기는 것이고, 잘하면 그것을 먼저 시도해본 사람들의 조언이나 가이드와 연결될 수도 있으며, 이렇게 연결된 사람을 통해서 결국 그것으로 한 번 더 다가설 기회가 찾아오는 것이다. 이것은 바로 성공의 확률을 높이는 과정이 된다.

공유함으로써 연결한다는 것은, 연결 그 자체를 목적으로 하기보다는 공유를 계기로 서로 커뮤니케이션하게 되고 그 과정으로 서로에게 영향을 주고받는 상호작용이 일어날 수 있다. 실제로 이직을 원할 때, 하고 싶은 것이 생겼을 때, 아니면 그저 도움이 필요할 때 '공유'해보자. 처음에는 절대 예상하지 못한 방향으로 연결되어 의외의 곳에서 귀인이 나타날 수 있다.

세 번째, 그들은 내게 리마인더Reminder가 되어준다. 많은 사람이 목표를 세우는 초반에는 대단한 의지로 시작했다가도, 제풀에 지치거나 다른 일들로 바빠지면서 초반의 의지와 동력이 온데간데없어지는 경우가 부지기수다. 이렇게 목표 달성에 실패하고 마음이 작아지면, 공유한 일을 후회하기도 한다. 그렇지만, 내 결심을 들었던 사람들이 나중에 "그때 하기로 한 일은 잘 되어가?"라고 물으면서 그 화제로 나를 이끌어주면, 다시금 내게 동력이 생긴다. 그들과 공유한 것이 내 목표를 지속시켜주는 효과로 돌아오는 것이다.

공유, 염원을 이루는 힘

내 마음이 끌리는 일, 내가 염원하는 목표를 세웠다면 주위에 슬쩍 흘려보자. 공유하는 과정에서 원하는 목표를 달성할 수 있는 힌트를 얻게 될 것이다. 내가 원하는 미래에 조금은 더 가깝게

가도록 도와줄 것이다. 모든 사람에게 광고를 할 필요는 없지만, 늘 자신을 지지해주는 가족이나 동료 그리고 일부 커뮤니티에 결심을 나누는 일은 내가 나아가도록 나를 밀어주는 작용을 해줄 것이다. 물론 일이 되도록 도와주는 고마운 조력자도 나타날 것이다.

멀티 잡Multi Job 시대를 준비하라 Feat. 하나의 직업을 갖는 시대는 끝났다!

3, 5, 19

"저는 교수라는 직업 하나로 지금까지 살고 있는데요, 벌써 30년이 넘었네요. 저와 같이 딱 한 개의 직업으로 평생 살 수 있는 시대는 이제 끝이 났습니다." 진화심리학자인 최재천 교수가 어느 TV 프로그램에서 이렇게 말한다. 어쩌면 너무 극단적인 이야기가 아닐까, 의구심을 갖고 지켜보는데 그가 슬라이드 한 장을 보이며 말을 이어간다.

슬라이드에는 '3', '5', '19' 단 3개의 숫자만 덩그러니 놓여 있었다. 최재천 교수는 그 숫자들의 의미를 이렇게 풀이한다. "미래 세대는 일생 동안 3개 이상의 영역에서, 5개 이상의 직업을 갖게 되고, 무려 19개 이상의 서로 다른 직무를 경험하게 될 것이라는 이야기입니다. 이 19라는 숫자가 굉장히 많아 보이죠? 전혀 그렇지 않습니다." 그는 숨을 한번 고르고, 다음 슬라이드로 넘어가서 바로 이야기를 이어나갔다.

"지금 보시는 것처럼 미래 세대에는 이렇게 직업을 바꾸는 빈도가 굉장히 짧아지고요, 그 횟수가 10배 가까이 늘어나 평생 거칠 직무가 최소한 19개 이상입니다. 한마디로 평생직장이라는 개념은 사라집니다. 그렇다면 미래에 경험하게 될 19개의 직무를 위해 우리는 이제 어떤 능력을 키워야 할까요?" 예전이라면 최재천 교수의 주장이 다소 과격하게 느껴졌을 테지만, 상상해본 적도 없는 미래가 빠른 속도로 우리에게 다가오는 것이 피부로 느껴지는 요즘이다.

이제는 멀티잡 시대

직장을 다니면서 다양한 시도를 하는 사람들은 많다. 자신의 직무와 연관성이 높은 학과가 있으면, 회사 일과 병행하며 대학원에 진학하는 사람들도 있다. 이는 회사 입장에서도 득이 되므로 등록금을 지원해주는 경우도 있다. 한때는 이렇게 회사의 지원을 받아 대학원 공부와 회사 업무를 병행하는 사람들이 주위에서 흥미로운 시선을 한 몸에 받곤 했다.

그런데 요새는 아무래도 '멀티잡의 시대'를 살아가는 사람들이 크게 주목을 받는다. '멀티잡'이라고 하면 무척 거창해 보이기 마련이지만, 내 주위에서 실제로 멀티잡을 이뤄가는 사람들을 보면 그것이 아주 점진적으로 발전한다는 것을 알게 된다. 처음부터 본래 직업과 무관하게 죽기 살기로 멀티잡을 개발하는 것이 아니라, 소소하게 취미 삼아서 어떤 일을 시작했다가 그 일이 누적되면서 또 다른 직업으로 확대되는 경우가 대부분이다.

케이스 1 : 본캐를 업그레이드하는 부캐

예를 들어, 마이크로소프트에는 'MVPMost Valuable Professional'라는 제도가 있는데 이들은 마이크로소프트의 직원이 아닌 외부인이지만, 마이크로소프트가 공식적으로 인증하는 기술 전문가들이다. 이들도 처음부터 작정하고 MVP를 시도하고 지원한 것은 아니다. 오히려 자기계발 차원에서 자신을 위해 공부를 하고, 그 과정을 소소하게 주변이나 SNS에 공유하기 시작하면서 그것들이 쌓여 후에 MVP가 되는 경우가 많다. 마이크로소프트 MVP가 되면, 자신의 회사를 다니면서도 다른 한편으로 MVP라는 이력이 차곡차곡 쌓여 멀티잡Multi Job으로 이어질 가능성이 높아진다.

공식적으로 MVP 자격을 부여받으면 Microsoft가 인정하는 기술전문가로, 자연스럽게 외부 강연 기회도 많아지고 강연료도 당연히 올라가기 때문에 공부와 공유로 시작해서 자연스럽게 부캐로 연결되는 좋은 표본 중 하나다. 또한 MVP 중에는 현직의 끈을 놓지 않는 분들이 많은데, 이들은 MVP 활동을 하면서 익힌 기술을 바탕으로 '본캐'까지를 업그레이드한다.

케이스 2 : 본캐에 활력을 불어넣는 부캐

그런가 하면, 직무와는 무관해 보이지만 자신의 꿈과 취향을 살리면서 본캐에 활력을 불어넣는 부캐를 만드는 경우도 있다. 블라썸미BlossomMe'라는 마케팅 커뮤니티에서 만난 어느 의사가 바로 이런 부캐를 만든 장본인이다. 강남에서 병원을 직접 운영하는 여성 의사로 본캐 자체가 넘사벽 수준인 분이라 사실 더욱 놀랐는데 본캐로 일하는 모습만 봐서는 감히 상상하기 어려운데, 워낙 어렸을 때부터 꿈꿔온 배우를 '부캐'로 만들어 꾸준한 활동을 이어가고 있다.

본캐를 영위하느라 무척 바쁘지만, 그 와중에도 짬을 내서 연기를 하는 것이 그녀의 삶 전반에 커다란 활력을 가져다준다고 이야기한다. '지나가는 사람 1'로 시작해서 '무리의 사람들'을 거쳐 '카페에서 그저 배경으로 앉아 있는 여자 3'까지 사진을 보여주면서 이 한 장면을 위해서 어떤 날에는 몇 날 며칠을 대기해야 한다고 흥분하는 배우로서의 그녀, 그녀의 얼굴에서 소녀 같은 웃음이 배어 나왔다.

케이스 3 : 본캐의 기술(디자인)을 활용하는 부캐

고등학교 동창 중 한 명은 프리랜서 디자이너로 일하면서 부캐로 이커머스e-Commerce를 시작했다. 코로나가 한창이던 2021년 여름, 이커머스와 관련한 온라인 카페에 가입해서 공부한다던 친구가 얼마 후에 연습 삼아서 오픈했다고 하더니 석 달이 채 지나지 않아서 매출 1,000만 원을 기록했다고 자랑했다. 친구의 매출은 최근까지 1년 넘게 꾸준히 성장하고 있다.

물론 친구의 본캐인 디자인 작업은 낮 동안에 계속되고 있다. 처음 오픈했을 때와는 달리, 지금은 점심시간이나 출퇴근 시간에 부캐로 변신해서 짬짬이 답글을 다는 등 관리하고 있다. 이제는 2개 정도의 아이템이 매출 안정권에 들어갔으니 다음 단계로 다각화하는 차원에서 새로운 아이템을 소싱할 계획이라고 했다.

디자이너인 친구에게 이커머스는 본캐의 역량을 근간으로 비교적 쉽게 진입할 수 있었던 영역이지만, 시장의 트렌드를 계속 파악하고 참신한 아이템을 발굴하는 등 세상과의 끈을 꾸준하게 이어갈 수 있다는 것도 친구에게는 큰 장점이라고 했다. 그러나 표면적으로는 짬 나는 시간을 활용해서 높은 매출을 올리는 것처럼 보이고 따라서 그저 좋아 보이지만 이커머스라는 업의 특성상 끊임없는 자신과의 싸움인 측면도 친구는 이야기해주었다.

멀티잡 시대에 꼭 필요한 역량

그렇다면 이미 찾아온 '멀티잡 시대'에 우리는 과연 어떤 역량을 준비해야 할까? 나도 마흔 이후로 나만의 멀티잡을 개척하려고 노력해왔는데, 그 덕분에 자신감을 되찾고 자존감을 회복한 경험이 있다. 더불어 멀티잡을 꾸려나가는 사람들과 교류하면서 멀티잡에 필요한 역량들을 고민해왔다. 오랜 고민을 토대로 나는 다음과 같은 두 가지 역량이 가장 중요하다고 생각한다.

첫 번째는 바로 '탐색능력Know-where'이다.

예전에는 기업이나 개인에게 모두 노하우Know-how가 중요했다. 정보와 지식이 단지 알고 있는 것에 머물지 않고 실질적으로 쓸모가 있도록 다양한 경험을 누적하여 언제든지 활용 가능한 상태여야 하는 것이 중요했기 때문이다. 그러나 지금은 정보와 지식을 구글과 인터넷이 전부 가지고 있다. 검색만 하면 된다. 누가 검색하든 정보와 지식은 거기에 다 있다. 무엇보다 인간이 그것들을 기계보다 더 잘 기억할 수는 없다.

따라서 지금 시대에서 정말 중요한 것은 내게 필요한 정보와 노하우가 어디에 있는지, 내가 도움을 받을 수 있는 전문가가 어디에 있는지를 알아내는 능력이다. 무엇이 어디에 있는지 찾아내는 더듬이를 키워야 하는 것이다.

예를 들어, 이전 사회에서는 고등학생들이 인기가 높은 특정 학과를 찾았지만, 지금은 학과를 선택할 때도 좀 더 수준 높은 탐색 능력이 요구된다. 사회는 현재도 빠르게 바뀌어가고, 이에 따라서 대학교의 학과 편제가 움직인다. 현실을 반영해서 학과가 생겨나기도 하고, 사라지기도 하는 것이다. 특정 학과의 인기만 좇을 수가 없다. 결국, 입시를 준비하는 학생이나 대학생들은 어떤 요소가 미래의 사회를 움직이는지 탐색할 줄 알아야 한다. 이는 멀티잡을 개발할 때도 유효하다. 더불어 나를 도와줄 각 분야의 전문가들이 어디에 있는지 탐색해내는 역량은 아주 중요하다.

온라인에는 멀티잡을 가진 크리에이터들이 즐비하다. 대표적으로 '클래스101class101.net'이나 '탈잉taling.me' 같은 플랫폼에는 나만의 멀티잡을 개발하도록 도와주는 전문가들이 이미 대기하고 있다. 누군가는 탐색 능력을 바탕으로 이들 전문가에게 적절한 도움을 벌써 받고 있을 것이다.

두 번째는 '참여시키는 역량Engagement'이다.

세상은 점점 복잡한 곳이 되어가고 있다. 혼자서 할 수 있는 일들이 급격히 줄어들고 있다. 자신이 혼자서 처리하기 어려운 과제를 만난다면, 적기Right Time에 적절한 누군가를 참여Right Engage시킬 수 있느냐가 관건이다.

예를 들어, 회사에서 혼자 수행하기 어려운 프로젝트를 맡게 되었다고 가정해보자. 그러면 나에게 부족한 전문성을 채워줄 수 있는 다른 팀의 전문가에게 업무를 보완해달라고 요청할 수 있어야 한다. 운이 좋다면 그가 조력자를 자처해주겠지만 현실에서는 그렇지 않은 경우가 허다하다. 이럴 때 우리는, 상대방이 내 프로젝트에 참여하는 것이 그/그녀에게도 어떤 이익이 될지에 대해 근거 혹은 비전을 제시할 수 있어야 한다.

회사 업무가 아니라 '사이드 프로젝트'나 '창업'을 준비하는 경우라도 마찬가지다. 혼자 맨땅에서 안달복달하는 것보다 누군가를 참여시키는 편이 훨씬 수월하다. 이미 사이드 프로젝트나 창업에 성공한 사람들을 탐색 역량Know-Where을 발휘해서 적절한 전문가를 발견해내고, 내가 필요한 만큼의 도움을 그들에게 요청해서 성과를 냈을 가능성이 높다. 실제로 스타트업을 키우고 투자하는 엑셀러레이팅 기관들이 초기 스타트업을 평가할 때, 이런 역량들에 높은 점수를 준다.

엑셀러레이팅 기관들은 무수한 스타트업의 흥망성쇠를 지켜보면서 성공 사례와 실패 사례를 마주한다. 그들이 입을 모아서 '스타트업의 성공 요인'으로 가장 먼저 이야기하는 것은 '될 만한 팀'을 구성했는가 하는 점이다. 아무리 사업 아이템이 굉장해도, 팀을 제대로 꾸리지 못한 창업가에게는 투자도 쉽게 이뤄지지 않는다.

어렵게 투자를 받았다고 하더라도, 좋은 인재를 영입하지 못한 창업가는 그리 오래가지 못한다. 이렇게 누군가를 자기 비전에 참여시키는 역량은 비단 스타트업 영역에서만 유효한 것이 아니다. 나에게 도움이 될 사람을 설득하고, 또한 함께 얻을 수 있는 것을 제안하는 능력은 일반 회사에서도 탁월한 성과를 내는 사람들의 특징이다. 회사 밖에서 멀티잡을 만들 때도 마찬가지다.

코로나19 팬데믹 때문에 그야말로 '생존'을 고민하게 되자, 산업과 기술은 물론이고 개인의 행동도 '변화'를 요구받게 되었다. 변화를 넘어서 '진화'를 해야 하는 상황에 이른 것이다. 그 속도는 가히 위협적으로 빨라졌고 생존을 걸어야 하는 변화 앞에서 사람들은 어느 때보다 진지하고 자발적이다.

'딱 한 개의 직업으로 평생 살 수 있는 시대는 이제 끝났다'고 이야기하는 최재천 교수의 말에 깊이 공감한다. 그가 이야기한 '19가지 직무'는 사람에 따라 편차가 있을 것이다. 분명한 것은, 앞으로의 사회는 전보다 훨씬 다양한 직업Job과 역할Role을 개인에게 요구하리라는 것이다. 이러한 멀티잡 시대에 꼭 필요한 역량 두 가지는 나를 도와줄 사람 혹은 리소스가 어디에 있는지를 찾아내고Know-Where, 나에게 필요한 리소스들이 제때 참여하도록Right Time, Right Engage 만드는 역량이다. 이 두 가지 역량을 갖춘다면 지금 어떤 분야에 있든, 미래에 어떤 분야를 꿈꾸든 상관없이 나만의 멀티잡을 개척하면서 성장해나갈 수 있다.

3장

ACHIEVE MORE

일이 되게 하는 사람은

혼자서 일하지 않습니다

■

일이 되도록 만드는 사람은
혼자서 일하지 않는다

혈혈단신의 강사 2년

썬마이크로소프트 교육센터에서 2년을 꼭 채운 기간 동안 강의를 했다. 강사로서 나는 신입이었지만, 한참 이력이 쌓인 경력 개발자들을 대상으로 강의했기 때문에 매일이 롤러코스터를 타는 것처럼 아슬아슬했다. 극심한 성장통이 있었지만 한 달 한 달 눈에 띄게 내 강의는 안정되기 시작했다. 강의 패턴이 자리 잡히자 진도에 따라 어떤 질문이 나올지, 또한 그 질문에 어떻게 대답해야 수강생들의 관심도가 올라가는지까지 모두 고려하는 나의 모습을 발견할 수 있었다.

정부가 제공하는 교육과정을 이수하고 '어느 날 갑자기 IT 강사'가 되었지만, 점차 나는 물 만난 물고기처럼 내 역할을 빠르게 익혀나갔다. 강사로서의 역량을 충분히 갖추기 위해 스스로 공부했고, 내가 아는 내용을 상대방이 잘 이해할 수 있도록 쉽게 풀어서 설명했다. 또한 내 강의를 듣는 사람들이 자발적으로 동기를 일으킬 수 있도록 돕는 등, 강사로서 해야 할 또 다른 역할을 배워가느라 시간이 가는 줄 몰랐다. 그런 노력 덕분인지 그즈음 수강생들이 주는 강의 평점과 피드백으로 봤을 때 '1타 강사'가 따로 없었다.

그런 나의 역할이 마음에 들었고, 반응이 나날이 좋아지니 기뻤다. 그런가 하면, 한 가지 아쉬움도 있었다. 강사라는 직업의 특성상 수강생들과 상호작용은 있지만, 동료 강사들과는 교류가 거의 없다시피 했다. 새로운 과목이나 고급과정에 대비하는 강사를 위한 교육이 오픈되면, 강사들은 각자 알아서 수강하고, 각자 알아서 공부하고 또 각자 알아서 강의해나갔다. 일반 직장과 달리 '친목'이라는 개념은 아예 없었다. 철저하게 '각자의 방식으로 각자의 강의를 책임진다'는 태도로 일하다 보니, 강사끼리 어쩌다가 만나게 되어도 서로 이야기를 나누는 일도 거의 없었다.

한번은 강사들을 격려하기 위해서 워크숍을 간 적이 있다. 강사들은 모이는 일이 드물었기 때문에 한데 모여 워크숍을 간 것은 전무후무한 일로 큰돈을 들여 외부 강사까지 초청한 상황이었다. 그날 초청되어 온 강사는 당시에 나름대로 유명한 인물인데, 강사들 앞에서 한참을 애먹었다. 그가 강의 연단에서 온갖 수를 동원해서

청중을 몰입시키려 해도, 청중으로 앉아 있는 강사들은 하나같이 무표정으로 일관하며 대꾸도 하지 않았기 때문이다. 이 정도로 강사들은 남들의 일에 무관심한 편이었고, 타인과 교류하는 것에 몹시 서툴렀다.

내게도 그런 모습이 많이 있었다. '오로지 생존'이라는 미명하에 자고로 '세상은 혼자 태어나 혼자 살아가는 것'이라는 태도로 생활하던 때였다. 그렇게 일하는 것이 자연스러웠고, 혼자서 잘 해나가는 것이 전부인 줄 알았다.

마이크를 잡고 뭔가 열정적으로 강의하는 강사, 겉으로는 멋있어 보이지만 한 번만 더 들여다보면 백조의 물길질과 같은 모습이 많았고, 그렇게 생활하는 사이 뭐든지 혼자 해내는 능력이 최고의 경쟁력이라는 생각이 나도 모르게 나를 지배했던 시기였다.

벤처 회사에서 배운 '함께 일하기 기술'

뒤에서 상세한 에피소드(180~182쪽 참조)를 다루겠지만, 퀵서비스 아저씨의 오토바이를 타고 가서 면접을 본 뒤, 여의도의 벤처 회사에 출근하면서 나는 처음으로 조직다운 조직을 경험하게 됐다. 갑자기 달라진 환경이 낯선 한편으로는 새로운 환경이 나의 몸과 마음을 새롭게 하기에 충분했다. 내가 자바Java 강사 출신이었기 때문에 자연스럽게 자바 기반의 미들웨어 제품의 프리세일즈 Pre-Sales 역할을 맡게 되었다. 프리세일즈란, 고객에게 상품을 설명하고 적절한 사례와 데모를 통해서 상품에 대한 이해를 돕고 판매가 이루어지도록 촉진하는 역할이다.

2년간 강의를 하던 때는 하루 벌어 하루 사는 하루살이와 같은 시간이었지만, 새로운 것을 배우고 익혀서 듣는 이의 눈높이로 커뮤니케이션하는 능력을 기르기에는 최적의 무대였다. 무엇보다 이해가 느린 학생들을 대하는 '역지사지'의 태도가 습관처럼 자리 잡았기에, 이 벤처 회사에 입성한 뒤에 고객을 대할 때도 마찬가지였다.

프리세일즈의 역할상 상품 자체에 집중하기 쉽다. 그러나 처음 우리 상품의 포지셔닝을 이해한 다음에는 상품 자체를 광고하기보다는 좀 더 근본적인 장점을 들여다보고자 노력했다. 자바Java 기반의 미들웨어 상품이었으므로 자바라는 프로그래밍 언어의 특징이 무엇인지? 그 특징으로 인해 어떤 현상이 나타나는지? 혹은 그 때문에 어떤 어려움이 발생할 수 있는지? 등 고객의 상황을 먼저 이해하려고 노력했다. 그리고 나서 우리의 상품이 그들의 어려움을 어떻게 해결해줄 수 있는지? 그 쓰임새와 효용에 대해 설명하는 방식으로 흐름을 잡았다.

그렇게 상품에 대해 어느 정도 이해해갈 때 즈음, 프리세일즈라는 역할로 '금융팀'을 담당하게 되었고, 금융팀의 첫 주간회의에 참석하게 되었다. 회의에 참석한 나는 난감하기 그지없었다. IT 기술과 상품에 대한 이해는 어느 정도 갖추고 있다고 자부하던 나였다. 그런데, 회의는 IT 상품이 아니라 온통 '금융시장'의 시장 변화와 트렌드 그리고 '금융고객'에 대한 이야기들 일색이었다. 아직 입사 초반이었던 터라 우리 회사의 제품 공부도 안 끝난 상태였는데 금융시장은 또 무슨 말인지 도무지 이해가 되지 않았다. 어리둥절한 나를 보고 옆에 있던 금융팀 직원이 미소를 지어 보였다.

"정신이 하나도 없으시죠?"

회의가 끝나고도 자리에서 일어나지 못한 나에게 그 직원이 다가와 살갑게 말을 건넸다. 내 복잡한 마음을 다 읽었다는 듯이 그 직원은 책 한 권을 내밀었는데, 자세히 살펴보니 출간된 책이 아니라 책만 한 두께의 프린트물 뭉치였다. 그 직원은 이내 자리를 옮기자고 하더니 어리둥절한 표정을 풀지 못하고 있는 나에게 금융시장에 대해서 1시간가량을 친절히 설명해주었다.

그 직원에게 머리가 땅에 닿도록 고마움을 전하고는 그 프린트물로 금융시장에 대해서 공부해나갔다. 그 동료의 배려로 점차 시간이 지나면서 금융팀 회의를 두려워하지 않게 됐다. 추상적이고 전문적으로만 들렸던 용어들이 이제 이해되기 시작하면서 내 귀에도 쏙쏙 잘 들어왔다. 어렴풋하게나마 시장을 이해하기 시작하니까, 고객에게 상품 설명을 할 때도 금융고객들의 눈높이를 맞추기가 훨씬 용이했다. 그 덕분에 금융팀을 지원하는 프리세일즈 담당으로 더욱 빠르게 자리 잡을 수 있었다. 내가 끝까지 '강사'로만 남왔더라면 경험하지 못했을 팀워크였다. 뒤처지고 따라오지 못하는 팀원을 조금만 도와주면 같이 성장할 수 있다는 것, 얼마나 멋지고 값진 일인가?

한번은 은행에 빅딜을 제안하는 자리에 참여하게 되었다. 우리 회사 금융영업대표는 그때 내게 금융시장을 가르쳐준 분으로, 알고 보니 영업실적이 좋기로 내부에서 유명한 사람이었다. 그때 감사했던 마음에 그분 요청이라면 나도 적극적으로 지원에 나섰다.

이 금융영업대표는 어떤 일을 요청할 때 단편적으로 이야기하지 않고 일의 전후좌우를 상세하게 설명해줬으며, 내가 해야 할 부분을 명확하게 요구했다.

고객의 현황과 문제를 정확하게 이해하면, 같은 상품을 놓고도 고객의 현황과 문제를 해결하는 방향으로 상품을 설명하고 시연해 보일 수 있고, 그렇게 되면 고객도 상품설명을 들으면서 자신의 관점에서 중요한 포인트를 더 잘 인식할 수 있게 된다. 같은 맥락으로 고객의 표정이나 질문을 통해서 추가로 설명이 필요한 부분을 좀 더 명확하게 좁혀나갈 수 있다.

이렇게 금융영업대표가 내게 세심한 가이드를 주며 도와준 덕분에 나는 이전보다도 더 명확한 커뮤니케이션을 할 수 있게 되었다. 이 과정에서 성과가 자연스럽게 따라오기 시작했다. 이 영업과 같이 일하면 긴장이 되었지만 결과적으로 돌아오는 성과를 마주하며 서로 보람을 느낄 수 있었다. 점차 내가 내 역할을 제대로 해내고 있다는 성취감과 함께, 고객을 설득해내는 과정에서 보람과 재미도 느낄 수 있었다.

그리고 이 영업대표는 내가 한 일을 회의와 같은 공적인 자리에서나 혹은 매니저에게 꼭 별도로 언급해주었다. 성과를 낼 때 그의 기여가 더 컸는데도 내가 맡았던 역할 하나하나를 섬세하게 조명해준다. 그 영업대표와 함께 일하는 과정은 업무 성과도 따라오지만, 내가 성장하는 기분이 들어 무척 고무되었다.

내 성과를 여러 사람 앞에서 하이라이트를 해준 부분은 당시 어린 주니어로서 크게 동기부여가 되었고, 여러 명 중 하나였을 뿐이지만 그중에 그 역할이 꼭 필요했다는 존재감, 그것을 느끼며 일하게 되어 마치 내가 주인인 양, 신나게 일할 수 있게 해줬다. 이 영업대표 주변에는 늘 사람들이 북적거렸다. 그런 걸 보면 비단 나만 그렇게 느낀 것은 아니라는 반증이다. 사람들의 어려움을 들여다보고 그 사람들이 성장하도록 자신이 알고 있는 부분을 흔쾌히 공유하고, 그로써 성과를 낼 수 있도록 기반을 마련해주면서 그 역할과 노고를 충분히 격려해주니 같이 일하는 사람이 신나는 것은 당연한 이치다.

나는 이 과정을 통해서 그야말로 '함께 일하기'의 표본을 배운 셈이다. 나만 일을 잘하는 것이 능사인 줄 알았던 사회 초년생 시절을 넘어서 함께 팀으로 일하며 가치를 창출하는 것이 얼마나 의미 있는 일인지 새삼 깨달았다. 주변에 성과가 좋은 사람들을 가만히 살펴보자. 그들은 결코 혼자서만 열심히 일하지 않는다. 그들은 함께 일하는 법을 잘 알고 있다.

인간관계는 자석과 같아서
당기기도 밀어내기도 한다

직장 생활을 20여 년 가까이 하다 보니 참 많은 사람을 만났다. 나를 싫어하는 사람, 나를 좋아하는 사람, 또는 내가 기꺼이 따르게 되는 사람, 내가 되도록이면 피하는 사람 등. 온갖 종류의 만남과 관계가 있었다. 그 긴 시간과 경험을 거쳐서 나는 한 가지 결론에 이른다. 사람은 혼자서는 살아갈 수 없다는 것이다.

아무리 독립적으로 보이는 사람도 다른 사람들과 부대끼며 살아간다. 그 관계의 형태와 관계 맺는 빈도가 다를 뿐이다. 안타깝게도 모두가 나에게 좋은 사람인 것은 절대 아니다. 어쩔 수 없이 만나는 사람, 필요에 의해 만나는 사람 그리고 좋아서 만나는 사람까지 다양한 사람들과 더불어 살아가게 되기 마련이다.

인간관계는 마치 자석과 같아서 극이 맞는 사람은 당기고, 극이 다른 사람은 밀어내는 성향이 있다. 우리는 인간관계에 대한 선택권이 나에게 있을 때도, 그렇지 못할 때도 있다. 워크 영역에서 일하는 우리의 '본캐'는 대체로 같이 일할 사람을 고를 입장이 되기가 어렵다. 회사나 조직에서 주어진 역할을 수행하다 보면 인간적으로 정이 가지 않는 사람과 함께 일하게 되어도 묵묵히 관계를 유지해야 한다. 반면에 우리의 라이프 영역인 '부캐' 그러니까 취미나 개인적인 영역에서는 만나는 사람들을 나름의 방식으로 선택할 수 있는 경우가 많다.

본캐로서 혹은 부캐로서 만나는 사람을 선택할 수 있는 상황이든 혹은 그렇지 못한 상황이든 자석처럼 서로를 당기는 사람들이 있다. 서로에게 좋은 영향을 주고받는 사람들로 일명 '결'이 맞는 사람들이다. 내가 혹은 상대방이 어떤 행동을 할 때 순리처럼 자연스럽게 느껴지는 '결'이 있고, 반대로 마치 물길을 거슬러 올라가듯 부자연스럽게 느껴지는 '결'이 존재한다. 결이 같을 수만 없는 게 인간관계이다.

오늘의 나 = 내가 함께하는 다섯 사람의 평균

미국의 사업가이자 동기부여 강연가인 짐 론Jim Rohn은 "오늘의 나는 내가 가장 많은 시간을 함께 보내는 다섯 사람의 평균You're The Average Of The Five People You Spend The Most Time With"이라고 말했다. '다섯 사람의 평균'이라는 말은 아마도 글자 그대로의 의미이기보다, 사람은 가깝게 지내는 사람들로부터 많은 영향을 받는다는 의미일 것이다. 또한 그렇게 서로가 주고받는 영향은 시간의 흐름이 흘러감에 따라 켜켜이 쌓여서 삶의 방향까지 좌우할 수 있다는 의미일 것이다.

이것을 한끗 바꿔서 표현하면 내가 만나는 사람의 총합이 곧 '나'인 것이다. 인간관계에는 자석 역할을 하는 '결'이 작용하기 때문에 이 결이 같은 사람은 당기고, 그렇지 않은 사람은 밀어낸다. 그러니 결국 내가 자주 만나는 사람 몇 명을 추리면 곧 나의 '결'을 읽을 수 있고, 그것을 바탕으로 내 삶의 우선순위와 내가 지향하는 삶의 방향도 충분히 감지할 수 있다는 이야기로 해석할 수 있다.

과연 어떤 사람이 나와 결이 맞는지 알고 싶다면 자신이 최근 이삼 년간 어떤 사람들과 가장 친밀하게 지내왔는지 돌아보면 된다. 그들과 어떤 것들을 주고받았는지 찬찬히 되짚어보면 그동안 알게 모르게 생겨난 내 삶의 '결'을 발견할 수 있을 것이다. 이렇게 자기 결을 돌아보고 점검하면 앞으로 어떤 결의 사람들을 만나야 할지도 분간할 수 있다.

'결'이 맞는 사람과 함께 일하면 성과도 따라온다

나는 마이크로소프트 한국지사에서 영업을 담당하고 있다. 12년 전 처음 입사할 때는 특정 상품을 담당하는 '솔루션 영업'을 시작했고, 그다음에는 같은 영업 중에서도 고객사를 기준으로 담당하는 '영업대표' 역할을 했으며, 현재는 실제로 매출을 일으키는 채널 즉 '파트너 영업'을 담당하고 있다. 용어가 다른 만큼 분명 다른 역할과 KPI를 가지고 있지만 궁극적인 지향은 할당받은 각자의 영업목표를 달성하는 일이라는 좀 더 큰 측면에서 보면 결국 동일하다고 볼 수 있다.

글로벌 기업의 경우, 영업 목표는 대개 본사에서 큰 그림 차원에서 한 해의 영업 목표를 정하면 그것이 대륙별로 나눠지고, 대륙 안에서 나라별로 나누어진다. 한국지사의 몫으로 나눠진 영업목표 Sales Quota는 본부별로 내려오고, 거기서 다시 부서별로, 그리고 영업대표별로 구분되어 영업목표가 할당된다. 영업에게 목표Quota란, 영업이 존재하는 이유이자 아주 당연한 과제로 늘 부담스러운 부피와 무게를 갖고 있는 게 사실이다.

영업인들 사이에서는 흔히 영업을 '1년 농사'에 비유하곤 한다. 농사와 마찬가지로 영업도 가을에 농작물을 수확하기 위해서는 겨울부터 봄과 여름을 지나 가을에 이르기까지 시기별로 적절하게 해야 할 일들이 있고, 그것들이 하나의 방향으로 맞아가야 하는 여정이 있기 때문이다.

그러므로 영업도 '실적'이라는 수확Quota를 달성하기 위해서는 내가 심는 농작물 즉 내가 판매하는 상품의 특성을 고려해서 방향 즉 전략을 만들어야 한다. 농작물의 특성을 잘 파악하고 그것을 기반으로 농작물 캘린더처럼, 전략 캘린더의 진도에 맞춰서 시기별로 해야 할 일들을 정의하고, 그 일에 맞는 적절한 리소스를 투입하면서 부단히 돌봐야만 풍성한 결실을 맺는 것과 같은 이치다.

영업대표는 고객사 전체를 바라보며 큰 그림을 그리고, 그 방향대로 끌어가서 궁극적으로 성과를 내는 역할을 한다. 고객사와의 최접점에서 고객의 소리를 듣고, 그 목소리를 기반으로 수확할 곡식의 종류와 양 즉 판매할 상품의 종류와 매출목표액을 결정한 후 그것을 달성해낼 방법을 고민한다. 이것을 우리는 '영업 전략'이라 부르는데, 이 전략 방향에 맞춰서 적절한 타이밍에 적절한 리소스를 투입함으로써 단계별 아웃풋을 구체화해나가기를 기대한다.

대기업 본부에서 '영업대표' 역할을 처음 시작할 때 일이다. 마이크로소프트처럼 테크놀로지를 기반으로 하는 회사들이 그러하듯 큰 그림 차원에서 조망하고 고객과 접점하는 역할로 내가 영업대표를 담당했고, 같은 상황에서 기술영역을 리드하는 '기술담당자'가 별도로 있으면서 서로 짝꿍 구조로 일을 하게 되었다.

기존에 다른 역할에서 새로운 보직을 부여받은 시점이라 아직 내가 해야 할 일들이 채 정의되지 않은 시점이었지만 '레드카펫'이라는 인수인계 절차에 맞춰 일단 고객사를 찾아 나섰다. 당시 전임 영업담당자의 사정상, 신임 담당이 된 나를 고객에게 직접 소개하기 어려운 상황이었다. 어쩔 수 없이 나와 짝꿍이 된 기술담당자나 혹은 파트너사 담당자가 그 역할을 대신해주어야 하는 상황이었다.

기본적으로 기술대표 입장에서는 본래 자기 업무 영역이 아닌 일이다. 그러나 운이 좋게도 당시 기술대표는 마치 자기 일처럼 솔선수범해주었다. 이분 기술대표는 평소 평판이 좋기로 워낙 유명했던 분으로, 그간 나와는 이메일 등 간접적으로만 엮여왔던 터라 "나도 언젠가 저분과 일해보고 싶다!" 하고 고대하던 분이기도 했다. 드디어 이분, 기술대표와 첫 미팅을 했다. 나를 반겨주시는 태도나 말마디에서 드러나는 인격이 왜들 그렇게 '훌륭하다!'라고 입을 모았는지 알 듯했다.

기술 담당이었던 그는 우리 회사에서 영업대표로서는 신참인 나를 배려해서 고객사에 대한 이해를 돕기 위해 따로 브리핑을 해줬다. 함께 만나야 할 고객 목록을 공유하면서 그들이 각각 공식적으로 어떤 역할을 하고 있는지, 개인적 성향까지도 상세히 알려줬다. 나와 함께 짝을 이뤄서 일할 동료에 대한 기술대표의 배려 덕분에 고객사에 대해 충분히 공부하고 '레드카펫'에 임하니, 첫 대면 미팅에서부터 확실히 부드러웠다.

고객사에 대한 풍부한 배경지식을 가지고 인사하니까 그들이 더욱 친근하게 느껴졌고, 첫 만남이었지만 향후 진행할 일들에 대한 큰 틀을 언급하는 등 훨씬 효율적인 만남을 할 수 있었다. 기술대표의 적극적인 지원 덕분에 영업대표로서 고객사를 이해하고 빠른 시간에 전체적인 전략의 뼈대를 세울 수 있었다.

마이크로소프트는 페어Pair 즉 짝꿍 구조로 영업팀을 구성한다.

두 사람이 같은 고객사를 맡되, 서로 다른 R&R_{Role & Responsibility}을 가지고 상호작용하여 성과를 내는 구조다. 한 사람은 영업대표로서 고객과의 최접점에 서서 영업적인 영역을 모두 담당하고, 다른 사람은 기술대표로 기술적인 부분을 모두 담당한다. '따로 또 같이 전략'이다. 이렇게 일을 하게 되면 큰 그림은 함께 공유하되, 각자 자기 역할에 따른 일을 담당하면서 서로 공유하고 시너지를 더하는 전략이 가능하다.

물론 짝꿍 구조로 일한다고 해서 모든 팀이 시너지를 내는 것은 아니다. 개중에 유독 시너지 효과가 큰 팀이 있다. 바로 '결'이 맞는 두 사람이 한 팀을 이룬 경우다. 같이 일하는 동료를 위해 자신의 것을 아낌없이 공유하고 정성을 다하는 마인드가 '결'을 만든다고 믿는다.

그 이후에도 우리는 짝꿍 구조를 최대한 활용해서 큰 그림에 방향을 맞추되 세부적인 일들은 적절한 타이밍에 서로 도우며 '따로 또 같이' 역할을 수행해나갔다. 그 시너지가 굉장했다. 결이 맞는 즉 손발이 척척 맞는 짝꿍과 즐겁게 일하다 보니 일의 진척도 무척 빨랐다. 이런 멋진 팀워크 덕분에 예기치 못한 반전을 일으키기까지 했다.

내가 영업 담당을 맡기 전, 직전 영업 담당자가 있었는데 사정상 특정 고객사와 관계가 좋지 못했다. 영업이라는 역할 자체가 '고객사를 기준으로, 고객과 우리가 윈윈할 수 있도록 큰 그림을 그리면서 전략적인 관계를 가져가는' 임무를 가지고 있기에 가급적 이런 상황을 만들지 않으려고 노력하지만, 이 경우에는 조금 특별하게 '영업대표 출입정지' 선고를 받기도 했던 고객사가 있었다. 이런 고객사를 인계받으면서 고민이 깊었는데 서로 '결'이 맞는 페어_{Pair}를 만나 신나게 일하면서 고객사와 관계가 크게 개선된 것이다.

기존과 다른 분위기 덕분인지, 처음에는 열심과 성의를 인정해주기 시작해서 결국 이 분위기를 이어가서 전사 프로젝트도 수주할 수 있게 되었다. 한마디로, 짝꿍을 잘 만난 덕분에 '큰 매출'이라는 영업적인 성과를 얻어낸 것이다. 물론 함께 신나게 일하는 분위기를 만들어낸 것은 덤이었다.

지금 다시 돌아봐도 그때 참 즐겁게 일했던 기간이었다. 실제로 고객사와 내부 동료들로부터 '시너지 나는 파트너'라는 피드백을 받았으며, 직원들로부터 '같이 일하고 싶은 그룹'으로 포지셔닝되면서 다양한 형태로 협업하여 만족스러운 결과도 만들어낼 수 있었다.

'결이 맞는 사람'과 함께 일해야 하는 이유

이처럼 '결이 맞는 사람'과 함께 하는 것이 중요한데 그 결정적인 이유는 누구를 만나느냐에 따라 내가 성장하는 방향으로 나아갈 수도 있고 그렇지 않을 수도 있기 때문이다. 사람들과 상호

작용하면서 나와 상대방이 같이 성장하는 방향으로 '작용'이 일어나면 자부심을 느끼게 되고, 그렇지 못한 방향으로 '작용'이 일어나면 의기소침해지기 마련이다. 사람은 누구나 서로에게 영향을 주고, 또한 받기 때문이다.

2022년 현재, 내가 만나는 사람들을 머릿속으로 떠올려본다. 그들 한가운데 서 있는 내가 보인다. 분명, 지금 나와 함께하는 그들은 삶의 방향과 삶에서 중요하게 여기는 가치가 맞는 사람들 즉 결이 맞는 사람들이다. 회사 동료들, 매일 걷기를 서로 약속하고서 부지런히 실행하는 사람들, 10여 년 된 여성 리더십 커뮤니티에서 만난 사람들, 마케팅 성장 플랫폼에서 만난 사람들……. 이렇게 조금만 떠올려봐도 내가 지향하는 삶의 방향을 읽어낼 수 있다. 만일, 당신이 성장 방향으로 가고 있지 못하다고 생각되면, 가장 근접한 거리에서 함께 하는 다섯 사람을 돌아보라. 분명 그 안에서 '당신'이 보일 것이다.

정현종 시인은 "사람이 온다는 건 실은 어마어마한 일이다. 그는 그의 과거와 현재와, 그리고 그의 미래와 함께 오기 때문이다. 한 사람의 일생이 오기 때문이다"라고 노래했다. 지극히 공감되는 이야기다. 내가 만나는 사람을 보면, 곧 내가 보인다.

새날, 새달, 새 분기, 그리고 새해를 맞이하며 우리는 늘 변화를 꿈꾼다. 내가 바라는 대로 성공적으로 변화하려면 그 방향으로 나와 '결'이 맞는 사람들을 어디에서 발견하고 어떻게 관계해 가져갈

지 진중하게 고민하고 실행할 필요가 있다. 나는 그들에게서, 그들도 나로 인해 서로 영감을 얻고 변화되기 때문이다. **결이 맞는 사람들은 서로 좋은 영향을 주고받는 사람들이다.** 자석으로 치면 나는 어떤 '극'을 가지고 주변에 영향을 주고 있고, 어떤 '극'을 가진 사람들과 상호작용하고 영향을 주거니 받거니 하고 있는지 스스로 자문해보자.

02

신뢰를 쌓는
세 가지 방법

"언제 한번 봅시다!"

정부의 강력한 권고로 한동안 재택근무를 하다가 코로나 거리두기가 한 단계 완화되면서 오랜만에 회사에 들렀다. 마이크로소프트는 부문장의 허락이 있어야 회사 방문이 가능했기에 여전히 회사의 많은 자리가 비어 있었다. 넓은 사무실에 소수의 인원이 띄엄띄엄 모습을 보일 뿐이었다. 여전히 대다수가 재택근무인 와중에, 점심식사를 하러 가는 엘리베이터에서 오랜만에 동료의 얼굴을 마주하게 됐다. 금융 영업을 담당하는 그는 "오~"라는 짧은 탄성 끝에 "정말 오랜만이네요!" 하고 인사했고, 바로 이어서 누가 먼저라 할 것 없이 "언제 한번 봐야죠!"라고 거의 동시에 외쳤다. 엘리베이터가 다시 열리기 전에 우리는 스마트폰의 일정 앱을 열어서 바로 식사 약속을 잡았다.

이런 에피소드는 사회생활을 하면서 아주 흔하게 경험한다. 그러나 "언제 한번 봅시다"라는 인사 끝에 실제로 이렇게 바로 약속을 잡는 경우가 많지는 않다. 아마도 '인사치레'로 그렇게 말하는 경우가 반 이상은 되리라 짐작해본다. 내가 소속되어 있는 회사나 고객사 그리고 친구들과의 경험을 돌아봐도 이 통계가 틀리지 않다. 사회생활을 하면서 가장 쉽게 내뱉는 말 중 하나가 "언제 한번 보자"라고 해도 과언이 아닐 것이다.

특히 코로나19 이후 재택기간에는 사람을 보기가 하늘의 별 따기처럼 드문 일이다 보니 어쩌다 아는 사람을 만나게 되면 반가운 마음에 나도 모르게 저 말이 불쑥 튀어나오곤 한다. 친구나 직장 동료에게 건네는 이 말에 물론 진심이 없지 않을 것이다. 그렇지만 형식적인 인사치레로 이 말을 남발하는 경우를 주변에서 어렵지 않게 볼 수 있는데 이게 반복되면 과연 어떻게 될까? 결론부터 이야기하면 신뢰를 잃기 쉽다.

영업사원에게 신뢰는 생명과 같다

"언제 한번 봅시다"라는 말을 건넨 이후에 어떤 행동이 이루어지는지에 따라서 신뢰를 얻을 수도 있고, 잃을 수도 있다. 나도 전에는 이 말을 인사치레로 하는 사람에 가까웠다. 그때는 그런 말을 건네면서 내 반가운 마음이 전해졌을 거라고 혼자서 위안하곤 했다. 그렇지만 '영업'이라는 역할을 맡은 뒤로는 이 말의 무게가 남다르게 다가왔다.

영업인에게 '신뢰'는 생명과 같다. 한 번 신뢰를 잃으면 모든 것을 다 잃을 수도 있고, 거꾸로 한 번 신뢰 있는 사람으로 여겨진다면 많은 것을 얻을 수도 있다. 특히 고객과의 관계가 형성되는 초반에는 신뢰를 얻는 일이 더더욱 중요하다. 내가 보여준 신뢰감의 깊이에 따라서 영업 역할을 하는 내내 줄곧 나를 따라다니는 꼬리표가 될 수 있기 때문이다. 이 꼬리표가 나의 활동 범위는 물론 성과까지도 좌우하는 경우가 비일비재하기 때문에 초반에 신뢰를 보여주는 일이 무척 중요하다. 그렇다면 신뢰는 과연 어떻게 얻을 수 있을까?

신뢰를 만드는 영업의 세 가지 원칙

처음 영업을 시작하던 시절에는 미처 몰랐지만, 어느 정도 경험치들이 누적되면서 내 나름대로 '신뢰를 만드는 세 가지 영업 원칙'을 세웠다. 이 약속은 나로부터 시작되었다. 작지만 내가 지킬 수 있는 일부터 시작하자는 생각이었고 일 예로 '언제 한번 봅시다' 하는 짧은 말이라도 지킬 수 없는 경우 가급적 남발하지 않으려고 노력했다. 이 원칙은 지금까지도 우선해서 유지하고 있는 스스로에 대한 약속이기도 하다.

영업사원으로서 신뢰를 만들기 위한 나의 **첫 번째 원칙은 '지키지 못할 약속은 애초에 꺼내지 않기'**다. 여기서 약속이란 엄청난 영업 미션을 수행하며 이루어지는 거창한 약속을 가리키지 않는다. 아주 일상적인 약속을 의미한다.

영업이 하는 일은 쉽게 정형화하기가 어렵다. 영업인들은 저마다 각기 다른 상품을, 각기 다른 소비자층에, 각기 다른 판매 경로로 세일즈하기 때문이다. 세상에 '영업직'은 참으로 많고 다양한데 체계적인 커리큘럼을 갖춘 일반적인 교육을 접하기도 쉽지 않다. 사정이 그렇다 보니 가까이에 있는 선배로부터 혹은 선배의 선배로부터 전해져 내려오는 방법을 배우는 것이 그나마 최선이었다.

나 또한 영업을 시작하면서 선배들을 찾아가 SOS를 청했다. "영업성과를 잘 내려면 어떻게 해야 하나요?" "고객에게 신뢰를 받으려면 어떻게 해야 할까요?" 내가 주니어 때는 선배들을 찾아가 이런 질문들을 던지며 배워나갔다. 이렇게 질문과 답변을 통해 배운 것들도 적지 않았지만, 선배들을 따라다니면서 그들의 행동을 관찰하는 것으로 정말 많이 배울 수 있었다.

그 시절 나의 영업 선배 중 한 명이 고객사에서 IT를 담당하다가 내가 다니던 회사로 이직을 했다. 그는 영업 초반에 새로운 아이디어를 공격적으로 밀어붙인 덕분에 엄청난 성과를 올렸고, 그 공로로 단기간에 바로 팀장이 되었다. 그런 그를 멀리서 바라보던 내가 영업팀으로 발령받으면서 그 팀으로 합류하게 됐다. 나는 팀에 제일 늦게 합류한 막내였고 그러니 팀장님을 보좌하는 일도 많았다. 영업을 시작한 지 얼마 되지 않았을 때라서 내가 담당하는 고객사 미팅에 팀장님과 동석할 일이 종종 있었다. 그는 워낙에 번뜩이는 아이디어가 많아 잠시도 가만있지 않는 스타일인 데다가 '어느 날 갑자기 팀장'이라는 중책을 맡으니 의욕이 더욱 앞서 있었다.

팀장님은 고객사 담당자와 이야기를 잘 풀어가다가도 어느 순간에 지나친 약속을 하며 곤란한 상황을 만들곤 했다. 그런 탓에 회사로 돌아와서는 본업을 수행하기보다 고객사에 뱉은 말을 수습해야 하는 상황이 자주 발생했다. 거창한 타이틀이 없는 일반 세일즈맨도 약속을 전제로 얘기하는 것이 일반적이다. 하물며 그는 '팀장'이라는 타이틀을 달고 약속하니 당연히 무게가 실렸고, 그 약속을 믿고 기다리던 고객사들이 불만을 토로하기 시작했다.

팀장님의 이런 성향은 쉽게 바뀌지 않았다. 급기야는 '약속'을 어기는 것은 '나를 무시하는 행위'로 해석한 고객사 담당자는 화가 나서 거의 다 성사된 계약을 파기하기도 했다. 팀장님이 함께했지만 정작 그 거래의 오너는 다름 아닌 나였고, 무조건 성사될 거래로 보고해놓은 매출 예측Forecast은 이 일로 와장창 무너지고 말았다.

거래 규모가 큰 데다가 개인적으로도 의미 있는 기회여서 사장님을 포함한 많은 분에게 큰소리를 뻥뻥 쳐놓은 상황이기 때문에 대책 없이 무너진 기분이었다.

모든 과정을 옆에서 생생하게 지켜봤던 나는 이 딜을 실주하는 과정에서 아주 크게 배웠다. '지키지 못할 약속은 애초에 꺼내지 말자'는 원칙은 이렇게 영업 초반에 팀장과 함께 큰 낭패를 경험하면서 세워진 것이다. 뼈저린 실패를 통해 배운 이 교훈은 지금까지도 나의 최우선 원칙이다.

두 번째 원칙은 '요청에 신속하게 대응하기'다. 규모가 큰 거래의 경우에 관련된 사람들이 많아지기 마련이다. 여러 사람이 같이 맞물려서 움직이는 경우에는 특히 고객 미팅 이후 팔로우업FU, Follow Up이 부재하는 경우가 많다. 일반적으로 고객 미팅이 잡히면, (1) 사전에 이메일을 이용해 미팅에서 논의할 주제를 명확하게 전달하고, (2) 다음으로 미팅 시간에 협의 안건을 관련 참석자들과 함께 논의하게 된다. (3) 그리고 미팅을 다 마친 이후에는 향후 팔로우업 해야 할 일들에 대해서 정리하는 게 일반적이다.

팔로우업Follow Up 영역에서는 많은 일들이 있겠지만, 가장 많은 실수 중 하나는 미팅 후에 추가로 보내기로 한 자료나 견적에 대해서 완벽하게 만들기 위해서 자꾸만 시간을 들이다가 일을 지연시키는 것이다. 자료를 완벽하게 정리하려다 보면 하루 이틀을 넘어 며칠씩 소요되는 경우가 아주 흔하다. 또한, 해당 고객사에 대한 일

뿐만 아니라 다른 일들도 많기 때문에 그렇게 완벽을 기하다가 자료를 보낼 타이밍을 놓치는 경우가 생각보다 많다.

이렇게 한번 타이밍을 놓치게 되면 '정말로 완벽한 자료'를 보내야 하는 상황이 된다. 제때 보내지 못했기 때문에 더욱 자료를 잘 준비해서 보내려는 심리가 작동하기 때문이다. 한번 이렇게 되면 더욱더 발목을 잡아 실행하기는 점점 더 어려워진다. 가장 안 좋은 것은 처음 타이밍을 놓친 이래 이러한 부담감으로 인해 아예 자료를 보내지 못하는 일이 반복되는 경우다.

설령 시간이 꽤 지난 뒤에 완벽하게 준비된 자료를 보내더라도 이미 일은 성사되기가 곤란해진 이후다. 미팅에서 자료 요청을 받는 경우가 많은데 이럴 때 다소 부족하더라도 시의성 있게 바로 보내서 고객의 피드백을 받으면서 자료를 추가하거나 보완하는 것이 신뢰를 얻기 쉬운 것이다.

병을 치료할 때 보면 '골든 타임'이 있는데 일도 마찬가지로 '골든 타임'을 놓치지 않고 신속하게 처리하는 것이 아주 중요하다. 물론 애초에 자료 등을 준비하는 데 소요되는 시간까지 감안해서 약속을 잡는 게 필요하다.

그리고 마지막 **세 번째 원칙은 '준비에 실패하면 실패를 준비하는 것이다'**. 이게 무슨 말이냐고 되물을 듯하다. 이것은 신뢰를 얻는 데 실패하지 않기 위해서는 반드시 준비가 필요하다는 뜻이다.

이것은 또한 첫 번째 원칙과 두 번째 원칙을 지켜내기 위한 전제조건이라고 봐도 좋다. '지키지 못할 약속은 애초에 꺼내지 않기' 위해서, 그리고 '요청에 신속하게 대응하기' 위해서는 사전에 효율적인 준비가 필요하다. 예를 들어 고객 미팅 이후, 24시간 안에 관련 자료를 제공하기 용이하도록, 사전에 자료를 구조화해서 정리하는 것이다.

영업사원이 취급하는 상품과 서비스는 일반적으로 정해져 있다. 물론 경우에 따라서는 그때그때 취급하는 상품이 달라지기도 하지만, 결국 내가 파는 상품은 어느 정도 정해져 있으니 그것들을 한 줄로 세워놓고 정형화해서 미리 준비하는 작업이 필요하다.

이때 판매 상품에 우선순위를 정해서, 그중에서도 우선순위 높은 일부 상품에 대해서 먼저 준비하고, 우선순위가 낮은 나머지 상품에 대해서는 필요 시에 처리하는 등, 상황에 따라 우선순위를 조절하는 것으로 효율성을 더한다.

기초 자료들을 평소에 틈틈이 만드는 것이 좋은데, 내가 판매하는 상품이나 서비스별로 표준 자료와 버전별 자료, 그리고 고객사별 자료를 폴더별로 모아놓고 빠르게 발송하기 좋은 형태로 구조화해두는 것이 중요하다. 내가 다루는 모든 자료를 소스로 놓고 체계적인 구조체계를 폴더로 만들어놓고, 필요하면 링크Link로 결국 같은 파일을 바라보도록 하는 것 또한 효율적인 방법이다.

이처럼 사전에 자료를 준비하는 것은 일과 중에 타임 블록Time Block을 설정해서 하는 것도 아주 좋은 방법이다. 나중에는 수시로 습관처럼 할 수 있다면 가장 좋다. 마치 장수가 전장에서 사용할 무기를 평소에 정비하는 것과 마찬가지로 이 세 번째 원칙은 굉장히 중요하다.

신뢰를 잃는 방법 vs. 신뢰를 얻는 방법

신뢰는 작은 일에서 시작되고 누적된다. 처음에는 별 볼 일 없는 것처럼 작아 보이지만 그것들이 오랜 기간 쌓이면 정말 강력한 신뢰로 돌아온다.

'신뢰를 만드는 영업의 세 가지 원칙'을 그간 실무에서 적용해 본 결과, 고객군이 달라도, 고객이 나이가 적거나 많아도, 또 상품이 달라져도 큰 예외 없이 잘 작동했다. 새로운 고객을 만났을 때 지키지 못할 발언을 삼가고, 초반에 서너 번 이상만 기민한 반응을 보이면서, 사전에 그것들을 준비하는 구조를 만든다면, 의외로 어렵지 않게 고객의 초기 신뢰를 얻을 수 있다.

고객은 논리만으로
설득되지 않는다

논리와 설득이 전부가 아니다

회사에서의 커뮤니케이션이란 대개 논리와 설득을 비롯한 '이성적 대화'가 주를 이룬다. 회사라는 특성상 무엇을 하든 또 누구를 만나든 성과를 내는 방향으로 집중되다 보니 논리와 설득을 중심으로 커뮤니케이션하는 것이 자연스러워 보인다. 그러나 성과를 내려는 주체도 결국 사람이기 때문에 논리와 설득으로 모든 일을 할 수 있는 건 아니다.

대기업 영업대표를 담당할 때, 나는 제조 부문 고객사를 담당했다. 고객사 입장에서 나는 외부인이고, 또 회사를 대표하는 영업대표였기에, 내 직무를 수행할 때 내가 예를 다하는 것은 기본이고,

고객사 입장에서도 나에게 예의를 갖추는 것을 느낄 수 있었다. 그래도 간혹 제조사들 특유의 거친 문화를 경험하는 경우가 있는데 한번은 이런 일이 있었다.

'진상 고객'이라는 시험대

마이크로소프트에서 솔루션 영업에서 고객사 영업대표로 전환한 첫해의 일이다. 제조사 고객 중에 업계에서 알아주는 '진상 고객'이 있었다. 이분이 우리 팀 선배에게 무리한 요구를 해서 그분이 어려운 상황에 처하게 된 것이다. 터무니없는 요청이었지만, 고객사의 말을 가벼이 여길 수 없었던 선배는 이를 단칼에 거절하지 못하며 당혹스러워했다. 결국 선배는 팀의 리더로서 고객의 요청을 어떻게든 성사해보려고 노력했는데 오히려 우리 조직 내부 상황이 꼬이기 시작했다. 안타깝게도 회사 내부에서 선배를 의심스럽게 바라보는 시각마저 생겼고 그로 인해 선배가 거의 퇴사 위기에 처하고 말았다.

가까이에서 모든 정황을 가깝게 지켜보던 나는 모르쇠로 일관할 수가 없었다. 긴 고민 끝에 나는 직접 그 '진상 고객'을 만나기로 결심했다. 팀원으로서 선배를 따라 같이 자리한 경우가 많았던 터라, 어렵지 않게 그를 만날 수 있었다. 고객사 옆에 있는 작은 카페로 가서 도착했음을 알리는 문자를 남기고, 가급적 사람이 없는 위층에 가서 담당자를 기다렸다.

잠시 후 차 한 잔을 앞에 둔 채 단둘이 앉았고, 나는 단도직입적으로 선배가 회사 내에서 곤란한 상황에 처했음을 설명했다. 고객의 무리한 요청이 낳은 이 상황을 인지시키기 위해 최대한 차분하게 얘기하려고 노력했고 나는 그에게 결자해지를 해달라고 요청했다. 그가 이 상황에 대해서 우리 회사 측에 직접 설명하거나 무리한 요청을 거두어 지금 벌어지고 있는 문제를 완화해달라고 요청했다. 그렇지 않으면 선배가 더욱 어려운 상황에 처할 것임을 분명하게 이야기했다.

설득과 협상도 이기는 '용기'

고객사 담당자는 대기업의 본부장으로 직위 레벨도 나와는 차원이 달랐을뿐더러 평소에 워낙 까다롭고 어려운 성격인 것을 알기에 한편으로 겁이 났던 것도 사실이었다. 그러나 이 사태의 전말을 아는 유일한 후배로서 그대로 지켜볼 수만은 없었기에 마치 사자 굴에 들어간 토끼의 모습이었지만 내가 여기에 온 목적을 되뇌며 내가 해야 할 이야기를 침착하게 끌어갔다. 내 이야기가 끝날 즈음, 그는 담배를 연거푸 피우면서 생각에 잠기더니 '알았다'는 대답을 돌려주었다. 그리고 선배는 고객의 결자해지로 위험을 무사히 넘길 수 있었다.

알겠지만 이는, 회사 생활을 하면서 속마음을 언제든지 거리낌 없이 내뱉어야 한다는 이야기가 아니다. **서로 다른 역할과 입장에 놓인 우리에게는 지켜야 할 선이 있다. 내 팀과 조직이 원만하게 돌아갈 수 있도록, 혹은 함께 일하는 동료를 배려하기 위해서 말을 아껴야 할 때가 훨씬 많을 것이다. 그렇지만, 가끔은 물러서지 않고 분명히 맞서야 하는 순간이 있다. 이럴 때 필요한 것은 이성적 설득과 협상을 넘어서서 용기를 내어 진솔하게 다가가는 커뮤니케이션이다.**

태도로 커뮤니케이션하라
– 퀵서비스 타고 벤처 입성기

"기쁜 마음으로 해보겠습니다!"

마이크로소프트를 비롯해 한국에 지사를 두고 있는 글로벌 IT 기업들은 주로 경력 사원을 선호한다. 바로 실전 업무에 투입 가능한 인재를 선호하는 문화가 있기 때문이다. 가끔 신입 직원을 뽑기도 하는데 한번은 인턴으로 10명을 먼저 선발하고 3개월 동안 지켜본 후 채용할지 여부와 채용 인원을 결정하는 인턴십 프로그램이 있었다. 당시에 마이크로소프트에서 인턴 10명을 뽑는데 응시자가 1,500명 이상 몰렸다. 신입으로 채용이 보장되는 프로그램이 아니었는데도 경쟁률이 150:1로 치열했다.

회사에서는 부서별로 멘토가 되어줄 직원을 10명 선발했고, 멘티인 인턴 10명과 매칭을 해주었다. 멘토들은 자신과 매치된 멘티를 멘토링하는 역할을 부여받았으며, 멘티들을 3개월 동안 트레이닝하고 그 이후에 멘티들은 별도로 평가를 받게 되는 상황이었다. 그때 나는 입사 3년 차로 '데이터팀'을 대표하는 멘토로 선발됐고, 공학도 출신 멘티를 지정받았다.

당시 나는 게임회사들을 고객사로 담당하고 있었는데 이 점을 멘토링에 활용하고자 했다. 나는 내 멘티로 지정된 친구를 맞이하면서 대학에서 산업공학과를 전공했으니 이론적으로는 배운 것들은 많겠으나 대학 마치고 첫 인턴 경험이니까 실전에는 약할 것이라는 점을 대전제로 세웠다. 그래서 우리가 진행하려고 하는 업무 방향에 대해 이론적인 설명을 먼저 한 뒤 실제 필드에서 일어나는 상황을 설명함으로써, 학교에서 배운 것과 필드에서 진행되는 것들 사이의 엇박자를 최소화하는 방향을 잡았다. 초반에는 많은 설명이 필요했지만 한번 박자를 맞춰놓으니 후반에는 내가 현장을 먼저 설명해주면 자신이 배운 이론과도 비교하면서 가감해나가는 모습을 볼 수 있었다.

다음으로 멘토링 프로그램이 마치면 멘티의 프레젠테이션을 준비하기 위해서 가상의 게임회사 하나를 고객사로 설정하고 이름까지 붙여놓았다. 그러고는 멘티의 아이디어를 실제 고객사에서 파일럿으로 진행한 후 그 결과를 활용하기로 했다. 즉 멘티가 발표하는 시간에 멘티의 눈앞에 있는 평가자들은 가상의 게임 고객사의 실무진들이라고 가정하고 그들 앞에서 그 내용을 발표한다는 설정을 한 것이다.

그렇게 내 나름대로 멘토링 방향을 잡고 멘티를 도왔지만 여력이 충분하지 않았다. '멘토'라는 거창한 역할이 주어졌으나 나 역시 한 명의 직원으로서 밀려드는 일거리를 감당하느라 몸과 마음이 분주했다. 비단 나뿐만이 아니라 다른 멘토들의 처지는 비슷했다. 그렇다 보니 어떤 멘티는 멘토 얼굴도 한번 제대로 보지 못한 채 스스로 자습해야 했다.

멘토를 만날 수 있다면 행운이고, 설사 그러지 못하더라도 어떻게든 스스로 해내야만 하는 미션이 있는 상황이었기 때문에 멘티들은 나름의 자구책을 마련해갔다. 자기 멘토가 바쁜 시기에는 동료 인턴을 따라가서 동료의 멘토에게 물어보기도 하고, 몇몇이 그룹으로 모여서 공통으로 어려워하는 부분을 같이 스터디하거나 먼저 경험한 것을 나누기도 하면서 말이다.

나는 내 멘티와는 이메일 커뮤니케이션을 기본으로 했고, 때때로 대면해서 업무 가이드를 주기도 했다. 굵직한 단계를 넘어갈 때는 우리 부서의 주간 회의시간에 초청해서 우리 부서원들이 다양한 방식으로 일 처리를 해나가는 모습을 보여주면서, 일머리를 배울 수 있도록 했다. 파일럿에 대한 시나리오가 어느 정도 완성될 즈음에는 우리 팀들을 대상으로 발표하는 자리를 마련해서 실질적인 피드백을 받도록 했고, 그렇게 함으로써 평가자 관점에서 주요한 포인트나 비평가자 입장에서 빠트리기 쉬운 부분은 캐치할 수 있도록 했다.

나와 짝꿍인 멘티의 경우 어떤 부분을 가이드를 주면 잠깐 생각에 잠기거나 질문을 끝낸 이후에 늘 "기쁜 마음으로 해보겠습니다"라는 말로 대답을 돌려주었다. 처음에는 '기쁜 마음'으로 일하겠다는 멘티의 한 마디가 낯설게 느껴졌다. 그런데 여러 날을 함께하면서 멘티가 정말로 즐겁게 일하면서 시도하고 노력하는 모습을 지켜보노라니 멘티의 '기쁜 마음'이 진심이라는 것을 알 수 있었다. 멘티의 진심 어린 태도에 어느새 나도 모르게 스며들어 그 말을 나 역시 쓰고 있는 것을 발견하게 됐다.

내가 멘티에게 가이드를 주면, 멘티는 나름의 방식으로 소화하려고 노력했고 과정에 피드백을 꼭 남기는 솔선수범을 보였다. 예를 들어 어떤 주제로 회의를 하고 자리로 돌아오면, 같이 논의한 내용에 대해서 자신이 이해한 부분을 간략히 정리하여 메일로 공유한다든가, 데모 준비를 하는 중에는 내가 묻기 전에 일의 진척도나 진행 과정의 어려움을 중간중간에 미리 업데이트해줬다. 이제 사회생활을 시작하는 주니어지만 이런 세심한 태도는 나 또한 배울 점이 많다는 생각을 했고 멘티에 대한 신뢰가 생겨나는 것은 자연스럽고 당연했다.

'자기 복은 자기가 짓는다'는 말이 있는데, 내 멘티가 그런 사람으로 보였다. 멘티의 말과 행동 하나하나에서 일을 향한 정성과 선배에 대한 세심한 배려가 묻어나와서 나도 모르게 하나라도 더 알려주고 싶어졌다. 이 경험 이후에 나는 이 말을 이렇게 바꿔서 쓰곤 한다. '태도가 일종의 실력이다!'

나의 태도가 연결해준 인연

멘티의 태도를 보면서 사회생활을 막 시작하던 때의 내 모습과도 겹쳤다. 당시 남자친구는 나와 같은 일을 했다. 그도 썬마이크로소프트 교육센터에서 자바 프로그래밍Java Programming을 가르치는 강사였는데 그는 'Born to be Developer' 즉 타고난 개발자 성향을 가졌다. 자바 강의를 하던 시절, 비개발자 출신인 나에게는 부족한 재주를 가진 그가 부럽기도 했지만 코딩을 사랑하고 자기 프로그램을 마치 작품으로 여기는 그의 모습에 크게 의지가 되었다.

2년여간 자바 강사로 일하던 남자친구는 필드 경험을 본격적으로 쌓고자 강의를 그만두고 프리랜서 개발자를 선언했다. 그는 작은 벤처 회사가 삼성전자로부터 수주한 프로젝트에 참여할 기회를 얻었다. 이 벤처 회사의 영업대표는 여자분이셨고, 고객관리도 탁월하게 잘하는 분이셨다. 영업대표의 입장에서 보면 그 프로젝트는 이미 수주해 계약도 완료한 상태이므로 흔히들 말하는 '잡은 물고기에게 먹이를 주지 않아도 되는 상황'이었다. 그러나 그 영업대표는 수시로 고객사에 들러서 프로젝트 진척을 확인하면서 외부로는 고객사와 소통하고, 내부로는 개발자들을 격려했다.

남자친구는 무슨 일이든 시작하면 끝까지 마무리하는 '근성'과 '타고난 친화력'을 지닌 영업대표를 볼 때마다 줄곧 내가 생각났다고 했다. 급기야 '두 사람이 만나면 잘 맞을 것 같다'며 나를 소개해주기로 했다. 영업대표는 그때 썬마이크로소프트 교육센터에서 강의를 하고 있던 나를 만나러 한걸음에 달려왔다. 첫 만남이었지만, 영업대표의 귀에 쏙 들어오는 목소리와 인상적인 매너를 대하니 나도 영업대표에게 호감이 느껴졌다. 더 나아가 그녀는 나를 자기 회사에 소개하고 싶다고 제안하는 것이 아닌가. 처음 받아보는 스카우트 제안에 얼떨떨했지만, 내심 기대가 커졌다.

퀵서비스 오토바이 타고 인터뷰 가다

몇 주가 흘러 여의도에 위치한 벤처 회사 사무실에서 인터뷰를 보는 날이 되었다. 여느 때보다 일찌감치 강의를 마치고 미끄러지듯 강의장을 빠져나와서 택시를 잡았다. 여유롭게 출발한 덕분에 기분 좋게 길을 나섰는데, 얼마 가지 않아서 도로 여기저기에 빨간불이 즐비하기 시작하더니 이내 꽉 막힌 주차장이 되어버렸다.

다급한 마음에 택시 기사님에게 무슨 사고가 났냐고 물었는데,

돌아오는 대답에 당황할 수밖에 없었다.

"내일이 추석이잖아요."

핸들에서 아예 손을 떼고 있었다. 그 순간 나는 머릿속이 하얘졌다. 그동안 새로운 강의 커리큘럼을 밤낮없이 준비하느라고 명절이 다가온 줄도 몰랐던 것이다. 엎친 데 덮친 격으로 휴대폰은 배터리까지 다 된 상태라 난감했다. 이대로는 여의도까지 제 시간 안에 갈 수가 없을 것 같았다. 짧은 시간 동안 머릿속으로 이런저런 묘책을 짜내다가 택시 옆에 나란히 서 있는 오토바이가 눈에 들어왔다.

다급하게 차창을 내리면서 퀵서비스 아저씨에게 다짜고짜 부탁했다. "아저씨, 급해서 그런데요. 여의도까지 좀 태워다주세요!" 퀵서비스 아저씨 대답이 시큰둥했다. "퀵서비스는 물건만 실어요. 사람은 책임 안 져요." 그래도 그렇게 포기할 수는 없었다. "저는 책임 안 져주셔도 괜찮으니까 여의도에만 좀 데려다주세요. 비용은 두 배로 드릴게요!"

그렇게 주차장이 된 도로 한복판에서 나는 택시에서 오토바이로 갈아탔다. 여의도의 벤처 회사에 도착하니 얼마나 정신없이 달려왔는지를 보여주기라도 하듯 머리는 산발이고 화장은 다 지워진 상태였다. 화장실에 다녀올 새도 없이 인터뷰 장소가 있는 4층으로 올라갔다. 30분째 감감무소식인 나를 엘리베이터 앞에서 초조하게 기다리던 영업대표 과장님은 내 모습을 보는 순간, 어떤 사정이 있었는지 짐작이라도 하듯 아무런 질문 없이 나를 안내했다.

과장님을 따라 복도를 지나 걸어 들어간 회의실은 깔끔하게 정돈되어 있었다. 짐작했던 것보다 훨씬 젊은 남성이 중앙에 앉아 있었는데 누가 봐도 그가 사장이었다. 나에게 손을 내밀어 악수를 청했지만 어딘지 모르게 경직된 태도가 나를 초조하게 했다. "늦어서 죄송합니다." 가벼운 목례를 전하고 자초지종을 말씀드렸다. 약속 시간을 30분이나 넘긴 탓에 걱정과 의심이 공존했지만, 내 이야기가 끝나자 다들 유쾌한 코미디라도 한 편 본 듯, 화기애애한 분위기로 환대해줬다. 그 덕분에 인터뷰는 생각보다 훨씬 더 훈훈하게 흘러갔고 젊은 사장님은 면접 말미에 손을 내밀면서 한 번 더 악수를 청했다. "내가 인터뷰를 많이 해봤는데, 퀵서비스 오토바이를 타고 달려오신 분은 처음이에요. 탁월한 임기응변이 정말 인상적이네요 하하하!" 그렇게 나는 벤처 회사에 입성했다.

'태도'가 곧 '커뮤니케이션'

강사에서 IT 회사의 직원으로 새로운 시작을 할 수 있게 된 그날, 자칫 인터뷰가 무산될 정도로 늦게 도착했지만 흔쾌히 합격 점수를 얻을 수 있었던 이유는 무엇이었을까? 나중에 그 이유를 듣게 됐는데, 내가 보여준 '태도' 때문에 의사결정권자들이 만장일치로 나를 합격시켰다고 한다. 살다 보면 우리가 예상할 수 있는 상황보다 그렇지 못한 상황을 훨씬 많이 맞닥뜨리게 된다. **미리 꼼꼼하게 생각하고 대비하는 게 최선이겠지만 매번 그럴 수는 없다. 설령 그렇게 열심히 준비한다 하더라도 변수는 늘 존재할 수밖에 없다. 그럴 때 끝까지 변수를 극복할 방법을 찾아서 시도하는 진지한 태도가 가장 좋은 커뮤니케이션**이 된다.

인터뷰,
백전백승 전략

오지랖

IT 업계에서 오래 일하다 보니, 회사 업무로 생긴 인연과 개인적으로 맺은 인연이 대부분 IT 산업에 종사하는 사람들이다. 그런 인연들 가운데에서도 내가 특히 아끼는 후배가 있는데 이 친구는 IT 회사에서 유지보수 영업을 담당한다. 후배의 커리어 시작은 작은 벤처 회사였으며, 오랜 기간 유지보수 업무를 담당해왔다. 그 이후에는 국내 ERP 회사로 옮겨서 기업 영업을 담당하다가 지금은 세계적으로 한창 뜨고 있는 글로벌 IT 회사에서 유지보수 매니저로 일하고 있다.

IT 분야에는 유지보수 영업을 담당하는 보직이 별도로 있는 경우가 흔하다. 이미 판매해놓은 라이선스나 장비에 대해서 소프트웨어적인 업그레이드나 사후 기술 지원 서비스를 판매하는 일이다. 주로 라이선스 업그레이드 혹은 기술 지원 서비스를 판매하는 일을 하는데 본질은 '유지보수 상품을 담당하는 영업'이다.

10년쯤 전쯤 일이다. 후배와 나는 회사는 달랐지만 운동을 같이 하면서 만나는 횟수가 잦아졌고, 그즈음 좋은 기회가 생겨서 글로벌 회사의 유지보수 자리에 내가 후배를 추천했다. 추천을 하고 나서야 후배의 상황을 좀 더 깊이 알 수 있었다. 유지보수라는 업무 경력과 역량 측면에서 그녀를 따라갈 대상자가 이 업계에서 몇 안 될 정도였지만 그동안 영어를 사용할 일이 거의 없었기 때문에 영어 커뮤니케이션 실력이 꽤나 미흡한 상황이었다.

다른 많은 기업과 마찬가지로 글로벌 회사 또한 '인터뷰'를 철저하게 진행한다. 지원자의 이력에 대해 상세하게 물어보는 것은 기본이고 '우리 회사가 왜 당신을 선택해야 하는가?'라는 본질적인 질문을 던진다. 지원자는 자신의 경험에 근거해 자신의 가치를 증명해야 한다. 결국, 인터뷰의 전 과정을 통과하려면 반드시 본질적 질문이 될 자신의 일에 대한 철학을 가지고 있어야 하는 것이다.

후배의 경우, 지금까지는 모두 지인의 소개로 알음알음 이직해왔다. 그래서 그동안 인터뷰는 합격 여부를 판가름하는 자리이기보다는 편안하게 인사를 나누는 자리였다고 한다. 이번 인터뷰는 이전과는 상황이 달랐다. 여러모로 준비해야 할 것이 많았다. 녹록지 않은 상황임에도 이번 기회를 꼭 살려보고 싶다는 후배의 간곡한 마음을 듣고, 나는 후배의 인터뷰를 적극적으로 도와주기로 결정한다.

그러나 현실은 그리 희망적이지 않았다. 인터뷰가 며칠 남지 않은 상황에서 일에 대한 자신의 철학을 담은 가치관을 수립하고, 그것을 영어로 인터뷰하는 스킬까지 준비해야 했기 때문이다. 좋은 결과를 바란다는 게 사실상 어려운 형편이었다.

인터뷰 백전백승, 나를 파는 전략

후배와 나의 영어 인터뷰 준비는 그렇게 대책 없이 시작되었다. 주어진 시간과 환경 안에서는 최대한 '나를 파는 전략'에 대해 고민하기 시작했다. 나에게는 영업대표로 오래도록 쌓아온 경험이 있었고, 영업 과정에서 인간의 심리에 대해 깨달은 것이 있었기에, 이번 후배의 인터뷰에도 자연스럽게 이입해서 적용하고 있었다.

내가 오랫동안 맡아온 '영업'이라는 직무는 업의 특성상 사람들과 관계를 만들고 유지하는 일이 많다. 사람들이 잘 인식하지 못하지만 '영업'과 '인터뷰'는 사람과의 관계를 만든다는 점에서 공통분모를 가지고 있다. 인간관계는 우리의 '본성'에 집중할수록 얻을 수 있는 것이 많다.

영업을 할 때 고객과 인터뷰할 때 인터뷰어는 둘 다 사람이기에 그들의 의사결정에 영향을 주는 요소는 결국 내가 영업하는 과정에 깨달은 인간의 본성, 그 범위를 벗어나지 않는다는 믿음이 있었다. 이 믿음을 근간으로 우리는 같이, 인터뷰 준비 전략을 세웠다.

첫 번째 전략은 인터뷰에 예상되는 질문 10개를 뽑는다. 그리고 그 질문들에 대한 대답을 구체적으로 미리, 글로 써서 준비한다. 후배의 '영어 울렁증'을 극복하기 위해서라도 반드시 필요한 절차였다.

예상 질문을 뽑을 때 반드시 고려해야 할 것은 '출제자의 의도'를 파악하는 것이다. 입장을 바꿔서 '내가 인터뷰어라면 응시한 사람에게 무엇이 궁금할까?' 내가 인터뷰어라면 궁극적으로 어떤 사람을 뽑고 싶을까?' 하는 질문들과 함께 입장을 바꿔서 생각해보니 예상 질문 리스트가 어렵지 않게 뽑혔다.

내가 작성한 예상 질문 리스트를 후배에게 건네고는 우선 우리말로 대답을 충실하게 써보도록 주문했다. 예상 질문을 뽑는 것은 무척 중요하지만 또한 중요한 것은 예상 질문에 대해서 나만의 대답을 반드시 써봐야 한다는 것이다. 머릿속으로 대충 생각하는 것만으로는 내 철학이 단단해질 수 없기 때문이다. 마치 틀에 콘크리트를 넣어 굳게 만들면 단단한 벽돌이 되는 것과 비슷한 과정이다. 자기 생각은 직접 써보지 않으면 논리의 오류가 생기기 쉽고, 생각을 하나씩 정리해나가면서 업무에 대한 나의 철학으로 견고하게 굳히는 시간이 필요하다.

그동안 내가 직접 인터뷰를 거치고 몇몇 지인과 후배들의 인터뷰를 도우면서 깨달은 점이 또 한 가지가 있다. 바로 출제자의 의도를 바탕으로 뽑은 예상 질문Questionaries들에 '나를 잘 파는' 방향으로 한 자 한 자 대답해가다 보면, 신기할 만큼 나 자신에 대해서 일목요연하게 정리된다는 점이다. 이렇게 폭넓게 한 번 정리되면 인터뷰에서 예기치 못한 질문이 갑작스레 나오더라도 자신 있게 대처할 수 있다. 실제로 나와 후배들이 이런 경험을 했고 덕분에 인터뷰에 당당하게 임하여 좋은 성과를 낼 수 있었다.

영업하면서 내가 느낀 점은, 고객은 '나'라는 사람을 통해서 '확신'을 얻고자 하는 사람들이라는 사실이다. 인터뷰어도 마찬가지다. 인터뷰어가 나를 인터뷰한 후 합격을 결정하면 이제부터 우리는 한배를 탄 운명이 되는 것이다. 이렇게 비유하는 이유는, 만일 내가 합격한 이후에 일을 잘해서 주위로부터 칭찬을 받게 된다면 인터뷰어도 덩달아 좋은 피드백을 받을 가능성이 높고, 반대로 내가 일을 잘 못한다면 나를 뽑은 인터뷰어 역시 그 영향으로부터 완전히 자유로울 수 없을 것이다. 왜냐하면 면접관 자신이야말로 '선택'이라는 의사결정을 한 장본인이기 때문으로, 이것은 그 사람의 안목과 직결되기 때문이다.

두 번째는 인터뷰어를 대화에 참여Engage시키는 것이다. 수많은 영업 대표들 가운데 유독 성과가 높은 사람들이 있다. 물론 성과를 내는 방법은 무척 다양하기 때문에 모든 유형을 논할 수는 없지만, 그중에서도 탁월한 영업인들은 고객을 적극적으로 참여시킴으로써 좋은 성과를 만들어낸다.

'참여시킨다'는 것이 막연하고 어렵게 느껴질 수 있다. 쉽게 이야기하면 상대가 대화에 집중할 수 있도록 관심을 끌어내서 그가 적극적으로 참여하게 되는 전반의 과정을 말한다. 예를 들어, 고객이 직접 미팅이나 회의를 소집하는 상황을 만들거나, 적절한 질문을 던져서 그가 자신이 알고 있는 것을 많이 설명하도록 만드는 방법 등이 있다.

예를 들어, 고객과 미팅할 때 적절한 질문을 통해서 상대방의 관심사항을 부드럽게 끌어내거나, 고객이 참여할 여지를 주면서 대화를 리드하는 것이다. 그렇게 해서 고객의 참여가 많아지게 된다면, 그 시점부터는 이 미팅의 주인공은 영업대표인 '내'가 아니라 '고객'으로 바뀌게 된다. 고객이 주인공이 되면 미팅은 수월해지기 마련이다. 이런 상황을 이끌어낼 수만 있다면 내가 몇 마디 하지 않아도 상대에게 좋은 피드백을 받기 쉽다.

이 전략 또한 사람의 본성을 이해하면 납득이 간다. 사람은 누구나 다른 사람에게 '영향력'을 끼치고 싶어 하기 때문이다. 따라서 상대를 주인공으로 만들어서, 그가 자신의 노하우나 인사이트, 혹은 가벼운 이야기라도 더 많이 꺼낼 수 있도록 하는 것이다. 그러면 자신이 참여한 만큼 대화에 대한 만족도가 높아지고 그 자리에 함께한 사람에게 더욱 우호적인 태도를 보이기 쉬워진다.

실제로 한 번은 고객이 요청한 내용을 준비해 설명하는 자리를 가졌다. 짧은 설명을 마친 후, 고객에게 질문 몇 가지를 했고, 그 뒤로는 대화의 주도권이 쭉 고객 측에 머물러 있었다. 미팅 내내 고객이 자기 이야기를 풀어갔다. 그야말로 고객의 이야기만 듣다가 끝난 미팅이었다. 그 자리에는 내 상사도 함께 했는데, 나중에 상사를 통해 나에게 돌아온 고객의 피드백이 놀라웠다. 정작 나는 미팅 자리에서 몇 마디 하지 않았건만 "그 새로 온 영업사원이 정말 똘똘하다! 말을 참 잘한다!"는 피드백이 돌아왔다.

'인터뷰'도 이와 마찬가지로 사람 사이의 상호작용이 매우 큰 자리다. 상대가 대화에 참여하도록 하면 할수록 그 효과가 클 것이다. 인터뷰란 기본적으로는 면접자가 대답을 많이 하는 자리지만, 면접관에게 시의적절한 질문을 할 수도 있는 것이다. 다만 인터뷰 전체 맥락을 고려하여 면접관 입장에서 부자연스러운 이음 없이 발언할 수 있도록 질문을 준비하는 것이 반드시 필요하다.

세 번째, 인터뷰 과정에서는 철저하게 그들의 용어를 구사한다. 많은 기업은 그들이 찾고 있는 인재상을 '직무요건서JD, Job Description'에 정리해놓는다. 이 문서를 보면 기업이 특정 직무에 요구하는 역량과 스킬이 아주 상세하게 설명되어 있다. 어느 기업이든 주력 분야가 있고, 이와 관련해서 자주 사용하는 자사만의 언어가 있기 마련이다. 이런 언어들은 그들은 의식하지 못하지만 그들의 언어생활에 녹아 있다. 그들의 언어를 '내 언어'인 것처럼 편안하게 구사한다면, 인터뷰어 즉 면접관 입장에서는 면접자에게 친숙함을 느낄 것이고, 다른 경쟁자에 비해 확연한 이점을 가져갈 수 있다.

이 점을 인터뷰에서 백분 활용하여 면접관에게 질문을 할 때도, 대답을 할 때도 기업의 언어를 적극적으로 적용해보자. 만약 해당 기업의 언어를 잘 모른다면, 직무요건서를 참고하고, 이것으로 부족하다면 기업의 홈페이지나 관련 기사를 찾아보면 좋다. 다양한 내용 안에서도 일맥상통하는 그 기업의 문화나 우선순위를 파악할 수 있을 것이다.

마지막으로 '나' 대신 '팀/회사'를 주어로 사용한다. 채용과 면접은 결국 조직 생활을 위한 것이다. '나'라는 개인이 어떤 사람인지를 소개하기보다는 내가 가진 역량을 가지고 '팀'과 '회사'에 어떻게 기여할지를 어필하는 자세가 중요하다. "잘할 수 있습니다" 같은 말로 무작정 외치기보다는 이전 직장에서 자신이 기여한 부분을 적절한 근거와 함께 설명하면 더욱 힘을 받을 것이다.

특히 사회생활을 길게 하지 않은 주니어 포지션인 경우에는 이 부분에 더욱 무게를 실어서 피력해야 한다. 주니어는 주로 혈혈단신으로 성과를 내기보다는 시니어를 도와서 성과를 내는 역할에 비중이 많기 때문이다. 말만 그렇게 바꾸기보다는 실제로 인터뷰를 준비하는 과정에서 능력을 자랑하는 태도는 버리고, 내 팀과 회사를 위해 내가 기여할 수 있는 일을 찾는 마음가짐이 중요하다.

백전 백승, 나를 파는 전략

후배의 인터뷰를 도울 때, 처음에는 무모해 보였다. 그렇지만 내가 영업하는 과정에서 인간 심리에 대해서 깨달은 것을 인터뷰에 적용하면서 같이 준비해나가다 보니, 점차 탄탄하게 준비되는 후배를 볼 수 있었다.

후배는 이 네 가지 인터뷰 전략을 토대로 차분하게 준비했고 결국 '입사 통지'를 받아내고 말았다. 그도 그럴 것이 면접관은 우리가 준비한 20가지 질문 안에서 거의 질문했고, 예상을 벗어난 한두 가지 질문에는 인터뷰를 준비하는 과정에서 단단해진 근육으로 충분히 대답할 수 있었기 때문이다. 이후에 인터뷰어, 면접관은 후배에게 '자신감 있어 보여서 더욱 적임자로 보였다'라는 피드백을 주었다고 한다.

합격 통지를 받은 날, 후배와 나는 춤을 추었다. 후배는 IT 분야에서 유지보수 전문가로 굳건하게 자리 잡았다. 이를 계기로 몇몇 후배와 동료의 인터뷰를 계속 돕게 됐고, 나와 같이 준비해서 시도하는 후배들이 모두, 인터뷰에 백전백승하는 좋은 성과를 낼 수 있었다.

'고객을 향한 애정'은
알고리즘을 타고 작동한다

애정은 유튜브 알고리즘처럼,
내 마음의 꼬리에 꼬리를 물게 만든다

한창 열정을 가지고 영업하던 시절에 우리 회사에는 늘 최고의 성과를 내는 선배가 있었다. 이 선배에게는 늘 배울 점이 많았는데, 그중 선배가 고객을 대하는 태도는 내게 큰 영향을 주었다. 선배를 지켜보면, '고객을 애정한다는 것이 바로 저거겠구나!' 하는 생각을 할 수 있었고 실제로 그 애정이 영업적인 성과로 이어지는 현장을 여러 차례 목격할 수 있었다.

선배는 특정 고객사를 새 담당으로 맡게 되면 가장 먼저 하는 일이 있었다. 바로, 그 고객사가 장악하고 있는 시장과 고객사 자체에 대해서 면밀하게 파악하는 일이다. 선배는 해당 기업의 기존 담당자로부터 기본적인 브리핑을 요청해서 듣곤 했다. 그리고 이를 시작으로 해당 고객사에 대한 것뿐만 아니고 그 회사가 속한 산업 전반에 대해서 폭넓게 조사를 시작한다. 만약 그 과제가 혼자 다루기에 범위가 넓거나 조사가 시급한 상황이라면, 주변 동료나 팀에 도움을 요청해서 함께 조사를 하기도 했다.

"물고기가 물의 흐름을 읽어야 순항할 수 있다." 선배가 입버릇처럼 하는 이야기다. 그는 이를 정부 시책에 비유하곤 했는데, 이와 같다. 대통령이 선출되면 정부가 정부 운영의 대정책을 선전 포고하고, 정부의 여러 조직과 기관들이 모두 그 방향에 맞춰 제도와 시책을 만들어서 임기 내내 시행하게 되어 있다. 하위 조직에서 그것을 역행하는 것은 너무 큰 에너지가 들기 때문에 정말 특별한 경우가 아니고서는 성과를 내기 어렵다는 설명이었다.

선배에게 보고 배운 대로 나 또한 고객을 새로 만나게 되면, 가장 먼저 고객에 대해 면밀하게 조사했다. 이때 마치 밀린 숙제하듯이 하는 것이 아니라, 진지하게 그 기업이 하는 일에 관심과 애정을 담아서 조사하려고 노력하고 몰두했다. 그렇게 되면 해당 기업과 기업이 속한 산업군 전반에 대한 내용이 더 수월하게 들어온다. 마치 유튜브의 '추천 알고리즘'처럼 나의 관심을 파악하기라도 한 듯, 시작은 서툴지만 나의 '관심'이 연결고리가 되어, 꼬리에 꼬리를 물고 폭넓은 내용들이 내 눈과 마음을 채우기 시작한다.

한번은 대기업 오너 가의 계열사 기업을 고객으로 담당하게 된 적이 있었다. 해당 기업에 대한 기사로 시작해서 웬만한 분석자료는 기본으로 다 훑었고, 더 나아가서 오너 가의 2세에 대한 기사와 자료까지 그의 일거수일투족을 밤이 새도록 뒤적였다. 애정 어린 조사를 하다 보니 정보가 꼬리에 꼬리를 물고 이어져서 나중에는 마치 그가 친한 후배로 느껴질 정도였다. 그렇게 관심이 이어지던 어느 날 그 고객사에 방문했다. 로비에 있는 카페로 향했는데, 그곳에서 낯익은 얼굴을 발견할 수 있었다. 자료 조사를 하면서 친밀감이 생겼던 그 오너 2세였다. 그간 많이 조사하고 서치했던 덕분에 단번에 알아볼 수 있었다.

마치 친한 후배를 만난 듯 나도 모르게 성큼 다가가서 손을 내밀고 악수를 청했다. 인사를 마치고 돌아온 내게 담당자는 물었다. "혹시 아는 분이세요?" "아뇨." "그럼 어떻게?" "아, 저는 기사에서 많이 뵈었죠!" 깜짝 놀란 얼굴을 감추지 못하는 담당자는 다시 이야기를 이어갔다. "이렇게 오너에게 직접 인사하는 분은 처음 봤어요. 환하게 웃으며 인사하셔서 저는 꼭 아는 분인 줄 알았어요. 정말 깜짝 놀랐네요!"

아마도 내 얼굴에 애정하는 미소가 있었던 덕분에 그 오너 2세인 리더분도 자연스럽게 내 인사를 받아준 듯하다. 그 이후 고객사와 그 리더에 대한 내 '관심 알고리즘'은 꼬리에 꼬리를 물고 이어졌다. 어떤 대상에 애정을 지니면 관심이 깊어지는 법이다. 관심이 높아지다 보니 길을 걷다가 마주치는 고객사 간판만 봐도 뿌듯하고 내가 아는 친구의 회사 같은 생각이 들었다. 이 애정은 여기서 그치지 않고 마치 친구에게 더 좋은 것을 주고 싶은 마음으로 연결되어 틈만 나면 한 번 더 조사하고 찾아가고 그리고 더 좋은 것을 나누는 제안의 자리로 이어졌다.

애정은 알고리즘을 타고 내게 화답한다

결국 나의 애정 어린 관심과 그 관심이 녹아든 제안들이 고객사에도 받아들여졌다. 그렇게 시작한 영업 성과는 매해 20% 이상의 성장으로 이어졌다. 돌아보면 내 상품을 파는 데 집중하기보다, 애정하는 마음에서 그들의 관심을 찾고 거기에 맞춰서 더 좋은 가치를 주고 싶은 마음이 결국 좋은 성과로 이어진 듯하다. 내 바로 전 선임 영업대표가 내게 이야기했던 '도시락 싸가지고 다니며 말리고 싶은 어카운트'가 나의 '효자 어카운트'가 된 사연은 겉으로는 알 수 없지만 한 번 더 들여다보면 이런 '애정'이 있었던 듯하고 그것이 '알고리즘'을 타고 다시 내게 '화답'으로 돌아온 듯하다.

'마중물'이 되어주는
질문법

질문, 응답 반사를 유도하는 힘

도로시 리즈Dorothy Leeds는 《질문의 7가지 힘》에서 '질문하기'의 힘을 설득력 있게 역설한다. 저자는 질문의 힘이 왜 그토록 센지에 대해 '응답 반사'를 통해 설명한다. 쉽게 얘기해서 '응답 반사'란 사람은 누군가 질문을 받았을 때, 신경계를 자극하여 뇌세포를 활동시키고 자신도 모르는 사이에 대답이 튀어나오게 하는 것을 가리킨다. 우리는 질문을 받으면 가장 즉각적인 반응으로 '대답을 해야 한다는 충동'을 느낀다는 것이다. 바로 이런 이유로 인해 질문하는 사람이 훨씬 유리한 위치에 서게 되는 것이다. 저자는 '응답 반사'가 매우 강력하다고 덧붙인다.

또한 리즈는 "내가 알지 못하는 무엇인가를 알고 싶은 감정에서 나오는 것이 질문이다"라고 말한다. 소크라테스Socrates도 "나는 모른다"를 전제로 대화를 시작한다. 르네 데카르트René Descartes 역시 일단 모든 것을 의심한다는 전제하에 생각하기에 내가 당연하게 알고 있는 것도 의심한다. '나는 모른다'에서부터 시작한다는 것이다. 그러므로 질문은 '모르는 무지의 상태'에서 '아는 지혜의 상태'로 나아가기 위한 도구이다. 리즈는 "내가 원하는 것을 찾아줄, 그리고 내가 원하는 세계로 데려줄 유일한 도구가 바로 질문이다"라고 첨언한다.

성과로 이어지는 '적극적 질문'의 위력

대기업 영업을 시작한 초반, 나는 '질문' 덕분에 고객들에게 극도의 칭찬을 들은 적이 있다. 몇몇 고객은 내 직속 상사를 직접 찾아와 나에 대한 기분 좋은 피드백을 전할 정도였다. 그들이 나를 긍정적으로 평가한 배경은 다음과 같다. 나는 고객사에 방문하면 내가 하고 싶은 이야기만 늘어놓지 않았다. 고객사의 입장에서 도움이 될 만한 정보를 전달하려 애썼고, 무엇보다도 고객사에 대한 중요한 정보를 파악하기 위해 적극적으로 질문을 던지는 것을 잊지 않았다.

내가 자발적으로 '영업'으로 직무를 전환한 지 얼마 안 되었을 때, 도대체 영업을 어떻게 해나가야 할지 몰라서 이리저리 자문을 많이 구했다. 그저 모든 것이 신기하고 궁금하던 시절이었다. 고객이 무슨 이야기라도 할라치면 나는 눈을 동그랗게 뜨면서 집중했고, 고개가 바닥에 닿도록 끄덕이는 것은 기본이었다. 또한, 고객의 말에 동감할 때는 회의 중이라도 혼자 박수까지 치면서 뜨겁게 반응했다.

공공기관은 말할 것도 없고 금융, 제조, 유통 분야 가릴 것 없이 대기업의 담당자들은 당시 나보다는 대개 연배가 있었다. 그러니 그분들이 얘기해주는 것이 무엇이든, 경험에서 나온 생생한 이야기라면 그저 신기한 마음으로 경청했던 것이다. 돌아보면, 내가 프레젠테이션을 하는 시간을 제외하고는 고객의 이야기를 경청하고 그것을 토대로 진솔하게 질문하는 것이 내 일의 전부였던 셈이다. 나는 이 그것이 중요하다고 여겼으며, 그만큼 몰두했다.

주니어로서 그저 신기하기만 한 이야기들을 경청하고 메모했을 뿐인데 그 덕분에 '고객에게 도움 되는 정보를 제대로 전달하는 영업'이라는 피드백을 받은 것이다. 그런 고객의 피드백은 자연스럽게 성과로 이어져 꾸준하게 매출 목표 100퍼센트를 넘겼으며 수년이 지난 후에는 380퍼센트 달성이라는 어마어마한 성과를 낼 수 있었다.

질문은 마중물!

어릴 때 시골집 마당 한편에는 펌프가 있었다. 햇볕이 쨍한 날이면 펌프가 바짝 말라 있다가도 '마중물'을 붓고 펌프질을 하면 샘물이 콸콸 솟아올랐다. 이렇게 샘물이 쏟아지면 어린 마음에 신나서 팔짝팔짝 뛰곤 했다.

이렇듯 질문이야말로 영업의 마중물 역할을 한다고 보면 된다. 우물 깊숙이 있던 샘물이 펌핑되어 올라오듯, 고객의 마음속 샘물을 콸콸 쏟아낼 수 있도록 말이다.

그렇다면 어떻게 하면 적절한 타이밍에 적절한 질문을 하고, 그 질문이 마중물이 되어 성과를 낼 수 있을까? 처음 영업을 시작하던 시절에는 좋은 질문을 하는 방법을 알지 못하고 내 몸이 반응하는 대로 질문했다. 지금은 경험치들이 누적되면서 질문이 마중물이 되도록 하는 습관을 만들게 됐다.

첫째, 정확하게 질문하고 명쾌한 대답을 구하라.

글로벌 회사에 처음 이직했을 때다. 내 역할은 테리토리 매니저 Territory Manager로 고객을 상대로 직접 영업하기보다는 특정 테리토리를 담당하는 파트너사가 영업을 잘해나갈 수 있도록 가이드하고 때로는 같이, 또 때로는 별도로 매출을 책임지는 일이었다. 파트너와 함께하는 영업이니 각기 다른 스타일의 다양한 파트너들과 많은 시간을 보내면서 각기 다른 파트너사 영업대표분들과 좌충우돌했던 경험이 생생하다.

어느 날, N 파트너사의 영업부장님과 미팅을 했는데 내가 본 모습 중 가장 말끔하게 나타났다. 언뜻 보기에도 기분이 좋은 듯한 그가 먼저 이야기를 꺼냈다. "이번 A 거래는 아주 잘될 겁니다." 당시에 이 프로젝트는 중요도가 매우 높았다. 아시아 태평양 총괄지사 Asia Pacific Region에서 Top 5 안에 드는 영업 기회Sales Opportunity였기에 나는 아주 반가운 마음에 그렇게 얘기하는 이유를 물었다. 그가 말을 이어가기를, 지난 주말에 그 고객사 담당자와 운동을 하면서 담당자의 마음을 꽉 잡았으니 이번 거래는 문제없이 잘될 것이라 했다.

나는 박수를 쳐 보이면서 이번 영업 기회의 중요성을 한 번 더 강조했다. "이번 딜은 굉장히 특별한 가격으로 제안했기 때문에 절대로 놓치면 안 됩니다! 이번 분기 안에 PO Purchase Order(구매 주문서) 프로세스를 서둘러야 하는데 착오 없도록 해주세요." 그러자 영업부장님은 "다~ 이심전심이니 말 안 해도 알아서 해줄 겁니다!"라고 메아리와 같은 한마디를 남기고 미끄러지듯 회의실을 빠져나갔다.

그렇게 몇 주가 지나서 드디어 분기 마감을 해야 하는 날이 왔다. 나는 파트너 영업부장님에게 PO를 진행하자고 요청했다. 그런데 영업부장님의 반응이 당황스러웠다. 영업부장님은 그제야 부랴

부랴 고객사에 연락을 취해서 진행을 확인하고 있었다.

그러고 나서 돌아온 대답이 더욱 황당했다. 내용인 즉 '고객사 담당자가 이번 달이 우리의 분기 마감인 줄 모르고 기안리스트에서 빠트렸다'는 것이다. 결국 그 분기에 철석같이 들어오기로 했던 PO는 들어오지 않았고 마감을 하지 못할 상황에 놓인 것이다.

이 영업 기회의 실주는 한국지사의 신뢰도까지 바닥을 치게 했다. 당시 한국 내에서 가장 큰 빅딜 중 하나로, 확실한 거래라고 아시아 태평양 총괄지사에까지 보고됐던 만큼 마른하늘에 날벼락이 떨어진 것이다. 그 일로 나는 아시아 태평양 총괄지사와 본사의 신임을 잃어버리면서 그 분기는 물론이고 그해를 아주 어렵게 마감할 수밖에 없었다.

'말 안 해도 내 마음을 다 알 거야', '이심전심', 혹은 '오랫동안 함께 한 사람이니까 내 마음과 똑같을 거야!' 하는 생각은 정말로 위험한 발상이다. 이런 생각은 비단 거래 하나의 차질에서 그치는 것이 아니라 더 나아가 내 신용은 물론 회사나 조직 전체의 신뢰를 산산조각 낼 수도 있다. '영업대표'처럼 조직이나 팀의 대표로서 의사소통할 때는 더욱더 명확하게 질문하고, 명쾌한 대답을 구해야 하는 것이다.

일반 사회에서 영업에 대해 얘기할 때 흔히들 고객을 '갑'으로 표현하고, 영업은 '을' 내지는 '병'으로 칭한다. 이 용어는 계약서의 서명란에서 비롯된 것이지만, 실제 필드에서는 마치 힘의 흐름처럼 비유되곤 한다. 그래서 '을'이나 '병'인 입장에서는 '갑'의 비위를 맞추려다가 하고 싶은 이야기, 자신에게 꼭 필요한 질문을 떳떳하게 다 말하지 못하는 경우가 생긴다. 정확하게 질문하지 않고 '이심전심'으로 업무를 처리하거나, 상대의 '기분'을 살피느라 용건을 모호하게 얘기하는 경우로 이어진다.

결론부터 이야기하면 이것은 정말 잘못된 생각이다. 일을 추진하는 '갑'의 입장에서는 오히려 '갑'이 정확하게 의사결정을 할 수 있도록 '을'의 '정확하게 질문하고 명쾌한 대답을 구하는 태도'가 도움이 된다. 정확하게 질문해서 명쾌하게 이해한 사람만이, 다음 전략을 제대로 세울 수 있고, 그래야만 '갑'에게도 도움이 되는 진전과 결과를 가져다줄 수 있기 때문이다.

둘째, 공식적인 성과win와 개인적인 성취win는 분명 다르다. 명확하게 구분해서 질문하라.

영업은 'Needs(요구)'를 'Wants(욕구)'로 바꾸는 작업으로, 이를 통해 고객의 'Win'을 돕는 역할이다. 이때 Win은 두 가지로 구분할 수 있는데 하나는 '공식적인 Win'으로 '눈에 보이는 성과'를 이르고, 다른 하나는 '개인적인 Win'으로 말 그대로 '개인적인 성취'를 말한다. '공식적인 Win'과 '개인적인 Win'은 분명 다르다. 이 둘을 명확하게 구분해 질문해야 한다.

고객이 뭔가를 구매한다는 것은 기회비용, 즉 다른 것 대신 이것을 선택함으로써 더 큰 효용을 기대하는 의사결정이다. ERP

Enterprise Resource Planning(전사 자원관리 시스템)를 도입하는 영업 기회라고 가정해보자. 먼저 회사의 담당자로서 '공식적인 성과'는 이 프로젝트를 성공리에 수행함으로써 실력을 인정받아 승진하는 것이 될 수 있다. 한편 같은 프로젝트를 진행하더라도 담당자로서 내일이 더 편해지고 그 덕분에 일찍 퇴근할 수 있다면 그게 '개인적인 성취'가 될 수도 있다.

이처럼 같은 일에도 공식적인 '성과Win'와 개인적인 '성취Result'는 완전히 다를 수 있다. 의사결정의 중요한 두 요소인 성과와 성취의 차이를 이해하는 것을 기반으로, 정확하게 질문하고 명쾌한 답을 구하는 것이 필요하다. 많은 영업 고수들의 의견을 빌리자면, 상당수의 의사결정은 공식적인 성과를 반하지 않는 선에서, 개인적인 성취에 좌우될 때가 많다. 적기에 적절한 질문을 통해서 고객의 공적인 효용뿐만 아니라, 개인적인 가치를 파악하는 게 정말로 중요하다!

셋째, '나만의 질문 노트'를 만들고 업그레이드하라.

태어날 때부터 준비된 사람은 없다. 살아보니 성과를 극대화하기 위한 '촌철살인 질문'은 하루아침에 나오지 않는다. 의도적으로 시간을 확보하여 '나만의 질문 노트'를 만들고, 내가 준비한 질문을 실전에서 던져보며 가다듬어야 한다.

'효과적으로 질문하기'는 언어를 배워나가는 과정과 비슷하다. 언어를 배울 때 그러하듯, 잘 모르는 이야기는 귀로는 들어도 머리로는 도대체 무슨 의미인지 해석하기 어렵다. 따라서 내가 귀로 들은 내용을 이해하는 것이 기본이다. 상대의 말을 충분히 이해하고 나서야 무슨 질문을 어떻게 해야 할지 감을 잡을 수 있게 되는 것이다.

논의되는 주제에 대한 배경지식이 얼마나 쌓여 있는지에 따라 상대가 말하는 핵심을 빠르게 파악할 수 있고, 또 그 배경지식을 바탕으로 조금 더 핵심에 가까워지기 위한 질문을 던질 수 있다. 이 과정을 통해서 혜안 있는 질문에 다다르게 된다. 태어날 때부터 준비된 사람은 없으니 시작은 어설픈 질문이라도 시작해보자. 일단 질문을 하면 그 순간부터 이 시간은 나를 위한 무대가 되고, 그 질문이 마중물이 되어서 다음 질문으로 꼬리에 꼬리를 물면서 양질의 질문에 이르러 있는 나를 발견할 것이다.

영업 성공 노하우, 질문 습관!

영업을 잘하고 싶은가? 지금 하는 일에서 성과를 내고 싶은가? 그렇다면 질문을 준비하고, 실제로 질문하고, 그 질문을 업그레이드하라. 바쁘고 할 일이 넘치는 시대에 질문까지 준비해야 해야 하느냐고? 내일의 나에게 또 하나의 짐을 얹는 느낌일 수 있다. 그러나 "내가 왜 이 일을 하려고 하는지?" 내 일의 본질에 대해서 생각하면 질문이 얼마나 요긴한 결정적 도구인지 금방 깨닫게 된다.

내 일, 영업의 본질은 고객을 만나서 '요구Needs를 파악하고, 그 요구를 '욕구Wants'로 바꿔내는 것이다. 그렇게 '일이 되도록' 이끌려면 고객에게 궁금한 것들이 무지개처럼 피어날 것이다. 작게는 고객이 오늘 여기에서 나를 만나는 이유부터, 크게는 고객의 현재 상황이 어떠한지, 그래서 구체적으로 어떤 어려움을 겪는지, 그렇다면 무엇을 개선하고 싶은지 등 말이다.

단언컨대 적기에 좋은 질문을 하면 대화나 미팅의 주도권을, 영업이라면 거래의 주도권을 가져갈 수 있다. 도로시 리즈가 얘기했듯이 누구나 질문을 받으면 응답 반사로 인해 대답하고 싶은 충동부터 느끼므로, 적절한 타이밍에 적절한 질문은 '마중물' 역할을 제대로 하여 고객의 마음속에 있는 진심이라는 샘물을 발견하고 끌어올려준다. 상대의 질문에 대답하는 것으로 고객이 참여Engage하는 만큼, 그 자리는 고객의 무대가 되기 때문이다. 고객의 진짜 사안을 포착해서, 서로에게 원원Win-Win으로 이끌고자 하는 마음이 담긴 질문이라면, 더 좋은 작용으로 이어질 것이다.

오늘 사람을 만나는 약속이 있는가? 그렇다면 바로 지금 종이를 꺼내고 질문 세 가지를 준비하라. 그저 질문한 후 경청하면서 메모했을 뿐인데 좋은 피드백을 받을 것이고, 이 피드백은 자연스럽게 성과로 이어질 것이다. '질문은 도구'라는 리즈의 말처럼, 내가 원하는 것을 찾기 위한 질문이 바로 내가 원하는 세계로 데려다줄 것이다. 성과를 잘 내는 사람이 되는 비결은 생각보다 쉽다. 잘 듣고, 잘 질문하고, 또 잘 들으면 된다.

4장

ACHIEVE MORE

일이 되게 하는 사람은

'성장 마인드셋'으로 일합니다

연봉의 10%는
자신에게 재투자하라

스스로 해보는 연말정산,
나의 우선순위 진단하기

하루가 다르게 새로운 앱들이 나오고, 또 똑똑해지고 있다. 특히 금융 관련 앱들은 이제 복잡한 인증 절차 없이 얼굴인식이나 패턴 입력만으로 곧바로 사용할 수 있다. 게다가 은행 업무는 물론, 증권과 보험을 비롯한 다양한 상품을 하나의 앱으로 관리할 수 있게 됐다. 나만을 위한 디지털 상담원이 배정되어서 통화를 위한 대기 시간도 필요 없고, 문자를 통해 실시간 상담을 받을 수도 있다. 그런데 나에게 정말 유용한 기능은 따로 있는데 그것은 바로 내 지출을 그래프로 분석해줘서, 내가 어디에 얼마나 지출했는지 한눈에 볼 수 있는 점이다.

한번은 연말정산을 하려고 신용카드 지출 명세서를 출력하다가 지난 1년 동안 내가 사용한 비용을 전체적으로 한번 훑어볼 기회가 생겼다. 재미 삼아서 지난 1년 동안 내가 무엇에 가장 많은 돈을 썼는지 '연간 소비 비용 리스트'를 만들어봤는데 교육비와 운동 관련 비용이 최상위권에 있다는 것을 발견했다. 이는 어쩌면 글로벌 IT 회사에 적응하기 위한 내 치열함을 보여주는 지표가 아닐까 싶다. 글로벌 회사에 적응하기 위해 상당한 기간을 영어 교육에 투자해왔던 것이다.

졸업하고 처음 취직한 회사가 글로벌 IT 회사였지만, 내가 영어권 국가로 유학을 다녀온 것도 아니고 영어를 전공한 것은 더더욱 아니었기에 영어를 그리 유창하게 하지 못했다. 입사 이래 주로 새벽 시간을 이용해서 영어 학원을 다녔고, 꾸준하게 전화 영어를 통해서 언어 감각을 유지하려고 노력해왔다. 평균적으로 1년 가운데 절반 이상을 온-오프라인 학습을 활용해 영어를 공부해온 셈이다. 그 덕분에 회사에서 비교적 수월하게 적응할 수 있었고 어느 순간부터 주위로부터 영어 공부에 대한 문의도 많이 받는다.

해외 유학이나 해외 연수 경험이 전혀 없는 직장인으로 짬을 내서 영어 공부를 하다 보니 다양한 노하우가 쌓였다. 영어 울렁증이 있는 지인들은 나의 실전 노하우를 가장 궁금하게 여기고 영어 공부 방법과 학습 전략 주로 묻는다. 한번은 지인들의 하소연을 들으며 그에 맞는 영어 교재를 추천해주고 있었다. 그러다가 그것만으로는 충분하지 않다는 생각이 들자, 급기야 '영어 고민 상담소'를 자처하고 말았다.

나는 영어 공부를 할 때는 기대치를 어떻게 설정해야 하는지? 투자 대비 높은 효과를 거두는 실질적인 영어 학습법은 무엇인지? 세심하게 답변을 해준다. 당연히 영어 공부에 유용한 웹사이트들은 물론 서울 내에서도 지역별로 학원을 소개하거나, 학원별로 들을 만한 코스를 추천한다. 물론 영어 공부의 목적, 즉 회화를 위한 공부인지, 공인 인증 시험을 위한 공부인지 확인하는 일도 잊지 않는다.

그야말로 30년간, 내가 영어 공부를 하면서 어려움에 부딪히고 고민했던 내용을 총동원해서 실질적인 꿀팁을 공유하는 것이다. 지금은 외국계 회사에 다니면서 영어로 소통하는 데 그리 무리가 없을 정도에 이르렀는데, 그동안 영어 학습을 게을리하지 않고 꾸준히 정진한 덕분이다.

성과 높은 기업들의
'학습 문화Learning Culture'

이 같은 노력이 회사에 적응하기 위한 개인적 차원의 노력이었다면, 기업 차원에서도 폭넓은 배움의 기회가 주어졌다. 나는 올해로 마이크로소프트Microsoft에 입사한 지 12년이 넘었다. 마이크로소프트에 입사하기 전에도 글로벌 IT 회사에서 근무했기에 IT 분야 특유의 빠른 속도감에는 이미 익숙한 상태였다. 그러나 마이크로소프트는 기존 회사와는 달리 B2BBusiness to Business뿐만 아니라 B2CBusiness to Consumer 거래로 일반 사용자들에게 직접적인 영향을 주기 때문인지 모든 일이 더욱 속도감 있게 진행된다. 이런 빠른 속도에 끊임없이 적응해나가야 하는 것이 IT 분야에서 일하는 사람의 숙명일지도 모르겠다.

회사에서도 직원들의 빠른 적응이 곧 회사의 경쟁력이라 인지하는 상황이라 내가 일하는 회사에서는 이런 빠른 흐름에 잘 적응할 수 있도록 여러 장치를 마련해줬다. 마이크로소프트에서는 그 일환으로 '브라운백 세션Brownbag Session'을 정기적으로 갖는다. 브라운백 세션은 주로 점심시간에 열리는데, 이 자리에서 회사의 새로운 상품이나 서비스를 시장에 공개하기 전에 처음으로 소개하곤 한다.

브라운백 세션이 점차 확장되어 최근에는 '월요 배움회Monday Learning'라는 이름으로 자리매김했다. '월요 배움회'는 월요일 오전 황금시간대에 전 직원을 대상으로 하는 배움의 자리다. 배움 즉 학습도 업무의 일환으로 보고 높은 우선순위를 두는 것이다.

이렇듯 전사 차원에서도 그렇지만, 각 본부와 부서에서도 또한

'배움'과 '학습'을 강조한다. 직장인에게 배움이란 선택이 아니라 필수가 된 지 오래다. 마이크로소프트에서는 격주 금요일을 '학습의 날Learning Day'로 지정하여 직원 모두의 일정표에 자동적으로 등록시킨다. 이 시간만큼은 리더들이 나서서 내부 회의나 고객 미팅을 최대한 지양하고, 배움에 더욱 투자할 것을 권한다.

여기에서 그치지 않는다. 마이크로소프트에서는 개인의 성과를 측정하는 지표 중 하나로 '학습Learning'이라는 영역을 따로 두어서 역할별로 필요한 '학습 경로Learning Path'를 추천하고 필수적으로 이수하도록 한다. 이쯤 되면 배움을 권장하는 문화 정도가 아니라, 배움을 업무의 주요한 지표 중 하나로 바라본다는 게 정확한 표현일 것이다.

처음 마이크로소프트에 입사했을 때, 지위 고하를 막론하고 주최 측에서 준비한 도시락 즉 브라운백을 들고 학습에 집중하는 모습이 참으로 낯설었는데 이제는 아주 친숙한 일상이 되었다. 교육의 형태나 교육 프로그램의 이름은 조금씩 다를 수 있지만, 이것은 비단 마이크로소프트만의 이야기가 아니다. 주변 글로벌 No.1 회사에 근무하는 지인들의 이야기를 들어봐도 많은 회사가 갈수록 배움을 강조하고 다양한 교육 지원을 아끼지 않는다는 것을 알 수 있다.

배움은 '콩나물시루에 물주기'다

콩나물시루에 물을 주면 물이 주르륵 빠져나간다. 이렇게 물이 다 빠져나가면 물을 주는 게 무슨 효용일까 싶은데도 시간이 지나서 어느 순간 시루를 들여다보면, 콩나물이 수북하게 자라 있다. 배움은 '콩나물시루에 물주기'와 비슷해 보인다.

하루 1시간을 들여서 무언가를 배우노라면, 이렇게 많은 내용을 언제 다 배워서, 언제나 써먹을 수 있을지 의구심이 들 때가 있다. 그러나 그렇게 하루, 이틀, 한 달, 두 달치의 공부량이 쌓이면 자신도 모르는 사이에 한 뼘 성장해 있는 것을 발견하게 된다. 마치 콩나물시루에 물주기처럼, 우리가 매일매일 배워가는 것도 우리에게서 다 빠져나가지 않고 나도 모르게 쌓여간다. 그저 그 과정이 우리 눈에 잘 보이지 않을 뿐이다.

성과가 높은 기업이나 성과를 잘 내는 사람들을 보면 이 원리를 미리 체득한 듯하다. 세상에서 앞서 나가는 기업은 직원들이 업무 안팎으로 충분히, 그리고 꾸준하게 배울 수 있는 환경을 조성한다. 당장의 가시적 성과로 연결되지 않더라도, 직원들이 업무에 치여 새로운 학습을 게을리하지 않도록 마음껏 공부할 시간을 따로 마련해주고, 교육비 지원도 아끼지 않는다.

성과를 잘 내는 사람들도 오늘의 학습이 당장의 자기 성장과 업무 성과로 돌아오지 않더라도 배움의 동기부여를 조급하게 잃지 않는다. 그렇게 굳건해진 개인의 경쟁력이 결과적으로 개인과 기업의 성과를 낳는다.

성과를 내는 사람들의 배움 습관Learning Habit

경영학자인 피터 드러커Peter Drucker는 '콩나물에 물 주기' 같은 배움의 원리를 깊이 받아들여, 평생에 걸쳐서 실행한 사람으로도 유명하다. 드러커는 3년 혹은 4년마다 다른 주제를 선택한 후 집중적으로 공부했다.

경제학, 통계학, 중세 역사, 일본 미술 등 그 주제가 무척 폭넓고 다양하다. 그는 자기 경험에 대해 이렇게 얘기하곤 했다.

"3년 정도 공부한다고 그 분야를 완전히 터득할 수는 없겠지만, 그 분야를 이해하는 정도로는 충분히 가능하다. 그런 식으로 나는 60여 년 이상 3년이나 4년마다 주제를 바꾸어 공부하고 있다." 말년에는 후학들에게 심금을 울리는 한마디를 남겼다. "나는 살아 있는 동안 한 번 더 도전할 의무가 있다고 생각한다". 피터 드러커는 '평생 학습자'답게 살아 있는 동안 한순간도 배움을 게을리하지 않은 것이다.

배움에는 복리가 붙는다

마이크로소프트를 통해서는 성과가 높은 기업의, 피터 드러커를 통해서는 성과를 잘 내는 개인의 우선순위를 들여다볼 수 있었다. 그 둘의 공통점은 바로 '배움'에 우선순위를 두고 투자한다는 것이다.

배움의 범위는 업무 관련 분야부터 개인적인 취미까지 제한을 두지 않는다. 1년에 한 번쯤은 자신이 배움이나 교육에 얼마나 시간과 노력 그리고 자산을 투자하고 있는지 돌아보는 시간을 갖는 것이 필요하다.

물론, 자신이 몸담은 분야와 직무에 따라서 교육비의 비중은 조금씩 다를 것이다. 하지만 자신만의 기준에 따라 나는 배움에 얼마나 투자할지 결정할 수 있어야 한다. **영어를 전혀 못하던 사람인 내가 지금은 아주 큰 어려움 없이 얘기할 수 있는 것은 '배움에는 복리 이자가 붙는다'는 것을 직감적으로 믿었던 덕이다.** 자기 우선순위에 따라 배움에 투자할 비중을 정하고 실행한다면, 그 복리를 경험할 수 있을 것이다.

02

새로운 시대에는, 새 역량을 준비하라 – '배우는 역량'과 '실행하는 역량'이 실력이 되는 시대

누적된 노하우가 자산이 되는 시대는 끝났다

오래전에는 '스승'이나 '선배'의 역할이 매우 큰 사회였다. '선배先輩'의 사전적인 의미를 보면 '같은 분야에서 지위나 나이, 학예 따위가 많거나 앞선 사람'으로, 학교나 사회에 자신보다 먼저 진출한 사람을 이른다. 그래서 선배라고 하면 그동안 선행한 경험들을 통해 누적된 노하우를 가지고 있기에 그만큼 커다란 영향력을 지닌 사람으로 여겼다.

그렇지만 시대가 완전히 다른 모습으로 바뀌어가면서 '선배'의 영향력이 현저하게 줄어드는 것만 같다. 코로나19 팬데믹으로 사회 각 분야에서 많은 변화가 생겼고, 특히 디지털 분야에서는 기업이

나 개인 할 것 없이 빠른 변화를 요구받게 되었다. **이런 시대에는 예전처럼 '내가 얼마나 많은 노하우를 축적하고 있느냐'보다는 '내가 새로운 것을 얼마나 빠르게 배워서 적용하고 활용할 수 있느냐'가 더욱 중요해지고 있다.**

예를 들어, 온라인에서 자기 '부캐'를 만들 때는 '부캐를 만드는 데 필요한 노하우'라면 모를까, '그동안 축적한 노하우'는 별다른 힘을 발휘하지 못한다. 온라인에서 새롭게 쏟아지는 개념들을 발 빠르게 배우고 나에게 새로 필요해진 역량을 길러서 적절하게 활용하는 것이 훨씬 중요해지는 것이다.

이런 변화의 속도는 더욱 가속화될 수밖에 없다. 그렇다면 '새로운 것을 빠르게 익혀서 내 것으로 만드는 역량'은 어떻게 키울 수 있을까? 여러 방법이 있겠지만, 새로운 것을 받아들이는 열린 사고와 새로운 것에 도전하기를 두려워하지 않는 태도를 제일 먼저 갖춰야 할 것이다.

팬데믹이 당긴 세대,
버추얼 세대Virtual Generation의 진정한 실력

코로나19 팬데믹으로 기나긴 집콕 생활이 이어졌다. 코로나로 어쩔 수 없는 집콕 생활을 하면서 표면적으로는 사람들의 움직임이 급격히 줄어들어 보였다. 하지만 조금만 깊이 들여다보면, 사람들이 얼마나 많은 활동을 하는지 알 수 있을 것이다.

사람들은 온라인이라는 창구를 통해 타인들과 더 많이 접촉하며 살아가고 있다. 오프라인 세상은 일시 정지했지만, 그에 반해 온라인 세상은 어느 때보다 빠르고 분주하게 돌아가고 있다. 온라인 세상에서는 수많은 자극이 우리에게 새로운 영감을 주고 있다. 하지만 이렇게 인풋이 다양한 만큼 각종 정보와 지식의 순환 속도가 빨라져서 도대체 어디서부터 어떻게 새로운 세상을 배워나가야 할지 정신을 못 차리게 한다.

IT 스타트업Start-up으로 시작하여 금융회사의 펀딩을 이끌어내고, 금융 서비스를 디자인하면서 개발을 총괄하는 일을 한 주현선 대표는 늘 그렇듯 해외에서 열리는 세미나에 부지런히 참석한다. 서울대 학부와 대학원을 졸업하고 바로 벤처 기업을 시작한 주대표를 보면 '스피드Speed'는 그의 심벌이자 타고난 DNA인 듯 느껴진다. 그러나 알고 보면 그는 IT 시장의 빠른 움직임 속에서 방향을 놓치지 않고자 온갖 미디어를 접하는 것은 기본이고 해마다 글로벌 전시회를 빠짐없이 챙겨 다닌다.

한번은 주현선 대표가 중국에서 개최되는 '개발자 해커톤 워크숍'에 참석했는데, 어리고 당찬 개발자들로부터 신선한 충격을 받았다고 했다. 날마다 다양한 개발자를 대하는 그녀에게 중국인 개발자가 왜 충격이었을까 궁금해서 귀를 쫑긋 세웠다.

나이는 적지만 매우 명석하고, 다중 언어를 구사하는 개발자들이 서로 열린 토론을 하는 모습이 그이 눈에 들어왔다고 한다. 서로에게 거침없이 질문하고 자기 의견을 개진하면서 더 나은 비즈니스 아이디어를 찾아가는 과정이 아주 인상적이었다는 것이다. 게다가 서로 협의를 통해서 도출된 아이디어를 그 자리에서 바로 시각화하고 개발에 착수하는 모습이 물 흐르듯 자연스럽게 느껴졌다는 것이다.

그의 이야기는 거기서 끝나지 않는다. 그 자리에서 비즈니스 아이디어가 구체적인 코드를 통해 서비스 모듈로 탈바꿈했을 뿐만 아니라, 이를 기꺼이 공유하는 문화까지 형성되어 있었다고 한다. 개개인이 하나같이 우수한 인재였기 때문에 혼자서도 잘하리라는 것은 충분히 예상 가능했지만, 자신의 지식과 결과물을 기꺼이 공유하는 모습에 비범함을 느끼지 않을 수가 없었다는 것이다.

'누적된 지식'보다 '새롭게 배우고 빠르게 실행하는 역량'이 곧 실력이 되는 시대!

주현선 대표는 기술과 아이디어로 중무장한 세대가 자발적으로 세상을 두드리고 만져보며 자신의 새로운 세상을 창조하는 모습을 두 눈으로 지켜보면서 같은 시대의 다른 세상을 본 것만 같은 기분에 휩싸였다고 이야기한다. 그의 이야기는 어느새 '우리 아이들이 사는 세상에서는 어떤 가치가 중요 해질까' 하는 주제로 넘어갔다.

어쩌면 "디지털과 함께 태어났다"는 표현이 어울리는 새로운 세대에게 기존 세대가 배워야 할 것이 더 많을지도 모른다. 사실 이는 시니어들 모두가 이미 체감하는 현실이다. 앞으로의 세상에서 더욱 필요한 역량은 기존에 우리가 누적해온 노하우와는 사뭇 다를 것임을 직감하고 있다.

인터넷이 발달하면서 검색엔진들이 등장했고 빠르게 고도화되고 있다. 키워드만 입력하면 원하는 정보가 끝도 없이 쏟아지는 '정보 민주화 세상'에 살고 있다. 우리는. 이런 세상에서는 나만 알고 있는 정보는 큰 의미가 없다. 앞으로는 특정 지식을 아는 것에 머물러서는 안 된다. 그것만으로는 가치 인정을 받기가 점점 어려워지고 있고, 이 경향은 더욱 가속화될 것이다.

어떤 일을 해나갈 때 그 일에 필요한 요소들을 명확하게 '문제 정의'할 수 있는 역량, 정의된 문제를 해결하기 위한 '적절한 리소스'를 '적기'에 찾아내는 역량, 그리고 찾아낸 리소스를 '기꺼이 참여'시키는 역량이 오히려 더욱 중요한 가치가 되고 있다.

적기Right Time에 적절한 리소스Right Resource를 참여Engage시키는 게 중요하다고 했는데, 그러기 위해서는 새로운 것을 적극적으로 학습Learning하는 역량과 빠르게 실행Execution하는 역량이 곧 실력이 되는 시대가 된 것이다.

학습 속도를 높이는
가장 좋은 방법, 가르쳐라!

커뮤니티 리더십

마이크로소프트에는 고유한 커뮤니티 문화가 존재한다. 이는 '커뮤니티 리더십'으로 소개되는데, 마이크로소프트에서 현재 커뮤니티 리더십을 이끌어가는 이소영 이사는 이를 가리켜 "사람들이 자발적으로 내 의견이나 정보에 귀 기울이게 만드는 능력"이라고 말한다.

마이크로소프트의 커뮤니티 리더십을 얘기할 때 MVP의 존재를 빼놓을 수 없다. 앞에서도 잠깐 언급한 MVPMost Valuable Professional는 마이크로소프트의 기술과 제품에 상당한 지식을 가진 사람들을 가리킨다. 이들은 마이크로소프트에 소속된 것은 아니지만, MS 제품을 활용하여 다양한 커뮤니티를 자발적으로 만들고, 더 많은 사람이 IT 기술에 친숙해지도록 돕는 역할을 한다. 말하자면 이 MVP들은 MS의 제품에 대한 깊은 이해와 존중을 바탕으로 팬심을 가지고 이를 널리 알리는 분들인 셈이다.

마이크로소프트의 창립자인 빌 게이츠가 현업 개발자였을 때는 제품을 만들면 항상 전문가 그룹의 조언을 들었다고 한다. 이렇게 피드백을 받던 자리가 차츰 'MVP' 프로그램으로 정규화된 것이다. MVP 제도는 어느덧 10년 이상 시행되었고, 지금은 81개국에 걸쳐 3,000여 명의 MVP가 활동하고 있다. 이소영 이사는 MVP를 발굴하고 지원하는 역할을 한다.

MVP들은 1년에 한 번씩 마이크로소프트의 각 기술 분야별로 선발 절차를 거쳐 공식적으로 선정되어 활동하게 된다. 그들은 자신의 전문성을 인정받은 각 분야별 오너가 되고, 그 안에서 주제를 선정하여 커뮤니티를 이룬다. 각 커뮤니티는 그 주제에 대해 자신이 가지고 있는 지식과 경험을 공유하면서 서로 집단지성을 나눈다. 마이크로소프트의 MVP는 IT 영역에서는 '커뮤니티 리더십'의 표본으로, 다른 많은 IT 회사에서도 유사한 제도를 볼 수 있다.

이소영 이사는 '커뮤니티 공부'를 가리켜 '내가 먼저 나누기'라 말한다. 학생 입장에서는 숙제나 공부와 어려운 문제, 직장인에게는 까다로운 업무와 관련된 공부일 텐데, 무엇을 배우고자 할 때 내가 먼저 공부해 자발적으로 커뮤니티와 함께 나누는 리더십을 발휘하면 **첫 번째로, 내 배움에 가속도가 붙어 그만큼 내가 먼저 성장하게 된다.** 더불어 책이나 자료를 기반으로 얻는 지식은 현실감이 떨어질 수 있는데 커뮤니티에서는 서로 토론하며 실습하는 등 현장감이 생생하게 살아 있는 진짜 공부를 할 수 있다.

'내가 먼저 나누기'가 필요한 **두 번째 이유는 먼저 나누는 사람이 점점 더 큰 영향력을 가지게 되기 때문이다.** 커뮤니티 공부는 처음에는 퍼주기만 하는 짝사랑처럼 느껴질 수 있다. 하지만, 먼저 나누어 커뮤니티에 기여할수록 커뮤니티 안에서 나의 실질적 영향력이 눈덩이처럼 불어나 엄청난 효과로 내게 다시 돌아온다.

마지막으로는 커뮤니티 사람들과 서로 가르쳐주고 배우는 상호작용 과정에 자연스럽게 인적 네트워크가 넓어지고 강력해진다. 먼저 나누는 사람은 누구에게나 기억되기가 쉽다. 그러면 나중에 내가 나눈 역량을 갖고 있는 사람을 어디선가 필요로 했을 때 가장 먼저 호출받는 사람이 되는 것이다. 커뮤니티를 이끄는 것만으로도 더 나은 커리어와 기회가 자연스럽게 연결된다. 실제로 이소영 이사도 적극적인 커뮤니티 활동을 한 덕분에 여러 인연을 만들 수 있었고, 그 덕분에 마이크로소프트에 취직하는 데 상당히 도움을 받았다고 한다.

마이크로소프트는 기술을 선도하는 회사로, 많은 사람이 그 기술을 널리 사용하도록 만드는 게 관건이다. 그런 점에서 윈도우나 오피스와 같은 모태 상품을 만들던 시기부터 지금에 이르기까지 '내가 먼저 나누기'를 실천하는 MVP들의 역할을 소중하게 여기면서 그들과 특별한 관계를 만들어가고 있다. 마이크로소프트의 클라우드 플랫폼인 Azure와 AI의 WW EVPWorld Wide Executive Vice President인 스콧 구스리Scott Guthrie는 생활 속에서 이런 모습을 보이는 등 커뮤니티 리더십을 실천하고 있는 것으로 이미 유명하다.

가르치는 사람이 가장 큰 공부가 된다

이소영 이사에게 커뮤니티 공부가 왜 그토록 효율적인지 물었다. "커뮤니티 공부는 우선 가르치는 사람이 가장 큰 공부가 돼요. 실제로 MVP들 중에서 자신이 아는 것을 공유하는 사람들이 가장 빠르게 배워요. 처음 새로운 주제로 공부하기 시작할 때만 해도 하나씩 차근차근 배워가면서 가르치는구나! 태도가 참 기특하다 싶기만 한데요, 그 과정이 단 몇 번만 반복되면, 마치 제각각으로 끊어져 있던 수백만 개의 신경세포, 시냅스가 한 번에 연결되기라도 한 듯 폭발적으로 성장하는 것이 느껴져요! 제가 수많은 MVP를 개발하면서 정말 많이 지켜봤어요!"

자신이 이해한 내용을 그저 이해하는 데서 그치지 않고 다른 사람에게 가르쳐주려면 다른 차원의 공부가 필요하다. 다른 사람이 알아듣도록 가르치지 못하면 그것은 정말로 아는 것이 아니라는 말이 있다. 이소영 이사도 이렇게 덧붙인다.

"자신이 공부한 내용을 입 밖으로 소리 내어 말로 설명할 때, 비로소 그 지식이 자기 머릿속에 길을 내고 자리를 잡아요. 뿐만 아니라 누군가를 가르치다 보면 그 사람을 주축으로 질문이나 추가 논의가 이루어지고, 그것을 알아내기 위해서 또 스스로 공부하게 되는 선순환이 일어나죠."

학습 효율성 피라미드

여기에는 학습 효과의 비밀이 숨어 있다. 미국행동과학연구소NTL, National Training Laboratories가 발표한 '학습 피라미드Learning Pyramid'는 각기 다른 방법으로 공부해보고 24시간 이후에 머릿속에 공부 내용이 남아 있는 비율을 피라미드로 나타낸 것이다. 학습자가 수업을 일방적으로 듣기만 할 때는 교육 내용의 5퍼센트, 읽기를 통해 학습하면 10퍼센트, 시청각교육을 통해서 학습하면 20퍼센트, 시범이나 현장 교육을 통해 학습하면 30퍼센트를 기억한다고 한다.

이에 반해 토의나 토론, 혹은 배운 내용을 다른 사람에게 가르치는 방식으로 학습할 때는 무려 90퍼센트까지 기억하게 된다. 눈으로 보고 읽는 것을 넘어서서 소리 내어 말할 때 학습 효과가 뛰어나다는 것을 알 수 있다. 유대인들은 어려서부터 하브루타 학습법으로 공부한다. 하브루타 학습법이란, 두 사람이 짝을 지어서 서로 대화하고 토론하는 공부를 말한다. 질문과 토론을 통해서 서로 가르치며 배우는 것이 학습 방식에 녹아 있는 것이다.

학습 피라미드

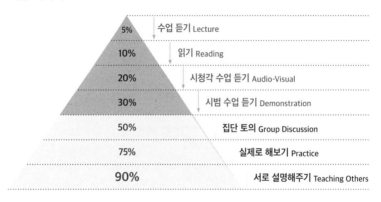

5%	수업 듣기 Lecture
10%	읽기 Reading
20%	시청각 수업 듣기 Audio-Visual
30%	시범 수업 듣기 Demonstration
50%	집단 토의 Group Discussion
75%	실제로 해보기 Practice
90%	서로 설명해주기 Teaching Others

한때 나는 짧은 기간 공부한 자바 프로그래밍 지식만 가지고 '강사'로 일한 적이 있다. 그때 날마다 밤늦도록 나에게 아직 부족했던 공부를 숨 가쁘게 하는 것이 일상이었다는 이야기를 이미 했다. 그렇게 배우고 익혀서 남을 가르친 것이 오히려 내가 공부한 내용을 구체적으로 다질 수 있는 기회였을 뿐만 아니라 내 공부에 가속도를 더하지 않았을까.

나는 마흔 이후로는 다양한 '부캐'를 만들어왔으며, 비전공자

출신이지만 IT 분야로 직업을 전환한 경험을 가지고 있다.

직장생활을 병행하면서 크고 작은 개인적 성취도 많았다. 보디빌딩 부문 생활체육지도자, 골프 부문 생활체육지도자, TESOL 영어 티처, IT 프로그래밍 등 분야들이 서로 달라서 조금씩 차이는 있지만, 내가 그것들을 전부 성취하는 데 결정적 공통점은 하나 있었다. 바로 '내가 알고 있는 것을 다른 사람들과 기꺼이 나눴다'는 것이다. '가르치는 것이야말로 가장 빠르게 배우는 효율적인 방법'임을 몸소 체험한 것이다. 이 진리는 단 한번만 경험해봐도 바로 알 수 있다.

일단 남을 가르치겠다는 전제를 세워라

골프 생활체육지도자 자격시험을 준비할 때 '학습 피라미드' 덕을 톡톡히 봤다. 이 자격은 실습은 물론 이론적인 소양까지 갖춰야 하는 자격시험으로 실제 플레이를 해서 적정 점수에 들어와야 하는 것은 기본이고 지도자로서 골프 이론까지 겸비해야 하는 시험이다. 나는 운이 좋게도 회사 내에 '티칭프로' 자격을 이미 갖추고 이제는 '골프 국제심판' 자격에 도전하는 친구를 알게 되었다. 사정을 이야기하고 도움을 청하니, 친구는 흔쾌히 응해주었고 덕분에 골프 이론에 대해서 짧은 시간에 효율적으로 배울 수 있었다.

이론과 실습 모두 준비된 친구의 체계적인 설명과 가르침은 낯설기만 하던 골프 이론을 체계화해서 머릿속에 집어넣기에 아주 적절하게 좋았다. 평소 같은 부서에 근무하던 친구라, 그가 이야기하는 뉘앙스까지도 짧은 시간 캐치할 수 있었던 덕분이고 무엇보다 나의 수준과 상황을 고려해서 적절한 비유와 함께 설명해준 덕분이다.

친구의 레슨을 받는 동안, 배운 내용을 원노트OneNote에 상세하게 메모하면서 '나만의 골프 노트'를 만들었다. 그저 듣기만 할 때보다는 내가 직접 노트에 정리하니까 그 내용이 머릿속에서 좀 더 구조화되는 것 같았다. 이 여세를 몰아서 일요일 아침에는 같이 골프를 즐기는 주위 친구들에게 커피를 한잔 사겠노라면서 카페에 모여 회사 친구에게 듣고 내가 정리한 내용을 설명하는 시간을 가졌다.

이론을 전체적으로 한번 듣고 스스로 정리한 후, 다른 사람에게 직접 설명하는 시간을 거쳤더니 그 내용이 머릿속에 그야말로 깔끔하게 정리됐다. 마치 어수선한 서랍이 여러 개 있었는데 체계적으로 정돈하여 서랍마다 알맞은 이름표까지 딱 붙여놓은 느낌이랄까! 어떤 내용을 떠올릴 때 내가 직접 위치를 정해 정성껏 넣어둔 만큼 그 내용이 정리된 서랍을 정확하게 찾아서 꺼내기만 하면 되는 듯 막힘이 없어졌다.

이렇게 스스로 정리해서 머릿속에 집어넣고 규모 있게 꺼내는 연습, 즉 친구들에게 설명까지 한 덕분에 골프 자격시험에는 무난하게 통과할 수 있었다. 그 후에 실제로 필드에 나가서 애매한 상황을 만나면 전문가로서 해석하기도 하고, 주위 사람들에게 골프의 기본 규칙과 매너를 설명하는 등 그렇게 익힌 골프 이론을 내내 폭넓게 활용하고 있다.

IT 자바 강사로 강의를 할 때도 그 같은 학습 효과는 있었지만, 그때는 아무래도 '가르쳐야 하는 입장'에 의무적으로 서야만 했다. 의무감 때문이 아니라 '자발적인 의도'를 가지고 남을 가르치다 보면 내 학습 효과가 훨씬 더 높아지면서 오래 기억할 수 있다는 진리를 골프 자격시험을 준비하면서 절실하게 체감할 수 있었다.

아이들 교육도 마찬가지
: 친구에게 공유, 제일 효과적인 공부법

가르치면서 배우는 학습 효과는 아이들 공부에서도 똑같이 적용된다. 우리 큰아이는 아주 어릴 때부터 영어 유치원에 다녔다. 한국어도 쓰고 영어도 쓰는 것이 아니라, 오로지 영어만 쓰면서 유치원 생활을 하는 동안 자연스럽게 영어를 배우는 방식이라 그런지, 아이는 꽤 수월하게 영어를 체득해나갔다.

그러던 큰아이가 중학교에 올라가면서 상황이 달라졌다. 늘 영어를 즐겁게 사용하던 아이에게 영어 과목이 가장 어렵고 싫어하는 과목으로 전락하고 만 것이다. 분사, 부정사, 동명사 등 우리말로 정리된 영어 문법을 접할 때부터 문제가 불거졌다. 영어 문장을 읽는 것에도, 그 의미를 파악하는 것에도 문제가 없다가, 문법 이론만 적용하면 금세 난처해하곤 했다. 초등학교 내내 영어를 곧잘 한다고 칭찬을 받던 아이가 중학교 영어시험을 맞닥뜨리면서 갑자기 자신감을 잃고 혼란스러워했다.

첫 아이라 나 또한 경험이 미숙했고 또 맞벌이 부부라 정신적인 여유도 없던 시절이었기에 아이의 절망이 나의 절망이기도 했다. 게다가 나 또한 영어를 이론이 아닌 실전으로 부딪치며 배운 사람으로 아이의 문제를 개선할 뾰족한 방법을 찾기가 어려웠다. 그 사이에 아이의 상황은 영어 점수와 함께 점점 엉망이 되어갔다. 한국식 용어와 문법 구문에 익숙하지 않은 게 문제였다.

어떻게 이 국면을 극복할 수 있을까 곰곰이 고민한 끝에, 가르치면서 배우는 나의 공부법을 아이에게도 제안했다. "엄마도 영어 문법은 너무 어렵더라. 네가 날마다 한국식 영어 문법을 조금씩 공부해서 엄마한테도 가르쳐주는 건 어떨까?"

우리는 매일 '문법 교재 두세 페이지'로 공부 분량을 정하고, 잠들기 전 식탁이나 소파에 앉아서 아이는 자기가 공부한 문법을 설명하고 나는 들으면서 하루를 마무리했다. 내가 야근으로 늦는 날에는 잠자리에 누워서 눈을 감고라도 짧게 설명하고 듣는 시간을 놓치지 않으려 노력했다.

그 덕분인지 아이는 빠르게 제 궤도를 찾아갔고 어느 순간 친구들까지 가르치고 있었다. 알고 보니 아이 주변에는 비슷한 어려움에 처한 친구들이 많았고 한번 해본 경험을 기반으로 먼저 익힌 것을 친구들과 공유하기 시작했던 것이다. 그것을 계기로 친구들로부터 '네가 가르쳐주면 놀이처럼 재미있어서 머리에 쏙쏙 들어온다'는 피드백을 받으니 아이는 더욱 신나서 공부하게 됐다.

이렇게 익힌 영어 공부 습관 덕분에 고등학교에 들어가서는 영어 학원을 끊고 혼자서 공부할 수 있었다. 그뿐만 아니라 영어 멘토링 프로그램으로 친구를 가르치는 역할에 자발적으로 지원했다. 전에 없던 책임감까지 느낀 아이는 예습과 복습을 할 때 친구들을 위해 요점과 주요 문제를 따로 정리해갔다. 그렇게 다른 사람을 가르치는 것을 전제로 스스로 공부하는 습관을 만들면서 학원 선생님 강의를 들을 때보다 더욱 좋은 성적을 냈다.

친구들 추천으로 〈공신(공부의 신)〉 프로그램에도 참여하게 되었고 자존감이 높아진 아이는 자신이 공부한 내용을 공유하는 습관을 자연스럽게 다른 과목으로 확대하는 등 고등학교 3년 동안 선순환 구조를 만들 수 있었다.

개인적 경험과 아이가 학습하는 모습을 통해서 '사람은 모름지기 태어나기를 내가 익힌 것을 나누고자 하면 더 많이 얻는다'는 것을 알게 되었다. 우리가 크고 자라던 시절에도 이러한 사람의 본성은 다르지 않았을 것이다. 그러나 예나 지금이나 '누군가를 가르친다는 경험'은 쉽게 하기가 어렵기 때문에 이를 알기가 어렵다는 생각이 든다.

이제 새로운 것을 배워야 할 때는, 내가 먼저 배워서 필요로 하는 친구나 동료에게 나누는 즐거움으로 공부해보자. 마치 전등 스위치를 켜듯, 우리 뇌에 눈과 손발을 비롯한 내 온몸의 작은 세포들이 촘촘하게 재배열되는 것을 느낄 수 있을 것이다. 가장 빠르고 효과적으로 배우는 방법임에 틀림이 없다.

성장을 위한 나만의 시간
'타임 블로킹'

우연히 만난 서적, 토요일 4시간

큰아이가 초등학교 4학년에 올라갈 무렵부터 아이 교육에
좀 더 신경을 쓰자는 생각으로 자주 서점으로 향했다. 그러던 어느
날 주말이 되어 다른 날과 마찬가지로 서점을 찾았다. 서점 한 귀퉁
이에 주저앉아 아이들에게 책을 읽어주려 하는데, 맞벌이 부부 특
유의 피곤함에 찌들어서 몇 장을 채 읽어주지도 못하고 머리를 떨
구고 졸았다. 얼마나 지났을까, 소매를 흔들며 나를 깨우는 아이의
손에 이끌려서 졸음도 쫓아낼 겸 서점을 한 바퀴 돌게 되었다. 신인
철 작가의 《토요일 4시간》, 마치 나에게 말을 거는 듯한 제목에 이
끌려 책을 들었고, 단숨에 몰입되어 읽어 내려갔다.

신인철 작가는 《토요일 4시간》에서 시간을 효율적으로 활용하는 방법을 제시하면서, 평범한 사람들이 주말이라는 일상의 시간을 활용하여 자기 인생을 얼마나 멋지게 탈바꿈했는지 얘기한다. 나아가 그들이 알려주는 노하우를 바탕으로 우리도 새로운 인생을 만들어갈 수 있다고 상기시키는 것 역시 잊지 않는다.

저자에 따르면 '토요일 4시간'은 누구에게나 주어지지만 대부분 무의미하게 흘려보내는 시간이다. 하지만 자기 꿈을 찾아서 몰두한다면, 몰입의 즐거움을 만끽하면서도 몰입하는 그 일에 전문적인 수준으로 성장할 수 있는 기적의 시간이기도 하다. 그렇다면 왜 하필 4시간이어야 할까? '4시간'은 무슨 일을 하든 속도와 탄력이 붙고 집중력이 생기는 최적의 시간 덩어리이기 때문이다. 그 4시간을 기본단위로 4~5년을 꾸준히 몰입한다면 특기를 만들 수 있을 뿐만 아니라 또 하나의 삶을 창출할 수도 있다.

'나만의 4시간 프로젝트'로
인생 투 트랙을 시작하다

평소에 바쁘고 피곤하다는 이유로 의미 없이 주말을 흘려보내던 나에게 신인철 작가의 말이 비수처럼 와서 꽂혔다. 처음에 책을 읽어보면 이미 어디선가 많이 들어본 듯한 말들이다. 그러나 이

책의 핵심은 실생활에 적용하는 관점을 조준하고 있다는 것으로, 작가의 세세한 설명과 비유가 내게 매우 와닿았다. 과장을 좀 보태면, 이 책은 나에게 마치 '계시'처럼 다가왔다.

두 번 생각할 것도 없이 그날부터 당장 나에게 적용하기로 결심했다. 이렇게 어떤 할 일을 위해 방해 없는 시간을 할당하는 것을 '타임 블로킹Time Blocking'이라고 한다. 나는 매주 토요일에 타임 블로킹할 4시간을 스케줄러에 표시하고 곧바로 '나만의 4시간 프로젝트'로 돌입했다.

내가 '인생 투 트랙Two Track'을 시작하게 된 것이다. 시작은 심플했다. 큰 기대보다는 말 그대로 '내가 행복한 4시간을 만들고 즐기자' 하는 마음이었다. 그래서 '뭐 재밌는 일 없을까?' 하는 생각으로 평소에 도전하고 싶었지만 이런저런 핑계로 접어둔 일들부터 가볍게 시작해보기로 했다.

신의 한 수 프로젝트 그리고 차오르는 자신감

결론부터 얘기하면 '나만을 위한 타임 블로킹'은 감히 '신의 한 수'였다고 말할 수 있다. 가벼운 마음으로 시작했으므로 아무 부담 없이 개인적으로 다양한 일에 재미있게 도전하면서 지금까지 이어질 수 있었다. 이런 시도 중에는 분명 많은 실패가 있었지만,

그 와중에 몇몇 좋은 성과들이 나타나기 시작하자 나도 모르는 사이에 스스로 성장하고 있다는 자신감이 생겨났다. '타임 블로킹'이 '성장을 위한 나만의 시간'이 되어준 것이다.

'나만의 4시간 프로젝트'는 내 생활의 일부로 자리 잡았다. 1년에 한두 가지 집중 프로젝트를 만들어서 3개월 전후 집중해서 의미 있는 성과를 내기 시작했고, 성과가 누적될수록 내 마음속 깊은 곳에서 '하면 될까?'로 시작한 의구심이 '하니까 되네!'라는 확신으로 변해갔다. 시간을 활용하는 능력도 전보다 훨씬 좋아졌다. 워낙에 일상이 바쁘게 돌아가는 외국계 회사에 적응하느라 시간 활용 능력만큼은 자부했는데, '나만의 4시간 프로젝트'를 하면서 시간 활용 능력을 배우게 되었다.

가령 '다이어트를 위해 운동 좀 시작해볼까?' 하고 시작한 헬스에 나만의 4시간을 더해서 '보디빌딩 부문 생활체육지도자'가 될 수 있었다. 골프의 경우도 '골프를 좀 더 체계적으로 배워볼까?'로 했던 것에 나만의 4시간을 더해서 골프 이론과 규칙까지 섭렵하여 역시 '골프 부문 생활체육지도자'가 될 수 있었다.

이렇게 하나둘 소소하게 시도한 것들이 가시적인 성과로 이어지기 시작하니까 나 스스로에 대한 믿음이 조금씩 차올랐고, 그러자 다음 시도도 그리 어렵지 않게 이어갈 수 있었다. 이즈음, 나의 직장생활 중에 늘 발목을 잡는 영어에도 '좀 더 체계적으로 공부해보자' 하는 마음이 들기 시작했고, 역시 나만의 4시간을 더하니 이

전에는 생각도 못했던 TESOL 자격에도 도전하게 된다. 한창 내 마음속에 '자신감'이라는 근력이 붙은 상태라서 이 또한 좋은 결과로 이어졌다.

특히 이런 성과를 보면서 주위에서 내게 노하우를 묻는 사람들이 많아졌다. 노하우를 묻는 질문에 대답하던 내 마음은 눈덩이처럼 불어나 어느 날 '온라인 영어 클래스'까지 직접 운영하기에 이르렀다.

이 클래스는 지인 몇 명을 대상으로 진행하는 온라인 수업으로, 새벽 시간을 이용해 일주일에 세 번씩 모여서 30분 영어 수업을 하기로 한다. 그런데 실제로 시작해보니 이 30분 수업을 하기 위해서 나는 주말에 4~5시간은 미리 공부해야 했다. 처음 수업을 시작하고는 내가 생각했던 것보다 준비시간이 훨씬 많이 걸린다는 사실을 알고 놀랐고 업무로 바쁜 일상에 이 준비가 좀 벅차다는 생각도 했다. 그러나 약속한 3개월이 지나서, 학생들과 같이 '책거리'를 할 즈음에는 내 영어 실력이 몰라보게 탄탄해진 것을 스스로 체감하며 뿌듯함을 느끼게 되었다.

성장을 위한 나만의 시간 '타임 블로킹'

마흔 이후 새로운 시도와 성과를 맛보면서 '인생 투 트랙'의 중요성을 체감하게 됐다. 이때 신의 한 수가 되었던 작은 시작 '타임 블로킹'은 나를 성장으로 이끌어주었다. 소소하게 시작한 '나만의 4시간 프로젝트'는 내 인생에서 죽어 있는 4시간을 소생시키는 훈련과도 같았다. 이 '타임 블로킹'은 나의 작은 꿈들을 깨워주는 시간이 되었다. 그저 추상적이기만 하던 '욕구'와 '염원'을 구체화해서 실행해 나가기에 충분한 시간이었다. 성장을 위한 나만의 시간, 타임 블로킹은 그때 이후 지금까지도 계속되고 있으며, '어제보다 조금 더 괜찮아진 오늘의 나'를 기대할 수 있는 시간이 되었고, 따라서 여전히 두근거린다.

'스트레스 관리'도
실력이다

"그냥 이대로 땅으로 꺼져버리면 좋겠다!"

회사생활을 하면서 스트레스를 받지 않기란 어렵다. 스트레스를 잘 관리하는 사람은 있어도 스트레스를 아예 받지 않는 직장인은 거의 없을 것이다. 내가 일하면서 가장 스트레스가 컸던 때는 마이크로소프트에 입사하기 직전, 다른 글로벌 회사에 근무하던 시기다. 본사가 미국에 있는 글로벌 IT 회사의 한국지사로, 적은 인원이 일하는 아담한 규모였다. 오랫동안 염원하던 글로벌 회사에 입사한 터라 나는 신나서 일할 수 있었다. 다행히 내가 노력한 이상으로 영업성과도 따라주어 물리적으로도 정신적으로도 성장할 수 있었다.

그런데 회사에 큰 변화가 생겼다. 회사의 대표가 바뀌게 된 것이다. 다음 지사장을 선발하는 3개월여 기간 동안, 지사장 역할을 대행하는 '권한 대행' 역할을 위임받게 됐다. '대행'이라고는 하지만 크고 작은 일들에 대한 의사결정을 해야 했고, 원래 내 역할인 영업도 병행해야 했기 때문에 중압감이 아주 컸다.

그래도 새롭게 부여된 역할을 차질 없이 수행하고 싶은 마음에 나는 이전보다 더욱 오너십Ownership을 발휘했다. 내부 직원들도 그런 나를 존중하며 따라줬다. 그러던 차에 우리 회사가 전 세계적으로도 첫 사례가 될 큰 규모의 제안을 준비하게 됐다.

고객사가 한국의 3대 기업에 속하는 대기업이었고, 요구사항이 전에 없이 까다로운 프로젝트였다. 제안하는 회사들 입장에서도 매우 도전적인 일이었다. 고객사의 요청부터 이슈까지 무엇 하나 확실하게 정해진 것이 없었기 때문이다. 마치 지뢰밭을 걷는 듯 모든 것이 변화무쌍하여 한 치 앞을 예측하기 어려운 상황이었다.

당시 한국 지사에 인력이 많지 않았던 터라 내가 지휘자가 되어 전체 프로젝트를 조망하면서 방향을 잡아가는 지휘자 역할을 하게 되었다. 많은 것을 요구하는 고객과, 그 요구를 받아주는 본사 측의 가운데 서서 양측의 다른 기대치를 맞춰가는 게 관건이었다. 게다가 이번 프로젝트는 고객사도 본사도 모두 처음 시도하는 상황이었기에 문제 정의와 기대치가 사뭇 다를 수 있는 가능성을 품은 채 출발했다. 따라서 제대로 된 커뮤니케이션이 무엇보다 중요한 상황이었다.

글로벌 회사의 경우, 본사의 연구개발팀R&D, Research and Development
은 한두 고객사의 요청으로는 상품의 전체 로드맵을 바꾸지 않는
게 일반적이다. 고객사도 마찬가지로 그들이 원하는 요구의 수위
를 쉽게 내리지 않는 게 또한 일반적이다. 마치 창과 방패처럼 이해
관계가 대립되는 두 조직이 부딪히는 경우, 특히 스트레스 강도가
높아지기 쉬운데 이때가 딱 그랬다.

이 프로젝트는 고객사 입장에서도 아주 중요한 사안이었다. 그
들이 이 프로젝트를 진행하는 목표는 분명했고 오픈 시기까지 이
미 결정되어 있었다. 전사 직원들의 업무 환경을 바꾸는 프로젝트
였기에 실무진에서 최상위 임원까지 핫라인으로 보고되고 있었다.
이런 전사적 과제는 시범 오픈을 시작으로 1차와 2차 그리고 전사
로 확대라는 단계별 마일스톤을 가지고 있어서 전체 프로젝트 기
간에 걸쳐 팽팽한 긴장감이 흐를 수밖에 없다.

그 긴장감의 한가운데에 서서 나는 엄청난 스트레스를 받고 있
었지만 상황은 쉽게 진정되지 않았다. 결국, 본사와 고객사의 이해
관계가 대립하는 상황이 펼쳐지더니 서로를 탓하는 지경까지 이르
고 말았다.

밤낮없이 장애 상황이 이어졌고, 엔지니어들과 장애 상황을 지
켜보느라 자정을 넘겨 겨우 집에 들어가면, 다시 본사와의 미팅이
새벽까지 이어졌다. 긴장의 끈을 놓기 어려운 긴장감 속에 밤낮없

이 이어지는 미팅에 기술적으로 엔지니어들도 지쳐만 갔다.

고객사도 본사도 또 한국 내의 엔지니어들도 나만 바라보는 상황이었다. 모든 책임과 비난의 화살이 나를 향하고 있는 기분이었다. 내 스트레스는 거의 머리 꼭대기까지 차올라 폭발하기 일보 직전이었다. 몸도 마음도 지칠 대로 지칠 수밖에 없었다. 그쯤 되니 새벽에 겨우 들어가 침대에 몸을 기댈 때는 '그냥 이대로 땅으로 꺼져버리면 좋겠다!' 하는 생각까지 들 정도였다.

한발 뒤로 물러나서 보기

땅으로 꺼져버리면 좋겠다는 생각으로 이어가던 어느 날, 침대에서 몸을 일으키며 생각했다. '지금 이대로 가면 우리 모두 죽겠구나!' 하는 생각이 들었던 나는 무엇이든 해봐야겠다는 생각과 함께, 어차피 풀기 어려운 숙제라면 한발 뒤로 물러나서 이 상황을 객관적으로 바라보기로 했다.

그날, 고객사를 포함해서 프로젝트 관계자들을 모두 프로젝트 룸으로 소집했다. 나는 미리 준비해온 빵과 음료수를 돌리면서 부드러운 분위기로 이끌었다. 사람들이 빵을 한 입씩 베어 물 즈음, 나는 단호한 어조로 이야기를 꺼냈다.

"우리가 이제 한배를 탔네요! 이 프로젝트에 관련된 회사들이 많은데 서로 자기 것만 들여다보면서 상대편을 탓하니까 어떤 문제도 해결할 수가 없어요." 그러고는 고객들이 앉아 있는 방향으로 몸을 돌리면서 다시 말을 이어 나갔다. "이슈가 한 다발인데, 저희가 잠 안 자고 본사에 죽어라 요청하고 있지만 이대로 간다면 제 판단으로는 정해진 오픈 기간 내에 모든 이슈를 해결할 수 없을 듯합니다! 죄송하지만, 이제는 우리 모두를 위해서 범위를 좀 좁힐 때가 된 듯합니다. 오늘을 기준으로 저희가 현안의 문제들을 다시 한번 일목요연하게 정리할 테니 고객 여러분들이 보시고, 정말로 꼭 필요한 것들을 우선해서 해결해야 할 이슈들을 순서대로 표기해주세요. 그러고 나서는 저희도 우선순위 높은 사안을 먼저 집중적으로 진행하도록 하겠습니다."

그 자리에 모인 고객과 엔지니어들 시선이 모두 내게로 와서 꽂혔다. 나의 단호한 태도에 놀란 고객사의 PM_{Project Manager}은 잠시 생각에 잠기더니 고개를 들었다. 그러고는 내 의도를 충분히 이해했다는 듯 "그러시지요"라며 짧지만 강한 동의를 표해줬다.

프로젝트를 진행하면서 쌓인 모든 짐을 내 어깨에 올려둔 것 같았으나, 고객의 대답으로 한시름을 놓을 수 있었다. 그렇게 우리는 프로젝트를 단계별로 구분하여 좀 더 능률적으로 운영해나갈 수 있었다. 그해 가을, 우리는 '첫 사례가 되는 대규모 프로젝트, 성공리에 오픈'이라는 새로운 역사를 썼다.

스트레스 관리도 실력이다

문제 해결이 복잡할수록, 여러 사람의 이해관계가 엮일수록 스트레스는 커질 수밖에 없다. 그런 때일수록 한 발짝 물러나서 전체 상황을 조망하는 일이 절실하게 필요하다는 것을 알게 된 경험이었다. 당시에 나는 엄청난 중압감과 스트레스에서 벗어나기 위해서 어쩔 수 없이 멈춰서 뒤로 한발 물러났던 것인데, 그 수가 절묘하게 상황을 반전시켜줬다.

이 경험 이후로 나는, **업무로 인한 스트레스가 쌓이기 시작할 때면 가장 먼저, 의도적으로 업무에서 잠깐 손을 떼고 한 발짝 뒤로 물러나려고 노력한다. 스스로 숨을 고르면서 마치 내가 처한 상황이 아닌 것처럼 조망하려고 노력한다.** 그러면 내 스트레스의 원인이 정말로 업무 그 자체에서 오는 것인지, 그게 아닌 제3의 요인에서 오는 것인지, 좀 더 객관적으로 파악하기 용이해진다.

두 번째로는 내가 처한 상황을 솔직하게 인정하고, 가능하면 입 밖으로 표현하려고 노력한다. 여기서 중요한 것은 '솔직하게'다. 이는 자신이 어떤 상황인지를 외부에 알리고 그 상황을 개선하는 데 큰 도움을 준다. 내가 고객사와 엔지니어들을 모두 한곳에 모아서 그때의 어려운 상황으로 솔직하게 공유했던 것과 마찬가지다. 그리고 **마지막으로는 도움을 요청한다.** 혼자 끙끙 앓던 문제를 함께 해결하자는 제안으로 내가 생각했던 것보다 훨씬 더 빠르고 크게 주위의 도움이 당겨져올 것이다.

이 세 가지 중에서 '도움 요청하기'는 특히 내 삶의 중요한 원칙이 되었다. 주위에 도움을 요청하게 된 것은 땅이 꺼질 듯 갑갑한 마음에서 어쩔 수 없었던 몸부림이었다. 그러나 그 진가를 알고 나서는 스트레스를 극복하기 위해서만이 아니라, 영업 등 사람을 상대하는 과정에 적용해보면서 그 진가를 더욱 알게 되었다.

회사 일을 하면서 모든 사람이 저마다 다른 이유로 스트레스를 받는다. 스트레스를 받을 뿐 모두가 그 스트레스를 적극적으로 관리하려고는 하지 않는다. 스트레스를 받지 않는 상황을 만드는 것은 불가능하지만 분명한 것은 스트레스 자체는 관리할 수 있다. 스트레스 상황에서 내게 스트레스를 주는 근본 원인이 무엇인지를 좀 더 명확하게 바라보는 시각과 자신만의 철학과 방식으로 '스트레스를 관리 능력'을 기른다면 우리는 좀 더 즐겁게 일할 수 있지 않을까? 요즘처럼 복잡다단한 시대에는 분명 실력이 될 것이고, 때로는 그것만으로도 커다란 성과를 가져다줄지도 모를 일이다.

스트레스 관리 능력은 개발되어야 한다

로라 판 더누트 립스키Laura Van Dernoot Lipsky는 《사실은, 많이 지쳐 있습니다》에서 "자신을 보살피는 것은 이기적인 게 아니라 나를 지켜내는 노력이자 정치적인 싸움이다"라고 말한다. 또한 "감정에 휩쓸리거나 외부로 화를 돌리게 되는 것을 막기 위해 우선 나부터 잘 보살피고 마음을 다듬어야 한다. 나를 지켜내지 않으면 감정에 휘말려서 더 큰 화를 입을 수 있다"고 지적한다.

'나부터 잘 보살피고 마음을 다듬어야 한다'는 립스키의 이야기는 스트레스 관리와 직접적으로 연결된다. 립스키는 과부하 스트레스에 대처하는 다양한 방법을 소개한다. 그리 대단하고 획기적인 것들은 아니다. 예를 들어, 맛있는 음식을 먹거나 음악을 들으며 따뜻한 물에 몸을 담그거나, 명상과 요가를 하는 방법 등을 추천한다. "애개!" 할 수 있지만, 사실 이런 소소한 일들이 우리 스트레스를 완화해주는 리추얼로 충분히 작동할 수 있다.

립스키가 연구한 바에 따르면, 특히 예술을 자기 삶에 들여놓는 사람들은 선택적 세로토닌 재흡수 억제제(항우울제 일종)의 의존도를 크게 줄일 수 있다. 그중에서도 음악은 오랜 시간 사람들이 인생을 헤쳐나가도록 도와주는 확실한 치료제라는 것이다. 어느 신경과학자는 음악의 다채로운 박자가 우리 마음속 박자에 영향을 미칠 수 있다고 했다. 그래서 아침에 눈을 뜨는 순간에 듣는 리스트, 걸어서 출근할 때 듣는 리스트, 퇴근길에 듣는 리스트, 하루의 긴장을 풀려고 듣는 리스트 등 상황에 맞는 음악을 따로 정해두고 듣기를 권고한다.

나만의 스트레스 관리법

앞에서 글로벌 IT 회사의 영업으로서 스트레스를 잘 관리한 덕분에 성과로 연결할 수 있었던 경험 즉 '스트레스 관리도 실력'이라는 이야기를 했다. 나는 평소에도 스트레스 관리를 위해서 노력을 아끼지 않는 편이다.

스트레스 관리하는 첫 번째 방법으로 나는 극도의 스트레스를 받으면 '걷기'부터 시작한다. 여러 이유로 매일같이 별도의 시간과 비용을 들여 운동을 따로 한다는 것이 결코 쉽지 않은데 이때 특히 '걷기'가 빛을 발한다.

서울 의대 재활의학과 정성근 교수는 걷기 전도사다. 걷기 운동은 유산소 운동의 최고봉으로 신이 내린 최고의 명약이라고 주장한다. 바쁜 병원 생활 중에 유튜브 채널, '정성근 TV'를 운영하면서 자신이 스스로 건강을 유지하는 비법이 바로 걷기라며 생활 속에서 걷기를 어떻게 실천하는지 보여주며 '올바른 걷기' 방법을 알려준다.

정성근 교수에게 재활 치료를 받고자 오는 환자들에게 걷기를 추천할 때면 많은 환자가 이렇게 묻는다고 한다. "선생님, 하루에 얼마나 걸어야 할까요?" 교수님의 처방인 '걷기'라는 약의 1일 권장 용량을 묻는 질문이다. 몇백 혹은 몇천 보라는 걷기약의 용량을 이야기하는 대신 정성근 교수는 환자들에게 "걷기는 가루약"이라고 말한다. 가루약의 수많은 가루처럼, 바쁜 일상에서 수시로 걷기를 생활화하는 것이 가장 중요하다는 의미다.

그는 시간을 내서 걷는 운동을 하기도 하지만, 병원에 출퇴근하거나, 집 안 청소를 하거나, 계단을 오르내리는 등 생활 속에서 일어나는 작은 걸음들을 중요시한다. 생활 속 작은 걸음들은 언뜻 의미가 없어 보이지만 절대 그렇지 않다. 하루나 일주일 혹은 한 달 등 적정 단위를 기준으로 자기 상황에 맞는 목표를 정하되, 바쁜 현대인들의 경우에는 현실적인 목표를 설정하여 생활 속 걷기라는 가루약을 잘 활용하는 것이 현명하다고 강조한다.

나 또한 생활 속 걷는 걸음들을 모으고, 아침이나 저녁에 짬을 내서 걷기를 즐긴다. 4년 전에 한 후배와 가볍게 시작한 걷기는 하루 7,000보라는 목표를 정해놓고, 일주일에 4~5번 이상은 꾸준하게 걸으려고 노력하는 중이다.

'걸어보니 좋더라'는 입소문을 타고 지인들이 하나둘 합류하기 시작해서 지금은 10여 명이 걷기 인증으로 하루 마무리를 함께 하고 있다. 코로나로 인한 재택근무 기간에는 걷기가 더욱 소중한 일상이 되었다. 재택근무로 하루종일 PC 앞에서 웅크리고 있다 보면 눈이 침침하고 목과 어깨가 심하게 결렸다. 게다가 2022년 6월에는 둘레길을 걷다가 발을 삐끗하는 바람에 두 달 동안 깁스를 하게 됐는데 다리도 다리지만, 목과 어깨 통증이 더욱 심해졌다. 정형외과와 통증의학과를 번갈아 가며 찾아가 치료를 해도 가시지 않던 통증이 깁스를 풀고 다시 걷기 시작하니 서서히 나아졌다.

'걷기'를 단순하게 그저 다리 근육에 도움이 되는 운동이겠거니 생각했다. 그러나 몸이 크게 아프고 나서 걷기를 생활화하니, 걸을 때 다리 근육 외에도 몸 전반의 근육이 운동이 된다는 것을 알 수 있었다. 걷기는 '전신운동'인 것이다. 물리치료 받을 때도 진전이 없던 통증이 '걷기'와 함께 서서히 사라졌다. 물론 내 경우 심하지 않은 통증이라 가능했을 수도 있다.

그저 걷기에 몰두하고 있으면 스트레스 속에 혼자 고립되어 있는 듯한 느낌을 완화시켜준다. 이쯤 되니 '걷기'에 진심으로 빠져든 이유가 명쾌해진다.

스트레스 관리하는 두 번째 방법은 '음악'이다. 스트레스가 심할 때는 평소에 즐기지 않는 클래식 음악을 선택하곤 한다. 클래식 음악이라고는 임신해서 태교할 때 들었던 게 전부인데, 스트레스가 심한 상황에서는 이미 마음이 시끄럽기에 요동이 적은 차분한 음악을 골라 마음의 시끄러움을 잠재워주면서 인위적으로 심신의 안정을 찾으려 노력한다.

사실 지금은 극심한 스트레스를 느낄 때가 많지 않다. 그렇지만 '내가 지사장이다'라는 마음으로 일하던 때는 그야말로 극심한 스트레스에 시달렸다. 영업이자 프로젝트의 오너로서 첨예한 사안으로 고객과 본사 사이에 서 있을 때 극도의 긴장으로 상황을 끌어가야 하는 중압감에 나도 모르게 '안정'에 목말랐던 듯하다. 실제로 이때 일 때문에 일촉즉발의 상황에 정신 사나웠던 머리를 달래주기엔, 조용한 음악과 함께 혼자서 생각하는 시간이 필요했고, 당시에 조용한 음악이 나에게 큰 위로가 되어줬다.

스트레스 관리 방법 중 첫 번째로 '걷기'를 말했는데, 평소 걸을 때 경쾌한 음악을 즐기는 편으로, 밝은 음악과 함께하면 어느 순간 콧노래를 절로 흥얼거리게 되면서 몸도 마음도 긍정 에너지로 바뀌는 것을 느낄 수 있다. 또한 평소에 관심을 두던 팟캐스트나 유튜브 채널도 걷는 동안 들으면, 1석 2조 효과를 누릴 수 있다.

마지막 방법으로 스트레스가 차오르기 시작하면 '나만의 아지트'를 찾는다. '나만의 아지트를 만들어 나답게 활용하면서 힐링의 공간으로 삼는 것'이다. 나의 아지트는 몇 곳이 있는데 그중 제일이 '차 안'이다.

영업이라는 직군의 특성상 이동이 많고, 이동 중에 많은 것이 이루어진다. 이동할 때 주로 차를 이용하는 영업대표에게는 차는 물리적인 이동 수단 이상의 요긴한 공간이다. 일단 기본적으로 '이동하는 사무실'이 되어준다. 또한 '자기 계발 공간'으로 영어나 시사 공부를 하기도 좋다. 또 때늦은 끼니를 때우고 잠깐의 커피 타임을 즐기는 등 누구의 시선도 의식하지 않은 채 가장 편안하게 격식 없이 즐길 수 있는 공간이다.

스트레스가 꽉 차올라 음악을 들을 때도 또한 한몫 거뜬히 해낸다. 내 경우에는 차를 달리며 차창문으로 들어오는 바람과 함께 음악이 어우러질 때 더더욱 힐링된다. '일의 연장'에서 어느새 '힐링의 공간'으로 변신하고 스트레스로 인한 경직이 훨씬 더 빨리빨리 말랑말랑해지는 것을 느낄 수 있다.

나는 세일즈 생활이 길었기 때문에 차를 주로 '아지트'로 활용했지만, 당연히 차가 아니어도 좋다. 사색하기 좋은 덕수궁 돌담길이든, 상쾌한 바람을 맞을 수 있는 한강 다리 밑이든, 나만 아는 작은 카페도 좋다. **중요한 것은 나다워질 수 있는 공간에서 더욱, 나다워지는 시간을 갖는 것이다.** 나를 위한 공간을 갖는다는 것은 로라 판 더누트 립스키가 이야기한 대로 '자신을 보살피는 것은 나를 지키려는 노력'이다.

윈윈Win-Win 관계를 만드는 전략

윈윈이란?

회사생활을 하다 보면 '윈윈Win-Win'이 중요하다는 이야기를 자주, 그리고 많이 듣는다. 윈윈은 나만 이기는 것이 아니라 상대와 내가 공동으로 승리하는 것을 가리킨다. 말로는 참 간단하지만, 현실에서는 윈윈하는 것이 결코 쉽지 않기 때문에 후배들은 종종 나에게 그 방법을 묻곤 한다.

영업에서는 윈윈을 어떻게 바라볼까?《전략적 판매Strategic Selling》를 쓴 로버트 밀러와 스티븐 헤이만은 세일즈를 이렇게 정의한다. 영업이란, 구매자가 필요한 것Needs을 원하도록Wants 만드는 행위 전반을 가리키며, 그에 상응하는 가치를 교환하는 거래다. 이때 구매자와 판매자 양쪽이 모두 윈윈할 수 있는 거래가 가장 성공적인 거래라고 이야기한다.

윈윈을 설명하기 위해 이 책에서는 '성공적인 거래'와 '잘못된 거래'를 구분한다. 성공적인 거래는 고객이 만족하는 거래다. 이 경우에는 구매자와 판매자가 장기적인 관계를 이어갈 수 있기 때문에 지속적으로 거래하는 것이 가능할뿐더러 그 구매자가 다른 판매자를 추천하는 것도 마다하지 않게 된다.

한편 잘못된 거래는 판매자가 구매자를 적으로 간주하는 거래다. 고객을 싸워서 이겨야 하는 대상으로 여기고 그 전쟁에서 승리했을 때 '거래의 수락'이 전리품처럼 따라온다고 생각하는 것이다. 이런 관점을 취하면 거래를 성사하기 위해 수단과 방법을 가리지 않게 되고, 어떻게든 거래가 성사되더라도 끝이 좋지 못하다. 실제로 영업인들은 "화가 난 고객은 지옥까지도 따라온다"라는 표현을 쓰곤 한다. 구매자가 판매자에게 '당했다'고 생각하는 순간, 판매자가 단기적, 일시적 매출을 확보하더라도 그 거래는 판매자가 그 구매자를 영원히 놓치는 거래가 되고 만다. 판매자도 구매자도 모두 지는 거래를 한 것이다.

따라서 판매 대상이 무엇이든 무관하게 중장기적 관점에서 고객이 생각할 때 자신에게 도움이 된다고 생각하는 방향으로 이끌어야 구매자의 만족도를 높이고 지속적인 관계를 이어가면서 현재 매출뿐만이 아니라 미래 매출도 창출할 기회를 가져갈 수 있다. 이런 거래가 바로 판매자도 이기고 구매자도 이기는 윈윈거래로 가장 이상적이다.

윈윈 전략이 필요한 이유

성공적인 거래와 잘못된 거래는 '고객 만족도'라는 측면에서 보면 가장 차이가 극명하게 보인다. 영업 입장에서도 좋지만 고객에게도 득이 되는 성공적인 거래를 위해서는 먼저 내 상품을 제대로 이해하고 나서 고객이 현재 처해 있는 어려움에 대해서 또한 명쾌하게 파악한 뒤 제안을 하는 게 좋다. 구매 제안을 할 때는 내가 판매하는 상품이나 서비스가 고객의 문제에 대한 해결책이 담겨 있을 경우 고객 만족도가 높아지고 다음 매출로 이어지는 선순환구조가 만들어진다.

이 과정을 통해서 일단 고객과 좋은 관계를 맺게 되면 '매출'이라는 성과도 따라오지만, 그 외에도 고객이 나의 '멘토'가 되어주거나 '제2의 영업사원'으로 나서주는 등 서로에게 힘이 되는 존재로 그 인연이 이어지기 때문이다.

단기적인 관점에서 내 매출을 극대화해주는 대상으로 고객을 바라보기보다는, 좀 더 긴 안목으로 서로에게 좋은 파트너로서 고객과 함께할 필요가 있다. 이것이 바로 나의 기본 윈윈Win-Win 전략이 필요한 이유이다.

윈윈 관계를 만드는 기회는 얼마든지 많다

영업 직군에 국한해서 윈윈Win-Win을 바라보면, 빅딜을 수주하는 영업 과정에서 판매자와 구매자 사이 어디쯤에서 일어나는 건 이제 알겠다. 조금만 관심을 기울이면 주위 사람들과 평소에 윈윈 관계를 만들 수 있는 기회는 얼마든지 많다.

가장 흔한 예로, 좋은 사람을 좋은 자리에 추천하는 방법이 있다. 많은 회사에는 'Referral'이라고 해서, 사내 오픈 포지션에 지인을 추천하는 제도를 갖추고 있다. 특히 최근 IT 분야처럼 인재를 채용하기 어려운 상황에서는 추천자에게 보너스를 제공하는 경우도 많기에, 추천해주는 나와 추천을 받는 지인 모두에게 좋은 윈윈 관계를 만들어갈 수 있다.

회사 내부 자리에 누군가를 추천하는 경우에는 추천 사이트에 내가 추천한 사람의 이력서와 추천 사유를 등록해야 한다. 경우에 따라서는 인사HR, Human Resources 담당자나 인터뷰 담당자들에게 그 사람에 대해서 추가로 설명하는 과정이 필요할 때도 있다. 나는 내부 포지션뿐만 아니라 다른 회사의 포지션에도 지인을 추천한 경험이 많다.

인재를 추천한다는 것은 기본적으로 까다롭고 피곤한 일이기는 하다. 이런저런 행정적 처리를 비롯하여, 양측이 좋은 결과를 얻도록 직간접적인 개입을 해야 하기 때문이다. 귀찮은 일이 자잘하게 많을 수 있지만, 조금만 긴 안목으로 보면 그야말로 윈윈이다. 회사 입장에서는 좋은 인재를 빠르게 채용할 수 있는 기회이고, 추천받은 사람 입장에서는 좋은 기회를 가지는 것이다. 설령 내가 추천한 사람이 채용되지 않더라도 내가 추천을 해주었다는 사실만으로도 나와 내가 추천한 사람 사이에는 두터운 신뢰가 생긴다.

좋은 사람을 적합한 기회에 추천해줄 뿐이지만, 이 과정에 서로 신뢰가 쌓일 수 있고 이 관계는 궁극적으로 내가 회사생활을 해나갈 때 큰 자산을 만드는 계기가 되기도 한다. 나 자신의 노력만으로는 내가 성장하는 데 한계가 있기 때문이다. 그와 더불어 나를 둘러싼 주변 사람들이 나의 지속적인 성장을 이끌어준다. '서로 신뢰하는 사람들과 커뮤니티'를 만드는 게 중요한 이유다.

이번에는 일상에서 윈윈 관계를 만드는 방법도 찾아보자. 상대에게 선의의 부탁을 하는 것이 한 가지 방법이 될 수 있다. 미국 건국의 아버지로 불리는 벤저민 프랭클린Benjamin Franklin은 정치가이자 과학자이자 철학자로 많은 사람의 존경을 받았다. 그런 그가 상원의원 한 명과 사이가 좋지 않아서 시비가 많았다.

그와의 관계를 개선하고자 궁리하던 어느 날, 그 상원위원이 진귀한 책을 많이 소장하고 있다는 이야기를 듣게 됐다. 프랭클린은 그에게 책을 빌려달라는 편지를 썼고, 그 편지를 받은 상원의원은 책을 빌려줬고, 책을 빌린 프랭클린은 다시 한번 고마움을 표현했다. 이 편지를 계기로 벤저민 프랭클린은 껄끄럽던 상원의원과 오래도록 우정을 나누는 사이가 되었다.

이를 '벤저민 프랭클린 효과'라고 부른다. 말하자면, 프랭클린의 부탁으로 인해 상원의원은 '친절을 베푸는 사람'이 된 것이다. 상원의원에게는 이것이 그의 윈Win이었을 것이다. 프랭클린은 그에게 도움을 요청함으로써 거북했던 관계를 개선했으니 이 또한 윈윈이다.

도움을 주고받으면 한쪽은 고맙고, 다른 한쪽은 자기 역할의 가치를 인식하게 되고 그로 인해서 더 큰 기쁨을 얻을 수 있게 된다. 윈윈 관계는 나만의 노력으로 만들어지는 것이 아니다. 내 노력이 밑바탕이 되어야겠지만, 윈윈하고 싶은 사람이 있다면, 현재 관계를 윈윈 관계로 바꾸고 싶은 사람이 있다면 그/그녀에게 도움과 응원을 구해보자.

일상에서 윈윈하는 경험을 공유함으로써, 심리적인 연결을 만드는 것은 분명 작지만 중요한 일이다. 이 작은 불씨가 윈윈하는 관계로 바꾸기도 하는 등, 인생의 전화위복을 만들어줄 수도 있기 때문이다.

지속가능함을 돕는 시스템, 리추얼

우리는 왜, 지속하지 못할까?

왜 우리는 어떤 일을 지속하는 데 어려움을 겪을까? '지속'이라는 단어에는 '반복'이 포함되어 있기 때문이다. 그리고 '반복'에는 '지루함'이 포함되어 있다. 처음에는 강력한 동기부여나 열정으로 지루한 반복을 이겨낼 수 있지만 어느 순간 한계에 부딪히기 마련이다. 어떤 일을 지속하기 위해서는 동기부여나 열정 이외의 요소가 필요한 것은 아닐까? 지속성의 진정한 원동력이 무엇인지는 우리가 일상적으로 내리는 선택 과정을 들여다보면 힌트를 얻을 수 있다.

'결정 피로'를 줄여라

우리는 살아가면서 매 순간 의사결정을 내린다. 여기에 결코 적지 않은 에너지가 들어간다. 나의 하루를 돌아보더라도 그 사실을 금방 알 수 있다. 이른 아침, 알람 소리가 울리면 곧장 일어날지 조금 더 잘지 고민한다. 옷장을 열었을 때는 어떤 옷을 골라 입을지 고민한다. 아침, 점심, 저녁 메뉴로 무엇을 선택할지 고민한다. 이런 일상적 의사결정부터 업무에 수반되는 시시각각의 판단까지 모든 것이 의사결정의 연속이다.

의사결정은 '선택'이다. 선택지에 명확한 답이 있을 때도 있고 없을 때도 있지만, 분명한 점은 선택해야 한다는 것이다. 그리고 아무거나 선택하더라도 그 선택에는 반드시 에너지가 든다. 만일 하루에 100가지를 선택해야 한다면, 그 100가지 모두 최선의 선택을 하기란 어렵다. 결국 내가 하루 동안 쓸 수 있는 에너지 총량을 감안하여 중요한 선택 위주로 효율적으로 에너지 소비를 고민해야 한다.

사소한 의사결정에까지 매번 큰 에너지를 쏟게 되면, 정작 중요한 의사결정을 할 때는 신중하지 못할 수 있다. 무수한 선택들 속에서 내 에너지를 효율적으로 사용하는 구조를 만드는 것이 중요하다. 일상에서 자주 이뤄지는 소소한 결정에서는 에너지 소비를 최소화해야 한다. 아주 작은 일들을 수행할 때는 별도의 고민을 거치지 않아도 될 정도로 자연스럽게 '루틴Routine으로 만들어놓는 것이다.

작은 일들은 루틴화하라

우리가 의사결정할 때 에너지가 소진되는 것을 가리켜 '결정 피로Decision Fatigue'라고 부른다. 장기적으로 성과를 내야 하는 일을 할 때는 결정 피로를 줄이는 것이 관건이다. 내가 가진 절대 양의 에너지를 어떻게 효율적으로 분배하고 운영하느냐에 따라 일의 성패가 달라질 수 있다. 중요한 일에 더 많은 에너지를 쓰고, 소소한 일들은 최소한의 에너지만 들이도록 거의 자동으로 수행되는 '시스템'을 만드는 것이 중요하다.

시스템의 시작점에 도달할 때까지는 다소 의지가 필요하지만 일단 도달하기만 하면 종착점까지는 더욱 쉬워진다. '자동 세차 시스템'을 한번 떠올려보자. 자동 세차를 이용할 때, 내 의지로 차량을 시작점까지만 위치시키면 된다. 그러고 나서 기어를 중립상태로 놓으면 나머지 과정은 알아서 착착 진행된다. 기계가 알아서 물을 뿌리고 비누로 세척한 후 헹궈준다. 마지막 건조 과정까지 자동으로 마치고 나면 말끔하게 끝이 난다. 이것이 '자동 시스템'이다.

중요한 일을 중도에 포기하지 않고 끝까지 지속하려면, 우리가 세운 목표를 향해 달려가는 과정에서 각 단계마다 반복적으로 수행해야 하는 일들을 설정한 후에 그것들은 하나로 묶어서 습관적으로 수행하도록 따로 '루틴화'해야 한다. 자동 세차 시스템도 처음 만드는 데까지는 시간과 자본과 노력이 투입되어야 하듯이 그런 자동 루틴 시스템도 아무런 노력 없이 하루아침에 만들어지는 것이 아니다. 그렇게 루틴화하기까지는 많은 시간과 노력이 들어가고, 필요하다면 돈도 많이 쓰게 될 것이다.

하지만 이렇게 구축해놓은 시스템은 우리가 목표에 도달하기까지 작은 일들을 약간의 에너지만으로 반복해 수행하는 것이 어렵지 않도록 도와준다. 우리가 거의 기계적으로 반복하는 과정이 되므로 지루함을 느끼는 일도 거의 없다.

아웃풋을 구체화하고, 인풋을 루틴화해라

루틴 시스템이 강력한 이유는 또 있다. 일상생활에서는 물론 업무 과정에서 자잘한 일들을 결정의 수고로움 없이 습관적으로 수행하도록 도와주지만, 그 안에 포함되는 작은 항목들을 얼마든지 조절할 수 있다는 점이다. 나중에 루틴을 추가하는 일은 어렵지 않다. 초기에 만든 루틴이 자리 잡혀 있다면 이미 루틴화 원리를 이해했기 때문이다.

사실 이 책도 나의 모닝 루틴을 통해 쓰고 있다. '매일 아침 7시

혹은 저녁시간을 정해놓고 1천 자 쓰기' 루틴을 만들어서 실천하고 있다. 이 책을 지금 당신이 읽고 있다면 나의 루틴 시스템이 성공적으로 작동했다고 말할 수 있다.

이렇게 루틴 시스템이 한번 만들어지면 절반 이상을 이룬 것과 같다. 루틴 시스템의 시작점에는 스스로 진입해야 하지만, 이 시스템에 한번 올라타기만 하면, 마지막 지점 즉 '목표 실현' 혹은 '아웃풋'에 도착해 있는 자신을 발견하게 될 것이다. '자동 세차 시스템'에 비유해보자.

주유소에서 자동 세차를 이용해본 사람은 그것을 상상해보라. '차를 깨끗하게 닦는다'는 목표를 달성하는 방법에는 여러 가지가 있다.

첫 번째, 자신이 직접 세차하는 방법이다. 이것은 비용 면에서는 가장 저렴하지만, 자신의 시간과 노력이 가장 많이 들어가야 하는 구조이므로 (아마도) 자주 세차하기 어려울 것이다.

두 번째, 손세차를 맡기는 방법으로 손세차장을 선택하고 그저 차를 맡기기만 하면 된다. 처음에 특정 장소를 물색하고 선택한 후 그곳까지 이동해야 하지만, 전문 인력에 의해 구석구석 깨끗하게 청소될 가능성이 가장 높다. 그러나 제삼자의 노동력에 대한 보상이 필요한 구조로, 가장 많은 비용을 들여야 한다.

마지막으로 자동 세차 시스템을 이용하는 방법이다. 이 시스템의 특성상 차량 스크래치 가능성이 있고 세척 상태가 일률적일 수밖에 없는 한계를 가지고 있다. 하지만 주유하는 길에 저렴한 비용으로 쉽고 빠르게 세차까지 할 수 있으므로 시간, 비용, 노력 측면에서 가장 합리적이다.

구조화를 '자동 세차 시스템'에 비유했는데 이 시스템은 다른 방법 대비 비용/시간 효율적인 측면에서 분명 우위가 있다는 것을 안다. 그렇듯이 나의 책 쓰기처럼 적정 이상의 성과를 내야 하는 목표가 있고 아웃풋을 위해 유사한 인풋들이 일정 기간 반복적으로 필요하다면, 인풋을 지속할 수 있도록 그 일들을 루틴화해놓아야 매 단계를 넘어갈 때마다 에너지, 즉 나의 의지와 다짐을 동원하지 않아도 중단 없이 목표까지 나아갈 수 있다.

물론 처음 세차 시스템을 고안하고 만든다는 것은 결코 쉽지 않은 일이다. 그렇지만 이 일의 인풋과 아웃풋을 명확하게 하고 구조를 짜 놓은 후에는, 시작점 즉 구조의 초입에 목표물을 걸어놓기만 하면 세차는 시스템이 알아서 해주니 적정 이상의 성과를 내는 과제가 있고 지속하는 구조를 만들기 위해서는 반드시 고려가 필요하다.

핸들은 물론 액셀이나 브레이크를 조정할 필요 없이, 기어 중립 상태에서 자동차는 자동으로 세차 터널 안으로 미끄러져 들어간다. 그리고 '차를 깨끗하게 한다'는 컨셉에서 수행되어야 할 일들, 즉 물뿌리기 비누 세척, 행굼과 마른 걸레질 그리고 건조까지 일련의 과정이 시스템에 의해서 수행되고 작업에 다 끝나면 자동차를 알아서 뱉어낸다. 이것이 지속가능함을 돕는 구조화이다.

성과를 내는 사람들의 지속가능한 시스템

실제로 성과를 내는 사람들을 보면 자신에게 맞는 루틴을 만들어 적절하게 활용한다. 먼저 새벽 기상이나 모닝 페이지 등 아침에 눈을 뜨면 우리를 고민스럽게 만들지만 당장 그렇게 중요하지 않은 아침 일과들을 루틴으로 설정해서 결정 피로를 최소화한다. 이렇게 해야 정말로 중요한 의사결정에 최대한의 집중력을 발휘할 수 있기 때문이다.

TV에서 JYP 엔터테인먼트의 박진영 대표가 사진만의 루틴을 소개한 적이 있다. 그중에서도 그가 의복에 대한 루틴을 어떻게 설정했는지가 나에게 유독 인상적으로 다가왔다. 박진영은 거의 매일 고무줄 바지와 끈 없는 구두를 신었는데, 그 이유는 이렇다. 자신이 가장 집중해야 하는 '작곡'에 에너지를 쏟아붓기 위해서 소소한 일상의 선택은 최소화한 것이다.

코로나 이후 주가가 고공 행진하는 회사 중 하나로 '아마존'이 있다. 많은 사람이 아마존을 이커머스 회사로만 알고 있는데, 계열사 중에 클라우드 서비스를 하는 회사인 아마존웹서비스AWS, Amazon Web Service가 있는데 '메커니즘'이라는 내부 제도가 있다.

직원들이 어떤 일을 하다가 나름의 노하우를 발견하면 그것을 정리하고 공유해서 자동화하는 프로세스로, 그들은 이것을 '메커니즘화'라고 일컫는다. 일종의 자동화시스템을 만드는 과정으로, 실제로 AWS 직원들을 평가하는 지표 중 하나일 만큼 중요시한다. 목표까지 다가갈 지속가능한 구조를 만드는 데 우선순위를 높이고 있다는 반증이다.

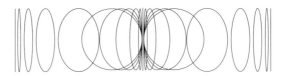

5장

ACHIEVE MORE

일이 되게 하는 사람은

나를 디자인하고 나를 세일즈합니다

나를 디자인하고
나를 세일즈하다

인생이 세일즈

일반적으로는 '세일즈'라고 하면 구체적인 상품 혹은 서비스를 판매하여 매출을 일으키는 행위로, 나와는 먼 이야기로 간주하기 쉽다. 그러나 그 시각을 조금만 달리하면, 사실 우리의 '삶' 자체가 '파는 행위'와 아주 긴밀하게 관련되어 있다.

'나'라는 사람도 하나의 상품이 될 수 있다. 우리가 입사할 회사를 고르고 이력서를 제출하거나 면접을 보는 행위도 넓은 범위에서 보면 '나를 파는 행위'다. 직장에서 자신의 업무 성과를 상사에게 보고하는 행위도 마찬가지다. 세일즈라는 범위를 조금 더 넓히면, 친구들 사이에서 자신을 어떤 친구로 포지셔닝할지 고민하는 일까지 모두 일종의 '세일즈'라고 할 수 있을 것이다. 이쯤 되면 '인생이 곧 세일즈'라고 해도 과언이 아니다.

나를 팔아보세요!

한번은 중간관리자 커뮤니티에서 '전략적 영업'에 대해 강의 의뢰를 받은 적이 있다. 반드시 영업 직군이 아니더라도 중간 관리자가 되면 업무상 설득이나 협상하는 일이 많아진다는 배경에서 개설된 강의였다. 의도가 이렇다 보니, 내 강의에 참석한 사람들의 직군이 영업 외에도 다양했다. 기획, 재무, 인사, 마케팅은 물론이고 기업 인수와 합병을 담당하는 사람까지 한데 모인 것이다.

가끔 주니어나 영업사원이나 파트너분들 대상으로 강의한 경험은 있지만, 이토록 다양한 직군들이 모인 경우는 처음이었기에 어떤 방식으로 강의를 풀어가야 할지 고민스러웠다. 영업 역할이 아니기에 아마도 평소 파는 일에 대해서는 따로 생각해볼 기회가 거의 없었을 것이고, 그만큼 내 강의에 몰입하기 어렵겠다는 생각이 들었다.

이렇게 다양한 직무들이 모여, 낯설기만 한 영역에 대해서 아무런 맥락 없이 영업에 대한 이론을 바로 대한다면 '그것은 내 일이 아니다' 하는 느낌으로 생소해할 것이 분명했다.

서로 다른 직무로, 서로 다른 세상에서 살다 온 수강생들이 모두 내 수업에 몰입하도록 이끄는 방법을 고민하던 끝에, 나는 '나 자신'이 하나의 상품인 시대라는 점에 착안해서 〈나를 팔아보세요〉라는 아이스브레이킹 세션Icebreaking Session을 만들었다. 수강생들이 일반적인 자기소개를 하는 대신에 자신을 상품으로 놓고 스스로를 팔아보는 시간을 갖도록 디자인한 것이다.

　먼저 나는 두 가지 전제를 덧붙였다. '나'라는 상품이 구매자의 니즈에 부합해야 한다는 점과 시대의 흐름에 잘 맞아야 한다는 점이다.

　세션의 의도에 대해서 간단하게 브리핑을 마친 뒤, 4인 1팀으로 구성하여 종이를 나눠주며 10분 시간을 주었다. 처음에는 모두가 생소하게 여기는 듯했으나 얼마 지나지 않아 곳곳에서 왁자지껄하게 자신을 세일즈하는 소리가 들려왔다.

　'나'라는 상품을 정의하고 설명하는 스타일도 제각각이었다. 이력과 직무 위주로 짧고 강하게 브리핑하는 사람도 있었고, 자신의 미래 가치를 어필하는 사람도 있었다. 홈쇼핑 쇼호스트처럼 자신을 판매하며 "마감 임박!"을 외치는 재치 있는 참여자도 보였다. 10분이 지난 뒤에는 각 팀에서 가장 인상적으로 자신을 세일즈한 사람을 선발해서 강단에서 발표하도록 했다. 열띤 분위기로 미루어 짐작해보면, 모두에게 신선한 경험이 된 것이 분명했다.

　첫 시간을 이렇게 신선하게 시작해서인지 1주일에 한 번씩 진행된 영업 강의는 어느 때보다도 더 몰입도 있게 진행되었고, 다양한 직무의 사람들이 섞여 있어 더욱 재미있고 다이내믹했다. 마침내 5주간의 강의가 모두 끝났다. 강의에 대한 피드백을 살펴보니, 영업에 대한 이론 강의가 좋았다는 것과 〈나를 팔아보세요〉 세션이 무척 신선했다는 의견이 많이 보였다. 더불어 자기 자신에 대해서 새로운 시각을 갖게 되어 좋았다는 내용도 많이 보여 꽤 뿌듯하게 강의를 마칠 수 있었다.

영업이란?
나만의 차별화된 무기를 준비하고 만드는 일!

'나를 제대로 상품화하고 가치 있게 판매하려면 반드시 준비해야 하는 것이 있다. 누구나 객관적으로 인정할 수 있는 '나만의 차별화된 무기'를 갖추는 것이다. 우리는 살면서 다양한 외판원들을 만난다. 때때로 구매자에게 영업이 제안하는 상품이나 서비스의 가치가 별로 매력적이지 않은데, 영업사원 혼자서 상품이 좋다고 일방적으로 주장하기도 한다. 시대의 흐름과 구매자의 니즈에 부합하도록 상품이 준비됐을 때만 거래가 일어날 개연성이 생긴다. 그때에만 '가치교환'이 일어날 수 있는 것이다.

나도 '지금의 나'라는 상품을 한 땀 한 땀 만들어온 과정이 있었다. 처음부터 거창한 의도가 있었던 것은 아니지만, 여러 직무를 경험하면서 나만의 경험이 누적되었고, 그 누적이 모여 나만의 무기가 되었고, 그것의 쓰임이 점점 객관적으로 인정받을 수 있게 된 것이다.

첫 IT 이력이 되어준 썬마이크로소프트 전임 강사 시절, 나는 비전공자로서 깊이 있는 IT 강의를 준비해야 했다. 가르치면서 내가 더욱 탄탄하게 공부한 그때의 '강의 경험'은 인생이라는 긴 여행에서 '나만의 차별화된 무기'를 만드는 데 크게 한몫했고, 덕분에 상대적으로 나를 좋은 상품으로 포지셔닝할 수 있는 계기가 됐다.

하루가 다르게 새로운 내용을 배워가야만 했던 탓에 새로운 분야를 배우고 익히는 데 큰 두려움을 없앨 수 있었다. 또한 '알고 있는 내용을 어떻게 하면 듣는 사람이 잘 이해하도록 만들 수 있을까'에 대해 깊이 고민한 덕분에 같은 시간에 효과적으로 내용을 전달하는 일에 자신감을 가질 수 있게 되었다.

강의하는 과정을 통해 장착한 이 두 가지 무기는 이후 프리세일즈 역할을 할 때도 나의 든든한 버팀목이 되어줬다. 내가 담당하는 상품이나 서비스에 대해 설명할 때, 상품 자체의 특징만 나열하기보다는, 그 특징이 발현된 배경이나 원리에 대해 근거를 들어서 얘기하는 습관 덕분에 고객들에게 '믿을 만하다'는 피드백을 들을 수 있었다. 이런 피드백이 누적되면서 어느 순간 고객들이 영업보다 더 많이 찾는 사람으로 자리매김하면서 말 그대로 선 영업Pre-Sales

역할을 제대로 소화하는 나를 발견했다.

그러던 어느 날 "영업이라는 직무야말로 세상에 존재하는 어떤 일보다 '일이 되게 하는 힘과 태도'를 필요로 하는 직업이구나! 내가 영업을 잘 해낼 수 있다면 세상에서 못 할 것이 없겠구나!"라는 생각을 하기에 이르렀고, 그렇게 나는 자발적으로 '영업 직군'으로 전환했다.

'영업을 한다'고 하면, 예전에는 지극히 사적인 개인기에 의존하거나, 영업비를 많이 들여서 고객을 접대하거나 혹은 관계를 중시해서 고객의 경조사까지 챙기는 일이 많다는 게 영업에 대한 통념이었다. 당시에 영업을 하겠다고 선언하자 주위에서 이러한 선입견을 갖고 계시던 어르신들의 걱정이 컸다. 그렇지만 '어떤 일을 할 때, 그 일이 꼭 될 수밖에 없는 힘과 태도'를 길러보겠다는 희망에 부풀었다.

나를 전략적으로 디자인하라

로버트 밀러와 스티븐 헤이만의 《전략적 판매》는 본격적으로 영업하기 시작한 이래 '영업'에 대한 명쾌한 정의와 방법론을 제시하는 책으로, 처음 읽으면서 연신 "유레카!"를 외쳤다.

상품이나 서비스를 판매하는 전략적 영업 방법을 소개하는 책으로 1970년대에 쓰였으니 오래도 되었다. 지금까지 이 책을 열 번도 넘게 읽었는데 놀라운 것은, 밀러와 헤이만이 이 책을 쓴 지 오랜 시간이 흘렀고 그 과정에 변화가 많았는데도 '전략적 판매'의 핵심은 시대를 막론하고 일관되게 작동한다는 것이다. 더욱 놀라운 것은 그 대상을 '나'와 '인생'으로 넓혀봐도 일맥상통한다는 것이다.

사회 초년생인 경우는 좀 다르지만, 경력이 쌓일수록 '나'라는 사람은 곧 상품이 되어, 함께 일하면서 좋은 경험을 가지고 있는 주위 사람들이 꼬리에 꼬리를 물어서 일이 연결된다는 것이다. 예를 들어 새로운 이직 자리가 났을 때, 추천을 받은 사람이 이직하기에 시기나 여건이 맞지 않다면 자기 대신 지인을 추천하는 상황이 흔하다. 앞에서도 잠깐 언급했지만 요즈음 IT 인재들을 구하기 어려워지면서 나 역시 여러 경로로 '좋은 사람'을 추천해달라는 요청을 많이 받는데, 그럴 때 사람을 추천해주는 것만으로도 '고맙다'는 인사를 받는 게 현실이다.

하지만 실제로 추천하려는 입장이 되면 나도 모르게 조심스러워진다. '좋은 사람'이라는 말은 결국 '준비된 사람' 혹은 '검증된 사람'을 의미하기 때문이다. 어떤 사람을 추천하느냐 하는 것은 다시 나의 안목과도 직결되므로 결코 '아무나' 추천할 수 없다.

그럴 때 '나의 가치를 파는 관점'에서 '나'라는 상품의 객관적인 지표로 인정받을 커리어가 준비되어 있으면 나에게까지 그 자리의 일이 연결되는 것이다.

　나를 사고자 하는 사람들에게 지불 가치를 인정받기 위해서는 안으로는 내 역량의 현주소를 평가하고, 밖으로는 나에게 더 기대하는 역량을 파악한 다음, 이 둘 사이의 간극Gap을 채워가야 한다. 더 나아가 자신이 '세상이 필요로 하는 상품'으로 포지셔닝되도록, 이러한 과정을 스스로 디자인하고 나를 전략적으로 세일즈하는 게 직장인의 필수적인 역량이 되지 않을까.

02

나는 왜
일하는가?

마당쇠가 주인의 신발을 품속에 안은 이유

옛날 어느 장군의 집에 마당쇠가 있었다. 마당쇠는 부지런한 데다가 일손이 야무져서 식구들이 알아줄 정도였다. 마당쇠는 무슨 일을 시켜도 성실하고 꼼꼼하게 잘해냈다. 비가 오나 눈이 오나 한결같이 마당을 치웠고, 깨끗한 마당이 집을 더욱 정갈하게 돋보이도록 해주는 것은 물론 보는 이의 마음까지 정화시켜주는 듯했다.

어느 겨울날이었다. 여느 때처럼 아침 일찍 출타 채비를 마친 장군은 방에서 나와 댓돌에 가지런히 놓인 신발에 발을 넣었는데 오늘따라 몹시 차가운 기운에 발가락이 오그라드는 듯했다. 순간 이

상하게 여긴 장군은 곧 "여봐라!" 하고 하인을 불렀으나 늘 그 자리에 있던 마당쇠가 없었다. 그제야 장군은 어젯밤에 자신이 급한 심부름을 보낸 것을 기억해냈다. 다음 날 장군이 다시 채비를 마치고 신발을 신었는데 여느 때처럼 온기가 돌았다. 편안한 마음이 들면서 갑자기 궁금하여 마당쇠에게 물었다.

"날이 추운데 어찌하여 내 신발은 이렇게 늘 따뜻한 것이냐?"

그러자 마당쇠가 이렇게 대답했다.

"네, 주인님. 제가 품에 안고서 마당을 뛰었습죠!"

큰일을 하는데 차가운 신발을 신을 주인을 생각하면서 매일같이 그의 신발을 품에 안고 뛰어서 체온으로 따뜻하게 데웠던 것이다. 이를 듣고 감탄한 장군은 그날로 마당쇠를 자신의 직속으로 승격하여 중요한 업무를 돕도록 하여 일을 배울 수 있도록 지원해줬다. 마당쇠는 훗날 장군이 되어 큰일을 했다고 한다.

같은 일을 하는 것처럼 보여도 모두가 같은 마음으로 일하는 것은 아니다. 결국 마당쇠는 깨끗하게 마당을 치우고 주인을 보필하는 일을 한다는 측면에서는 여느 하인들과 똑같은 일을 했지만, 자기 일을 대하는 마음가짐 측면에서 바라보면 참으로 다른 결과를 낳는 것이다.

당신의 일은 생업, 직업, 소명 중 무엇인가?

심리학자인 에이미 브제스니에프스키Amy Wrzesniewski 예일대 교수의 연구는 사람들이 의미와 만족감을 찾는 데 도움이 되는 일의 특성들을 체계화했다. 브제스니에프스키는 《우리는 왜 일하는가》에서 겉보기에 별로 중요해 보이지 않는 작은 일들, 소소한 일상적 일들에도 이는 모두 적용된다고 말한다.

그러한 특성들을 자기 일에서 찾을 수 있다면 그것은 '소명Calling'이며, '생업Job'이나 '직업Career'으로 하는 일들과 구별된다.

자기 일을 '생업Job'으로 여기는 사람들은 자유재량권을 거의 누리지 못하며 최소한으로만 일에 열중하고 거의 의미를 느끼지 못한다. 그들은 그 일을 삶을 유지하기 위한 필수 조건 정도로 간주한다. 그들은 돈 때문에 일을 할 뿐이며, 돈을 더 많이 벌 수 있는 기회가 주어지면 주저 없이 직업을 바꿀 것이다. 그들은 얼른 은퇴하고 싶어 죽을 지경이며, 친구들이나 자식들에게 자신의 뒤를 따르라고 권하지 않는다.

한편, 자기 일을 '직업Calling'으로 여기는 사람들은 일반적으로 더 많은 자유재량권을 즐기고 훨씬 더 많이 열중한다. 그들은 자신이 하는 일 자체를 즐기고 있을지도 모른다.

마지막으로 자기 일에서 가장 큰 만족감을 느끼는 사람들은 일을 '소명Calling'으로 받아들이는 이들이다. 그들에게 일이란 삶의 가장 중요한 요소며, 그 일을 한다는 것만으로도 커다란 충족감과 엄청난 만족감을 느낀다. 그들에게 일이란 자기 자신의 정체성을 형성하는 데 필수적인 요소이며, 자신이 하는 일이 세상을 더 나은 곳으로 만든다고 믿어서, 친구들이나 자식들에게 그런 일을 하라고 권한다. 자신이 하는 일을 '소명'이라 믿는 사람들은 자신의 일에서 엄청난 만족감을 얻는다고 한다.

내가 내 일을 어떻게 대하고 있을까? 분명 처음에는 '생업'에 가까웠을 것이다. 나는 지금까지 얘기했듯 직무를 다양하게 바꿔왔다. IT와는 무관한 생업을 하다가 IT 분야의 직업으로 전향했는데, 전문 자바 강사부터 프리세일즈를 거쳐, 고객을 접점하는 대고객 영업, 특정 상품을 담당하는 솔루션 영업, 채널 영업까지 영업의 여러 직무를 수행했다. 영업이라는 직무를 시작한 이래 10년 이상 좋은 성과를 거두면서 다양한 역할을 수행했고, 그 경험들을 바탕으로 이제는 고객과 상품뿐만 아니라 같이하는 파트너라는 에코_{Eco}까지 폭넓게 아우르는 방향으로 진화했다.

물론 그 같은 성장 과정에서 내가 느낀 희열과 성취감, 충족감, 만족감을 가지고 자신 있게 "내 일이 내 소명이다"라고 확신에 차서 말하기는 지금도 민망하다. 다만, 한 가지 분명한 점은 내 일이 생업에서 직업으로 바뀌었고, 이제 다시 직업에서 소명으로 향하고 있다는 것이다.

영업은 '종합예술'에 비유되곤 한다. 말이 많고 술을 잘 마시며

남의 비위를 잘 맞추는 사람, 집집마다 방문해서 도서나 화장품 등을 파는 사람, 번지르르하게 차려입고 말을 앞세워 사람을 꾀는 사람이 '영업인'의 전형적인 모습이던 시대는 지나갔다.

가시적이고 논리적이며 반복가능한 단계별 시스템을 의식적으로 계획하여 개발한 사람을 '전문가'라고 하는데, 전략을 가진 영업을 우리는 전문가라고 부른다.

우리 시대의 영업, 역할과 책임이 막중해진 그들에게 필요한 역량은 크게 두 가지 축으로 나눠볼 수 있다. 내 상품과 서비스에 대한 전문 지식 영역은 기본이고, 고객의 '필요'에 대해서 본질을 이해하는 게 첫 번째, 그리고 그것에 맞는 비전과 해결방안을 제때 제시할 수 있는 역량이 두 번째이다.

두 역량을 균형 있게 갖추는 과정에서 가장 중요한 것은, 고객을 궁극적으로는 나와 함께 성장하는 파트너로 보고, 같이 성장하는 방향을 고민하는 것이다. 두 역량을 기울어짐 없이 골고루 갖춘 사람이 바로 진정한 '프로 영업인'이다.

영업이라는 직무를 10년 이상 해오면서 탄탄대로만을 달린 것은 당연히 아니다. 많은 어려움과 때로는 크고 때로는 작은 성공을 경험해왔다. 영업대표로서 고객과 자사 사이에서 많은 사람을 만나고 실제로 다양한 요구를 받아왔다. 고객과의 접점 즉 커뮤니케이션의 중앙에 서 있다 보니 때로는 고객의 무례한 요청을 받거나, 과도한 요청인 줄 알면서도 거절하기 어려운 경우가 발생하기도 한다.

그런 상황에 처하면, 나는 내 일을 소명으로 바라보려고 애쓴다. 영업대표는 배로 치면 선장, 오케스트라로 보면 지휘자와 같다. 영업대표는 가장 전면에서 앞장서고, 그 뒤에는 영업인의 영업을 지원하는 많은 리소스가 뒤따른다. 영업대표는 회사의 대표로서 선장처럼 방향키를 돌리고 닻을 내리는 의사결정 역할을 한다. 통찰력과 책임감 있는 자세로 목표까지 항로를 이탈하지 않도록 이끌어야 하는 미션을 부여받은 것이다.

'영업'이라는 역할이 내 성향과 잘 맞아떨어진 덕분에 나는 그동안 꾸준히 좋은 성과를 내왔다. 정확하게 세어보지 않았지만, 손에 꼽을 수 있는 성공도 있었던가 하면 작은 실패도 일일이 헤아리기 어려울 만큼 많았다. 성공하든 실패하든 스스로 지키려 했던 한 가지는 어떤 경험도 버릴 게 없다는 믿음이었다. 성공하면 성공한 대로, 또 실패하면 실패한 대로 그 경험으로부터 흔쾌히 배우고자 노력했다. 그런 마음 덕분이었는지 그 모든 과정이 행복했고, 곧 나의 소명으로 받아들일 수 있게 됐다.

내가 생각하는 '세일즈'란 고객도 개인이자 회사에 속한 일원이라는 두 가지 입장일 수 있음을 이해하고, 미래가치를 포함한 '니즈Needs(요구)'를 '원츠Wants(욕구)'로 바꾸는 일을 이른다. 실제로 고객의 상황을 민감하게 파악하고, 자신도 채 구체화하지 못한 고객의 니즈를 구체화하도록 돕는 일은 세일즈로서 첫 번째 해야 할 역할이다. 그리고 내가 가지고 있는 상품이나 서비스를 제때, 제대로 제시하여 그들의 니즈를 더 나은 방법으로 해결할 수 있다는 확신이 들게 함으로써 자연스럽게 원츠, 즉 원하도록 하는 게 두 번째 역할이다.

이렇게 소명을 좇아서 일하다 보니, 한 가지 분명한 사실을 깨닫게 된다. 영업의 두 가지 역할을 잘 해나가기 위해서는 고객을 대할 때 내 몸과 마음이 건강하고 당당해야 한다는 것이다. 왜냐하면 영업은 결코 일방향이 아닌, 양방향의 상호작용이기 때문이다. 영업으로서 고객이 원하는 방향, 더 나은 성과를 내는 방향으로 해결책을 제시하기 위해서는 갑과 을이 아니라, 서로의 성장을 돕는 파트너가 되어야 한다. 그래야만 고객도 영업도 서로 윈윈하는 게임을 만들 수 있다.

개인적으로 나는 '일'에 숭고한 가치가 있다고 믿는다. 어른이 된다는 것은 '생업Job' 혹은 '직업Career'을 가지는 것을 통해 '인생의 정의Justice'를 이뤄가는 과정이라고 생각한다. 그리고 진정한 어른이 된다는 것은 나의 소명Calling을 찾아서 그것을 행하며 살아가는 것이다. 내 생업이나 직업에서 소명을 찾는다면 한 인간으로서 태어나 받을 수 있는 어마어마한 축복이 아닐까.

03

'성과'를 내는 경험이
중요한 이유

일을 바라보는 새로운 관점
: 성과를 내는 경험을 해볼 수 있는 소중한 기회

모두가 그런 것은 아니지만, 많은 직장인이 새로운 업무가 주어질 때 부정적인 반응을 보이곤 한다. "이건 내 일이 아닌데, 왜 나한테 하라는 거지?" "저 사람은 놀고 있는데 왜 맨날 나한테만 일을 시키지?" 같은 반응이다.

한때, 나도 그랬기 때문에 이런 투정이 이해가 되지만, 한편으로는 우려하게 된다. 당연한 이야기지만, 이런 생각으로 일하게 되면 성과를 내기 어렵다. 이런 경험을 여러 번 겪으면서 나부터 생각을 바꾸기로 했다. 이렇게 내 일이 아닌 것 같은 일들이 몰려들 때면 스스로 다짐처럼 꺼내는 말이 있다.

"이 일을 그냥 귀찮은 일로만 치부하지 말고, '내가 성과를 내는 경험을 해볼 수 있는 소중한 기회'로 바라보자"라는 다짐이 그것이다. 이 다짐은 업무에서는 물론이고 내 삶에도 직접적으로 영향을 주기 시작했다. 물론 긍정적으로 말이다.

새로운 일을 받으면 처음에는 어설프고 힘이 드는 게 당연하다. 그렇지만 처음이 어렵지, 한 번의 성과를 내고 나면 한 번이 두 번의 성과를, 두 번이 세 번의 성과를 부르게 되어 있다. 그리고 이 과정에서 '성과를 내본 경험'이 누적되면서 자신이 생각지도 못했던 엄청난 '자신감'을 가져다준다.

지금은 회사에서 큰 프로젝트를 맡아서 책임지는 역할을 하고 있지만, 이것이 처음부터 가능했을 리가 없다. 이 모든 것이 가능했던 것은 오랜 시간에 걸쳐서 쌓인 자신감 덕분이라고 말할 수 있다. 작은 성취에서 얻은 자신감은 내가 다시 더 큰 일에 도전할 수 있는 코어 근육이 되어준 것이다.

이는 우리가 운동을 하면서 근육이 생기는 것과 유사한 메커니즘이다. 운동의 강도를 점차 높여가면, 운동의 결과로 근육이 미세하게 찢어지고, 젖산이 분비되면서 근육이 강화된다. 이 과정이 반복되면 튼튼한 근육이 생성되고 이는 코어 근육이 되어주는 것이다. 그러면 처음보다 더 강도 높은 운동을 소화할 수 있게 되는 원리와 같다.

다사다난했던 과거,
내 특별한 에너지의 원천이 되다!

내가 작은 성취를 통해 작은 자신감들을 쌓기 시작한 것은 어린 시절부터다. 나는 주위 사람들에게 내 성장과정에 대해 얘기하기를 꺼리곤 했는데, 가난한 시절이 지독하게 이어졌기 때문이다. 누군가 어린 시절에 대해서 묻기라도 하면 도대체 어디서부터 어떻게 설명해야 할지 막막했고 이야기를 제대로 시작하기도 전부터 쥐구멍에라도 들어가고 심정이 들었다.

연합고사 상위 7%, 그리고 닭똥 같은 눈물

집안 경제상황이 정말 어렵던 중학교 3학년 때 고등학교 입시 공부를 열심히 했다. 덕분에 연합고사에서 200점 만점에 상위 10퍼센트 범위 점수를 받았고, 고등학교를 원하는 곳으로 선택할 수 있는 상황이 되었다. 그렇지만 점수가 잘 나온 만큼 고민이 깊어졌다.

부모님과 언니, 오빠 가족이 모두 생계를 위해 고생하는 것을 보며 자랐던 터라, 나는 한시라도 빨리 경제활동을 시작해야 한다고 판단했다. 그렇게 나는 눈물을 머금고 '대학'이라는 선택지를 접을 수밖에 없었다. 대학교에 갈 마음을 접고 나니 수많은 '고등학교 선택지' 가운데 경제활동 하기에 유리한 쪽으로 선택해야 했다. 빨리 사회생활을 해서 집안에 보탬이 되어야 한다는 생각으로 가득하던 그때, 나의 선택지는 자연스럽게 상업고등학교로 좁혀졌다.

머리로 내린 결정에 그러나 가슴으로는 스스로 납득이 되지 못한 사연을 안고 목구멍으로 '대학교'를 꿀꺽 삼킨 중학교 3학년, 그 어린 소녀의 눈에는 닭똥 같은 눈물이 흘렀다.

상업고등학교를 다니는 내내 대학교라는 곳에 한번 가보고 싶었다. 그러나 내 현실은 대학과는 거리가 멀었다. 적성 같은 것은 따져볼 새도 없이 주산과 부기 자격증을 따고 다소 기계적인 일들을 배우게 된다. 상업고등학교에서 배우는 것들이 나의 자존감을 높여주기에 부족했고, 여기에 '출신의 제약'까지 합쳐지자 내적인 만족감도 떨어질 수밖에 없었다. 내면의 자존감에 깊은 갈증은 해소되지 않은 채로 오로지 지원 업무에 최적화된 존재가 되기 위해 훈련하는 날들이 이어졌다.

팔자에 없는 대학 합격!

상업고등학교에 입학하고 교육을 받기 시작했을 때는 인지하지 못했던 것이 있다. 내가 경험한 상업고등학교 교육은, 기업에서 필요로 하는 특정 기능만을 수행하기 위해서 특수한 목적을 갖고 교육이 이뤄진다는 점이다. 3학년이 되었을 때다. 상업고등학교의 교육 목표가 내가 원하던 방향과는 다소 거리가 있다는 사실을 깨닫게 되었고 나는 실망감과 분개심을 가질 수밖에 없었다. 내가 그토록 가고 싶어 한 대학교를 포기하고 선택한 곳이었기 때문이다.

나는 고등학교 졸업 후 곧바로 취직을 했으나, 얼마 지나지 않아 회사를 그만둘 수밖에 없었다. 그토록 원하던 대학교에 도전하지 못했던 탓일까, 무엇에 홀린 듯 다시 입시 공부를 시작한 것이다. 어려운 여건에서 시작한 공부는 하늘을 나는 듯 즐거운 일이었다. 그렇지만 마음이 편할 리가 없었다. 가정 형편을 생각하자면 곧장 일을 시작해도 시원치 않을 상황인데, 재취업은 고사하고 입시까지 석 달도 안 남은 상황에서 도전했으니 가족들의 걱정이 이만저만이 아니었다.

고집을 부리며 공부를 이어가던 어느 날, 지인이 점을 봤는데 "네 팔자에는 대학이 없다더라" 하고 점쟁이가 한 말을 내게 전했다. 그러나 점쟁이의 말은 오히려 내 안의 오기를 건드렸고, 나는 이를 악물고 더욱 악착같이 공부했다. 늦깎이 수험생이었던 나에게 대입 공부는 결코 쉽지 않았다. 그렇지만, 필사적인 노력 끝에 석 달 후 나는 팔자에 없던 대학에 합격한다. 그러고는 중얼거린다. "이 망할 놈의 점쟁이!"

다시 한번 팔자에 없는 트랜스폼!

남들에게는 쉬운 일처럼 보였던 '대학교 입학'을 나는 몇 년을 돌고 돌아서 그렇게나 어렵게 해낸 것이다. 더군다나 점쟁이의 말을 빌리면 '팔자에 없는 대학교'가 아닌가. 그렇지만 우여곡절을 겪으며 대학교를 무사히 졸업하고 나니 스스로에 대한 자신감이 하늘 끝까지 오르는 듯했다. 주위 사람들도 점쟁이도 팔자를 운운하며 안 될 거라던 상황에서 비로소 내 존재 자체를 증명해낸 첫 경험이었다.

그렇게 스스로에 대해 대견함과 기특함을 느낀 것도 잠시, 세상은 그리 호락호락하지 않았다. 대학교 졸업 이후 어렵게 취업해서 회사를 다니고 있을 무렵인 1997년, IMF가 터졌다. 회사는 내가 속한 서울 오피스 문을 닫기로 결정한다. 잘 다니던 회사의 일방적인 통보로 갑자기 백수가 되고 나니, 여전히 가족 살림을 도와야 하는 내 형편에 눈앞이 캄캄해졌다.

IMF 사태는 우리 회사에만 영향을 준 것이 아니었다. 온 나라 전체가 휘청였다. 정부는 우리나라는 '사람이 자원'이라면서 교육의 중요성을 강조했고, 범국민 교육 운동을 감행했다. 그런 취지에서 노동부의 '재취업 교육과정'과 정보통신부의 '신규 취업 교육과정'과 같은 다양한 교육 프로그램이 만들어졌고, 피교육자에게 취업장려금도 지원하기 시작했다. 하루아침에 백수가 되었지만, 나는 변화의 흐름에 간신히 한 발을 올려두고 또 한 번 '팔자에 없는' IT 영역으로 진입하는 데 성공한다.

자신감, 성과를 경험해야 하는 본질적인 이유

팔자에 없던 대학에 들어간 일이나 팔자에 없던 IT 분야로의 진입. 결코 만만치 않은 과제를 하나씩 성취해갈 때마다 이는 나에게 '자신감'이 되어 돌아와주었다. 이렇게 얻은 '자신감'은 코어 근육과 같아서 어려움이 닥쳐도 나는 쉽게 흔들리지 않을 수 있었고 내가 글로벌 IT No. 1 회사로 이직해서 지금의 포지션에 오기까지 한몫을 단단히 해주었다.

내 중심에 '자신감'이 한번 자리 잡고 나니 어렵고 까다로운 일을 만나더라도 이를 '성과를 낼 수 있는 기회'로 바라볼 수 있게 되었다. 이런 시각이 작은 실패들에 걸려 넘어지지 않고 끊임없이 용기를 내서 도전하여 성취할 수 있도록 해주는 발판이 되어주었고 그것은 다시, 더 큰 자신감으로 내게 돌아왔다.

시쳇말로 '잘나가는 사람들'을 보면 '원래부터' 잘났다고 생각하기 쉽다. 결코 그렇지만은 않을 것이다. 분명 겉에서는 보이지 않는 작은 경험들을 켜켜이 쌓아온 시간이 있었을 것이다. 가랑비처럼 쌓인 작은 성취가 모여서 '자신감'이라는 근육이 만들어지고 그 자신감이 결국 동력이 되어 점차 큰일을 해내는 것임을 알 수 있을 것이다. 흔히들 어려운 상황에 처한 사람에게 "자신감을 가져봐"라고 조언하지만, 내 경험에 따르면 가만히 앉아서 그 말만 되뇐다고 절대 자신감이라는 녀석은 생겨나지 않는다. 마음만 먹는 것으로는 절대 얻기 힘든 것이 바로 '자신감'이라는 세 글자다.

자신감이라는 근육은 오직 내가 뭔가를 변화시키기 위해서 의도적으로 시도하고, 그 시도들 중에 때로는 작게 또 때로는 크게 실패하고, 그 실패를 발판으로 나만의 성과를 만들어보는 경험에서 누적되어 발달한다. 운동선수들도 본 게임 전에 몸을 풀면서 최적의 근육 상태를 만들려면 '연습 게임'을 한다. 수많은 근육 중에 '자신감'이라는 근육은 더더욱 연습 게임이 중요한데, 말 그대로 몸을 풀고 연습하는 과정에서 느슨했던 근육에서 발가락의 미세한 근육까지도 그 운동에 맞춰 최적화되는 것과 같다.

자신감은, 더욱 유능한 사람으로 이끌어준다

회사든 학교든 내가 속해 있는 조직에서 나에게 주어지는 일들이 모두 내 입맛에 맞을 수는 없다. 때로는 하기 싫은 일도 맞닥뜨릴 것이고, 내 업무 범위를 넘어서는 일도 있을 것이다. 그러나 분명한 점은 그런 일들 가운데에도 나의 본 게임을 위한 연습 게임이 되어줄, 그로써 내 자신감을 한 차원 더 키워줄 수 있는 기회가 있다는 것이다.

오늘 나에게 주어진 일에 대해서 '내가 성과를 만들어갈 수 있는 연습 기회'라는 관점으로 바라보자. 그러면 더 강력한 동기가 생길 수 있고, 작든 크든 성과로부터 얻은 '자신감'이라는 근육은 우리를 더욱 유능한 사람으로 만드는 단초가 되어줄 것이다.

내 안의 꿈을 끌어내는 방법
– 나를 위한 셀프 워크숍 1

명확한 목표가 있고, 실행 계획이 필요하다면

'만다라트Mandal-Art'는 일본 디자이너인 이마이즈미 히로아키今泉浩晃가 개발한 발상 기법이다. 'manda(본질 · 깨달음)'와 'la(소유 · 성취)'와 'art(기술)'를 결합한 용어로, 궁극적으로 '목적을 달성하는 기술'을 의미한다. 내 꿈을 펼쳐서 위에서 내려다보듯 한눈에 조망할 수 있도록 시각화하는 방법인데, 시각화visualize를 마치고 나면 연꽃이 꽃잎을 만개한 것처럼 보인다고 해서 '연꽃연화법'이라고도 부른다. 자기만의 인생 미션과 꿈을 한눈에 쉽게 발견하고 정리할 수 있는 유용한 방법이다.

완성된 만다라트를 바라보면 '목적'이라는 전체적인 숲과 그것을 이루는 '방법'이라는 나무들이 한눈에 보인다. 숲을 조망하듯 큰 그림 차원에서 목적을 내려다보되, 하나의 맥락 안에서 모두 흐름을 가지고 연결되어 있는 구조이자, 나뭇가지 끝단 하나하나가 모여 거꾸로 큰 숲을 구성하는 형상이다.

만다라트를 채워갈 때 단계별로 중요한 포인트가 있다. 가장 먼저, 만다라트의 중심에는 자신이 지향하는 핵심 가치, 즉 '내 삶의 방향'이나 '내가 사는 이유'를 적는다. 그러고 나면 이 핵심 가치를 이루기 위한 계획을 도출하는 과정이 필요하다. 이때 중요한 것은 이 굵직한 목표들(목표 1 ~ 목표 8)은 반드시 나의 핵심 가치를 이루기 위한 방향성을 지녀야 한다. 그리고 굵직한 계획들이 다시 중심이 되어 각각의 목표 달성을 위해, 실행할 수 있는 단위의 액션아이템Action Item들을 도출한다.

나는 주로 만다라트를 내 꿈과 인생 미션을 구체화할 때 사용한다. 그렇지만 자신이 맡은 하나의 업무를 할 때나 일상생활처럼 다양한 범위에서 유용하게 활용할 수 있다. 명확한 계획이 있고, 액션 아이템이 필요한 일이라면 모두 적용이 가능하다.

만다라트와 꿈 멘토링

'만다라트' 프레임워크와의 인연은 5년 전으로 거슬러 올라간다. 국내에서 퍼실리테이션Facilitation의 대가인 이영숙 대표님의 강의를 들을 기회가 있었다. 그분 덕분에 평소에 관심이 많았던 퍼실리테이션과 만다라트에 대해서 깊이 알게 되었다.

만다라트에 대한 설명만 처음 들었을 때는 그냥 그런 '계획 세우기 툴' 중 하나라고 생각했다. 그러나 '만다라트'를 이용해 워크숍을 진행하고 수업을 마칠 즈음에는 그런 생각이 완전히 달라졌다. 중구난방으로 흩어져 있는 생각들을 큰 그림으로 조망할 수 있었기에 하나의 주제를 놓고 여러 아이디어를 쏟아내지만, 늘 일목요연하게 정리되는 놀라운 경험을 하게 된 것이다. 이렇게 나무가

	목표1			목표2			목표3	
			목표1	목표2	목표3			
	목표8		목표8	핵심 가치	목표4		목표4	
			목표7	목표6	목표5			
	목표7			목표6			목표5	

아닌 숲을 보듯 한 경험 덕분에 마치 사이다를 마신 듯 가슴이 뻥 뚫리는 느낌마저 들었다.

멘토링 수업 그리고 연꽃연화법

만다라트를 배우고 얼마 안 되어 코카콜라에서 후원하는 멘토링 프로그램에 여성 리더 커뮤니티의 일원으로 참여할 기회가 생겼다. 현재 대기업과 글로벌 기업에 다니는 여성 임원들이 2인 1조로 팀을 이루어서 2시간 동안 진행하는 방문 수업으로, '중학생들을 위한 꿈 멘토링' 프로그램이었다. 이 멘토링의 목적은 중학생이 자기 꿈에 대해 실질적으로 생각해보게 하는 것이었다.

주최 측의 의도는 '그저 막연한 이야기' 말고, 현장에서 일하고 있는 멘토들이 실제로 겪어왔고 지금도 겪고 있는 '리얼한 이야기'를 있는 그대로 생생하게 들려주는 것으로, 우리 아이들이 모든 가능성을 열고 꿈꾸도록 이끌겠다는 것이었다.

우리 팀은 먼저, 우리에게 주어진 미션을 명확하게 인지하고, 꿈 멘토링을 위해 사전 미팅을 했다. 아이들이 실제로 각자의 꿈에 대해서 스스로 생각해보고 직접 구체화해가는 시간을 갖도록 하는 방향으로 수업 디자인을 함께 해나갔다.

첫 시간은 멘토 두 사람이 자기 이야기를 들려주는 시간으로 구성했다. 첫 시간을 위해서 각자 회사에서 맡고 있는 역할과 그동안의 좌충우돌 경험들을 간략히 공유한 후 중학생들의 눈높이에 맞추면 되므로 그건 그리 어려운 일이 아니었다. 게다가 내 파트너도 나도 외부 멘토링이나 주니어 대상 직무 강의 경험이 있었다.

중학생들이 자기 꿈을 직접 그려보는 워크숍 형태의 실습 시간이 문제였다. 도대체 어디서부터 어떻게 준비해야 할지 막막했다. 실습이 막막했던 이유가 여럿 있었다. 우선 학생들이 짧은 시간에 배워서 바로 써먹을 수 있어야 했기에 쉬워야 했다. 학생들이 그룹을 지어서 실습하기에도 적합한 툴이면 좋겠고, 마지막으로 이 시간을 통해서 학생들이 직관적으로 자신의 인생이라는 숲을 한눈에 조망할 수 있기를 바랐다.

이런 고민이 깊어질 때 즈음, 마침 이 워크숍을 먼저 끝낸 후배이자 퍼실리테이션을 같이 배웠던 후배가 '만다라트' 프레임워크를 추천해주자 나는 순간 박수를 쳤다. 단 1초의 머뭇거림 없이 나와 같은 팀을 이룬 다른 멘토님께 이 방법을 제안하니, 우리가 희망하는 조건들에 딱 부합하는 프레임워크라는 데 동의를 해주었다. 중학생 아이들의 머릿속에 우후죽순, 그야말로 산발적으로 피어나는 꿈들을 쉬우면서도 체계적이고 직관적으로 정리해줄 수 있겠다는 피드백이었다.

중학생들도 따라 하기 쉬운 만다라트로 수업을 구성한 덕분에 우리 팀의 멘토링은 성공적이었다. 멘토들이 학생들에게 일방적으로 들려주는 수업이 아니고, 학생들이 자기 꿈과 그 꿈을 이루기 위한 큰 계획을 직접 설계하고 지금 자신이 당장 실천할 수 있는 일들을 직접 채워 넣었다. 앞으로 펼쳐질 자기 인생을 그려보고, 그것을 친구들과 공유하는 시간을 가질 수 있었던 덕분에, 수업시간 내내 웃음소리와 함께 진행될 수 있었다. 수업 말미에 짧게나마 아이들의 피드백을 접할 수 있었는데 '재밌는 경험이었다' '꿈, 낯설지만 행복한 시간이었다'는 리얼한 피드백을 받고, 벅찬 가슴을 안고 돌아왔다.

내 안의 나를 발견하는
셀프 워크숍 Self Workshop

처음 만다라트를 접했을 때만 해도 반신반의했지만, 중학생 대상 '꿈 찾기 멘토링'을 하면서 나는 '만다라트'의 효용을 확신했고, 완전한 팬이 되어버렸다. 그 이후, 나도 1년에 한두 번씩 만다라트를 이용한 스스로의 워크숍을 통해서 내 꿈을 피워내고 있다.

'내 안의 나를 발견하는 셀프 워크숍'은 대체로 혼자서, 어떨 때는 지인들(많으면 7~8명, 적으면 2명)과 함께 하기도 한다. 혼자일 때는 오롯이 혼자만의 시간을 가져야 좋고, 지인들과 함께할 때는 서로의 목표와 삶의 지향점을 공유할 수 있어서 또 좋다.

만다라트 워크숍은 여기서 끝나지 않고 점차 진화했다. 주니어들을 대상으로 하는 멘토링, 독서 모임에서의 아이스브레이킹, 차세대 여성 리더들의 전략 플래닝, 파트너사 영업들을 대상으로 하는 교육에 이르기까지 다양한 사람의 각기 다른 목적에도 적용되었다. 그 응용 범위가 실로 넓고 매번 활용에 적절해서 놀라곤 한다.

대상과 내용에 따라 조금 다르게 진행한 부분도 있지만, 만다라트를 활용한 워크숍에 참여한 사람들의 반응은 대부분 긍정적이었다. "신기하네요! 이 프레임워크가 마중물이 되어서 내 안의 생각들을 마술처럼 끌어내줘요." "생각나는 대로 그냥 펼쳐놓았을 뿐인데 나도 모르게 어지러운 생각들이 체계적으로 정리되는 느낌이에요!" "생각지도 못했던 내 꿈 지도가 생겼어요. 내 인생의 큰 그림은 처음!" 등 표현은 조금씩 달라도 '내 안의 나'를 발견하는 기쁨에 참여한 사람들의 얼굴에 하나같이 화색이 돌았다.

인생에서 길을 잃지 않으려면

어떤 일을 할 때 길을 잃지 않으려면 나무 한 그루에 해당하는 그 일만 보지 말고 그 나무를 포함하고 있는 숲을 보라는 이야기를 한다. 여기서 숲은 곧 내 안의 꿈이지 않을까! 이 꿈이 명확해야만 내 인생에서 벌어지는 각양각색의 일들 사이에서 길을 잃지 않을 수 있다. 그래서 내 안에 꿈을 주기적으로 끌어내는 작업은 굉장히 중요하다. 그래야만 숲의 곳곳에 등불을 매단 듯 더욱 선명한 인생 지도를 만들어갈 수 있다. 그 지도가 선명해질수록 내가 나아갈 길도 구체화해나갈 수 있기 때문이다.

꼭 만다라트가 아니어도 좋다. 내 안의 꿈을 끌어내는 툴이야 여러 가지가 있다. 평소 알고 있던 다른 툴을 활용하는 것도 좋고, 그마저 귀찮으면 그냥 노트에 적기만 해도 좋다. 중요한 것은 '나를 위한 워크숍' 즉 내 꿈을 구체화하는 시간을 스스로 갖는다는 자체다. 내 안에서 꿈틀거리는 것을 들여다보고 탐구하는 시간이 정말로 중요하다.

복잡해져가는 세상 속에, 우리 앞에 주어진 일들도 나날이 복잡해진다. 중요한 것은 이런 다양한 혼란과 혼재 속에서 자기 자신을 위한 시간을 갖고, 나를 위한 워크숍을 하는 것이 도움이 된다는 것이다. 이 시간은 분명 나의 정체성을 단단히 해주고 '나다움'을 찾아가는 시간이 될 것이다.

그 꿈을 선명하게 다듬는 방법
– 나를 위한 셀프 워크숍 2

'책 쓰기'의 시작은
자기 발견 워크숍Self Discovery Workshop

고백하건대 이 책 또한 '나를 위한 워크숍'에서 출발했다고 해도 과언이 아니다. 나는 마이크로소프트Microsoft에서 나름대로 중책을 맡고 있지만, 그보다 더욱 본질적으로 나를 표현할 수 있는 언어를 갖고 싶었다. 그것은 나의 아이덴티티를 단단히 뿌리내리기 위한 내면의 긴급한 요청이었다.

앞에서도 얘기했지만, 나는 1년에 최소 한 번 이상 내 꿈이 펼쳐지는 시간을 갖는다. 주로 만다라트라는 툴을 활용하지만, 때로는 마인드맵이나 비주얼 씽킹을 이용하기도 한다. 도구가 무엇이든 중요한 점은 '나를 위한 워크숍'을 잊지 않고 의식처럼 주기적으로 갖는다는 점이다. 특히 이 책을 준비하는 동안에는 의도적으로 '자기 발견 워크숍 Self Discovery Workshop'이라 이름 붙인 시간을 집중적으로 가졌다. 지금 돌아보면 처음 시작은 꼭 책을 쓰겠다는 의도가 아니었지만, 실제로 그 시간이 내 안에 잠들어 있던 꿈들과 그 꿈을 이뤄줄 잠재력이라는 세포들을 깨워주는 데 한몫했다는 확신이다.

내 인생의 핵심 가치는 '기여'

'나를 위한 워크숍'을 시작했던 첫날을 나는 똑똑히 기억한다.

만다라트 프레임워크가 그려진 종이를 한 장 놓고는 책상 앞에 앉아서 곰곰 생각에 잠겼다. 종이 한가운데에 써놓은 두 글자를 뚫어져라 바라보노라니, 문득 마흔의 어느 날 '마티네' 커뮤니티를 만나서 엄청나게 신선한 충격을 받은 날이 떠올랐다.

대기업 여성 차장, 부장급 30여 명이 '차세대 여성 리더십'을 배우겠다는 명분으로 주말, 이른 아침부터 모였다. 이윽고 이영숙 대표님이 나오셔서 '마티네'라는 이름으로 '차세대 여성리더십 프로그램'을 만들게 된 배경과 취지 그리고 커리큘럼에 대해서 차분하게 설명하기 시작했다. 사회생활을 먼저 시작했고 다양한 경험을 선행했던 선배로서, 그때는 몰랐으나 지금은 알게 된 경험과 노하우를 후배들과 공유하여 그들의 성장을 돕기 위해서 이 프로그램을 만들었다는 설명이었다.

이 프로그램은 1년 동안 한 달에 한 번씩 주말 오전 3~4시간 동안 진행됐는데, 얼핏 시중에 비슷하게 차고 넘치는 프로그램들과 크게 달라 보이지 않았다. 그러나 그의 차분한 목소리와 유연한 몸짓에 소름이 돋아나는 느낌을 받았다. 단지 선배라는 이유로, 먼저 어렵게 경험했다는 이유로 후배들에게 노하우를 공유하려고 이 프로그램을 만들고 1년이라는 긴 기간 동안 주말 수업을 자처했다는 이야기를 듣고는 쉽게 믿어지지 않았고, 그래서 내 귀를 의심했다.

왜냐하면 이 프로그램을 진행하는 당사자 입장에서는 어렵게 배우고 터득한 노하우를 퍼주기만 하고 정작 얻어갈 게 없어 보였기 때문이다. 순간 내 마음이 시끄러워졌다. 한쪽에서는 '그래! 그럴 수도 있지. 정말 훌륭하신 분이다!' 하는 생각이 들면서 다른 한쪽에서는 '말도 안 돼! 그럴 리가 없잖아!' 하는 생각이 동시에 떠들어대기 시작한 것이다.

3시간여 수업이 진행되는 동안 그에게서 강한 에너지를 느낄 수 있었고, 수업이 마무리될 즈음에는 시끄러웠던 마음은 사라지고 어느새 무한한 존경으로 바뀌어 있었다. 처음 본 그날, 강단에 서 있는 그녀에게서 후광이 비치는 듯했고, 이어지는 그녀의 이야기는 프란츠 카프카Franz Kafka의 도끼처럼 내 머리를 내려치는 듯했다.

마음 깊이 묵직한 쩌릿함이 느껴졌고 '나도 저렇게 살고 싶다!'는 생각이 강하게 몰려들었다. 벌써 10년이 지난 지금까지도 나는 그 순간을 잊을 수가 없다. 그날 이후 밖으로만 돌던 내 시야는 조금씩 내 안으로 향했고, 서서히 나 자신의 인생을 바라보게 됐다. 그렇게 나의 인생 키워드가 태어났고 그게 바로 '기여'다!

'기여'라고 하면 흔히들 '큰돈 기부'나 '매일 봉사' 같은 거창한 일을 떠올리지만, 나는 기여에 내 나름의 의미를 구체화했다. 나에게 기여란 '나를 바로 세움으로써 누군가에게 도움이 될 수 있는 삶을 사는 것'이다. 그날 후광이 비치는 듯했던 이영숙 대표님의 모습처럼 말이다. 내 삶의 비전, 즉 핵심 가치가 명확해지니까 비로소 그것을 위한 출발점에 제대로 설 수 있었다. **오늘 하루를 잘 살아내야 하는 이유, 내가 계속 성장해야 하는 이유, 워크는 물론 라이프까지 나의 모든 일을 더 의미 있게 해나가야 하는 이유까지, 새로운 우주를 기준으로 모두 재정렬되는 느낌이었다.**

이렇게 '기여'라는 두 글자는 내 인생을 조망할 때면 언제나 만다라트의 정중앙에 굳건히 자리 잡게 되었다. 때로는 혼자 또 때로는 지인들과 함께하는 '나를 위한 워크숍'은 나의 핵심 가치를 실현하기 위해서 내 안의 깊숙한 곳에서 도약할 준비를 하고 있는 낯선 나를 발견하게 해줬다. 이 시간은 의식과도 같았고 깊이를 알 수 없는 내 안의 우물을 끌어올리는 마중물이 되어 펌핑, 끌어올려주는 촉매가 되어주었다.

만다라트를 쉽게 작성하는 나만의 방법

만다라트 프레임워크를 눈앞에 놓고는 어디서부터 어떻게 시작해야 할지 막막했다. 다행히도 마흔 이후 내 인생의 핵심 가치가 명확해졌는데도 그 가치를 이루기 위한 굵직한 목표들을 나열하고, 또 그 목표들을 달성하기 위한 세부 태스크Task들을 만들어내는 과정은 역시나 처음에는 낯설기만 했다.

부담을 잠깐 덜고자 책상 위에 펼쳐진 만다라트 프레임을 치우고, 그 대신 깨끗한 A4 용지를 올려놓았다. 그러고는 마치 이력서를 써 내려가듯 연도별로 내가 한 일들을 하나씩 나열해봤는데 줄줄 적어가다 보니 워크와 라이프가 뒤섞여 뒤죽박죽이 되었다. 그것으로는 도무지 뭔가 일관된 방향성을 찾아내기가 어려워졌다.

'이대로는 안 되겠다!' 싶어서 다시 한 장을 꺼내 이번에는 절반을 접어서 투 트랙Two Track을 만들었고, 한쪽에는 '워크Work' 다른 한쪽에는 '라이프Life'라 적고 다시 시작했다. 투 트랙으로 나누어진 종이에 연도별로 키워드를 써 내려가기 시작했다. '워크'와 '라이프'로 나눈 각 영역별로 수많은 키워드가 나열되었고, 어느 순간 빽빽해진 종이를 발견할 수 있었다. 눈에 띄게 반복되는 키워드들이 등장했고 같은 종류끼리 동그라미, 세모, 그리고 밑줄 등으로 분류했더니 교집합이 되는 키워드들이 한눈에 들어왔다. 나만의 연대기를 통해서 나의 아이덴티티Identity가 조금씩 보이기 시작했다.

나열된 키워드들 그리고 나름의 분류들은 내 아이덴티티를 보여주듯 자체 발광했고, 워크숍을 통해서 섬광처럼 내게 들어온 키워드들은 이날로 내 안의 별이 되었다. 다른 누구도 아닌 '김성미다움'을 만들어준 키워드들로, 나다움을 잃지 않도록 지켜주는 거점들이 되어주었다.

워크Work 측면의 거점들—자바Java 강사로 IT 커리어를 시작했던 일, 손 들고 세일즈 직군으로 트랜스폼Transform 한 일, 그리고 라이프Life 측면의 거점들—맞벌이 상황에 맞게 아이들을 케어했던 일, 바쁜 중에 상가 주택을 지어 입주했던 일까지 일목요연하게 정리되었다.

중요한 것은, 이 과정에서 '일이 되는 구조'를 고민하고 지속적으로 업그레이드해나갔다는 측면이다. 새로운 시도를 한다는 것도 물론 중요하지만 이 과정에 '일이 될 수밖에 없는 구조'를 만들어나가는 게 주효했다. 나는 이러한 시도 과정에서 자연스럽게 '성공구조 전문가'로 진화해나갈 수 있었다.

돌아보면 나도 처음부터 '구조'를 운운하지는 못했다. 몇 차례 언급했지만 처음에는 '그저 열심히' 뛰었고 따라서 어떤 때는 되고, 어떤 때는 되지 않아 좌절도 많이 했다. 그러나 좀 더 숲을 보려는 관점으로 객관화했고 레슨런Lessoned & Learned을 정리하고 그것을 다시 적용해보면서 배우기를 거듭했다. 그러면서 나도 모르게 진화해온 것이고, 이 시간도 나는 진화하는 중이다.

점점 선명해지는 폴라로이드 사진처럼
점점 선명해지는 나의 꿈

물론 아무리 좋은 프레임워크도 한 번에 모든 것을 완성해 낼 수는 없다. 게다가 내 인생이라는 큰 지도를 그려내는 일인데 단번에 완성되지 않는 게 당연하다. 하지만 나만의 방식으로 내 안을 들여다보는 시간과 워크숍을 시도하다 보면 내 인생이 점점 선명하게 다가온다는 것을 깨달을 수 있다.

이 시간은 마치 폴라로이드 사진을 찍는 과정과 비슷하다. 내가 끌리는 것, 내가 담고 싶은 것을 분명 찍었는데, 처음 필름 위로 보이는 것이라고는 그저 뿌옇고 흐릿한 화면뿐이다. 그렇지만 시간이 지나면서 필름에 공기가 닿으면서 처음 희뿌옇기만 했던 사진은 점차 제 빛깔을 찾아가기 시작하고, 시간이 지나면서 비로소 형체와 색상이 선명해질 수 있기 때문이다. 나를 위한 워크숍은 내 인생을 선명하게 하는 시간이다.

'나만의 언어'로
가치관을 정립하라

가치관
: 내가 현재 내 위치에 있는 이유

브레네 브라운Brene Brown은 《리더의 용기》에서 '가치관'에 대해 중요한 이야기를 했다. 브라운은 "가치관은 우리가 존재와 믿음에서 가장 중요하게 생각하는 방향"이라고 말하면서 다음과 같이 덧붙인다.

"가치관을 명확히 모르는 데다 우리에게 나아갈 방향을 알려주는 이정표가 없다면, 다시 말해서 우리에게 현재 위치에 있는 이유를 되살려주는 빛이 머리 위에서 반짝이지 않는다면, 우리는 냉소주의자와 평론가에게 굴복하기 십상이다."

또한 우리를 경기장 입구까지 인도하는 것은 대체로 가치관이다. 우리는 개인적인 믿음 때문에 거북하지만 대담한 행동을 기꺼이 시도한다. 경기장에서 비틀거리거나, 특히 흙먼지와 땀과 피로 뒤범벅된 채 엎드려 쓰러질 때 '우리에게 경기장에 들어섰던 이유'를 되살려주려면 가치관이 필요하다고 덧붙인다.

브라운의 '가치관' 이야기는 사회생활 내내 '앞'만 보고 미친 듯이 달려온 나에게 언제부터인가 강한 울림으로 다가왔다. '내 가치관은 무엇일까?', '나는 어떤 가치관으로 살아온 것일까?' 이런 질문들을 마음속에 품기 시작한 뒤로, 나는 이에 대한 나만의 답을 찾는 데 골몰했다.

나는 왜 책을 쓰고 싶은가?

나에게 '가치관'이란 오랫동안 어두운 밤바다, 저 멀리 어딘가에서 비춰오는 등대의 불빛처럼 희미하고 손에 잡히지 않는 것이었다. 고백하건대 이렇게 희미하고 손에 잡히지 않기에, 뭔가 가슴 저 깊은 곳에서 그저 꿈틀거릴 뿐 명확하게 내 것이라 논하기 어려웠던 '나의 가치관'은 내가 '책 쓰기'를 시작하면서 점차 다듬어졌다.

처음으로 책을 써보고 싶다는 마음이 들었던 것은 꽤 오래전 일이다. 지금으로부터 10여 년 전 마이크로소프트에 입사하고 얼마 되지 않은 어느 날, 친하게 지내던 동갑내기 동기에게 이렇게 제안했다. "재환아, 우리 책 한번 만들어보지 않을래? 우리는 맨날 상품 이야기만 하는데, 기능에 대해서만 얘기하면 재미가 없잖아! 상품을 소개하더라도 조금 더 생생한 이야기를 담아서 책으로 만들어보면 재미있지 않을까?"

동갑내기 친구는 두서없는 내 제안을 흔쾌히 받아들였고, 같이 무언가를 써보기로 마음을 모았다. 그러나 책을 쓴다는 것은 말처럼 쉬운 일이 아니었다. 동기와 나는 각자의 업무에 치여 한동안 책 쓰는 일을 잊고 지냈다. 아무런 진척은 없지만 책을 쓰겠다는 막연한 다짐은 그때 이후 지금까지 사라지지 않고 마음속 깊이 작은 씨앗으로 남겨졌다. 그러나 그 씨앗은 좀처럼 자라지는 않았다. 싹을 피우는 데 필요한 양분과 물을 충분히 주지 못했기 때문이다.

몇 년이 흐른 어느 날, 한국IBM에 다니던 후배에게 함께 책을 쓰자고 다시 제안을 했다. 책 한 권을 나 혼자서 온전히 써낸다는 것은 너무 벅찬 일이라 그 무게를 덜고 싶은 마음이 컸던 모양이다. 마침 어느 기관에서 책 쓰기 세미나가 열린다기에 이를 덥석 신청해두고는 후배와 함께 참석했다. 미리 예약까지 해둔 선배의 성의를 보고 그 자리에 같이 참석했던 후배는 세미나가 끝난 후에, 아직 마음의 준비가 되지 않았다면서 응원의 메시지만을 남기고 떠나버렸다.

다시 막막해졌다. 당연했다. 혼자서는 책을 쓸 엄두가 나지 않았을뿐더러, 마음만 앞섰지 실은 쓰고 읽는 연습도 전혀 되어 있지 않았다. 더군다나 책 쓰기를 위한 마음가짐도 제대로 갖추지 못했던 터라 한 권의 책을 쓴다는 엄청난 무게와 어려움을 똑바로 알 리가 만무했다. 그렇지만 한 번 생긴 '씨앗'은 좀처럼 사라지지도 않았다. 언제부턴가 마음 깊은 곳에서 움트기 시작한 나의 씨앗 '책 쓰기'는 그렇게 꾸준하게 설익은 잎사귀를 삐죽삐죽 드러내곤 했다.

기·승·전·'나다움'

몇 년이 지나도 내 다짐은 변함없었다. 어떤 책을 쓰게 될지도 모르는 채로 그 다짐은 이어졌다. 연말이나 연초에 새로운 결심을 나누는 자리가 주어지면 사람들 앞에서 그 의지를 당당히 드러내곤 했다. 한 해를 마무리할 때면 어김없이 스스로 "내년에는 기필코 책을 쓰리라"는 다짐을 되새겼다.

물론 두 손을 놓고 마음속으로만 염원해온 것은 아니다. '자신이 제일 잘하는 일 중에서 책의 주제를 발견하라'는 조언에 따라, 나는 'B2B 세일즈'를 주제로 잡고서 평소 책 쓰기에 관심이 있는 친구와 의지를 모으기도 했다. 국내 금융권 대기업에서 B2B 세일즈를 아주 잘하는 친구였지만, 역시 각자의 사정으로 인해 별 진도를 나가지는 못했다.

그러던 어느 날, 나는 스스로 물었다. '내가 정말로 하고 싶은 이야기가 있는가? 있다면 그 이야기가 무엇인가?' '출판이라는 레드오션 영역에서 과연 내가 책을 써야 할 이유는 무엇인가?' '꼭 '나'이기 때문에 세상에 전할 수 있는 메시지를 과연 나는 가지고 있는가?' 남들의 시선이 아닌 나 스스로 납득이 되는 '내가 꼭 책을 써야 하는 이유'를 찾기 위한 치열한 과정이 이어졌고, 자기만족이 아닌, 내 책이 세상에 나와서 무슨 기여를 할 수 있을지 치열하게 고민했다.

고민은 오랫동안 계속되었지만 '써내야 한다'는 염원만 클 뿐, 마음속 깊이 스스로 납득되는 이유는 시간이 오래 지나도록 여전히 명확하지 못했다. 그러다 보니 그저 내가 해온 일이 영업 일이니까 영업 이야기를 써보자고 결심한 것이다. 그게 벌써 3년 전 일이다. '인생이 세일즈'라는 가제목을 뽑고 글을 쓰기 시작했고 글자 수는 쌓여갔지만 워낙 중구난방으로 맥락 없이 써 내려가는 통에 양적인 진전은 있는지 몰라도 질적인 진전이 없다는 느낌이 지배적이었다. 책 쓰는 일은 생각보다 난해하고 어려운 작업이었다.

책 쓰기에 집중할 시간과 공간이 필요했기에 주말이면 어김없이 국립중앙도서관 혹은 카페 등 나만의 아지트를 찾았다. 주말 도서관 오픈 시간에 입장해서 도서관 문이 닫힐 때 나오기를 반복했다. 운이 좋으면 하루에 두어 편을 썼는데, 이런 날이면 대어라도 낡은 듯 뿌듯했다. 그렇지만 그 또한 큰 맥락이 없기는 매한가지였고 뭐랄까, 쓰면 쓸수록 길을 잃어가는 느낌이었다.

물리적인 글의 양은 쌓여갔지만 '과연 방향을 잘 잡고 쓰고 있는 걸까?' 하는 의구심이 쉴 새 없이 찾아왔고, 도무지 어디로, 어떻게, 무엇을 써 내려가야 하는지 명확하게 알 수가 없었다. '내가 과연 책을 쓸 만한 사람이기는 한가?' 하는 근본적 질문을 스스로에게 끊임없이 던지면서도 지난 3년간, 주말이면 어김없이 도서관이나 카페 혹은 텅 빈 사무실로 향했고 무슨 의식이라도 치르는 사람처럼 읽고 쓰기를 지속했다.

'책 쓰기'를 결심한 첫해에는 'B2B 세일즈'와 관련된 책들을 닥치는 대로 읽고 옮겨 적거나 쓰기를 계속했다. 그저 읽기만 한 것이 아니라, 대학원생이 논문을 쓰듯이 다양한 자료를 빼곡하게 정리해나가면서 읽었다. 그렇게 시작한 독서는 자기계발서로 확장됐으며, 1년간 대략 50여 권씩 꼼꼼하게 읽어나갔다. 딱히 방향을 잡지 못하고 이렇게 우왕좌왕하는 중에도 읽고 쓰기는 멈추지 않았다.

이 과정에서 많은 생각이 들었다. 어쩌면 나는 읽고 쓰는 데 타고난 재주가 전혀 없는데 '염원'이라는 미명하에 무모한 일에 무작정 달려든 것은 아닐까, 그러니 모두 그만두고 내가 잘하는 일을 하면서 즐겁게 지내는 게 더 낫지 않을까 하는 생각에 휩싸이기를 수도 없이 거듭했다.

그럼에도 불구하고 이미 무언가에 홀려, 내 가슴속에 싹 트기 시작한 작은 씨앗은 '그저 숨쉬기'를 멈추지 못했다. 그러던 어느 날, 드디어 내가 정말로 하고 싶은 이야기의 윤곽이 조금씩 잡혀가기 시작했다.

결국 돌아 돌아 다다른 지점은 지난 30년간 내가 살아온, 즉 커리어를 만들어온 좌충우돌한 성공과 실패의 경험들, 그 과정에서 내가 머리와 가슴으로 배운 레슨런들로 돌아온 것이다. 때로는 작게, 또 때로는 크게 더 성취Achieve More해내면서 지금까지 성장해온 나만의 리얼한 이야기를 담고 싶어졌다.

결국은 '나'로 돌아오니 모든 게 제자리를 찾은 듯 자연스러워졌다. 돌아보면 이 모든 날이 온몸에 불필요하게 잔뜩 들어가 있던 힘을 빼고 본연으로 돌아오는 데 필요한 시간과 과정이지 않았을까? 하는 생각이 든다. 그제야 나는 내 작은 씨앗에 비로소 이름을 붙일 수 있었고, 내 머리와 가슴으로 납득이 되는 '내가 글을 써야 하는 이유'를 찾을 수 있었다.

책 쓰기, 나를 증명해내는 시간!

이전보다는 글 쓰는 이유가 명확해졌고, 막연함이 줄어든 상태였다. 그렇지만, 비슷한 시기에 '책 쓰기'에 같이 도전한 지인들은 무리 없이 잘 해나가는 것 같아서 스스로 비교되기 일쑤였다.

'일단 쓰고 보자'는 생각으로 매일 조금씩이라도 쓰는 연습을 했건만, 글이 안 써지는 날이 더 많았다. 마치 만원 지하철에서 옴짝달싹 못 하는 사람처럼 글에 진전이 없었고, 암담한 마음으로 잠을 청하는 날이 이어졌다. 그런 날이면 여지없이 잠에서 벌떡 깨어나기를 반복했고 까만 밤을 하얗게 지새우곤 했다.

직장인 신분으로 업무 외의 영역에서 성과를 낸다는 것은 의지만으로 되는 게 아님을 깨달아가는 시간이 이어졌다. 모든 일이 마찬가지겠지만, 책을 쓴다는 것은 의욕만으로 마칠 수 없는 일이었다. 업무나 개인적인 목표에서는 성과를 곧잘 내는 편인데, 책 쓰기 작업은 왜 이렇게 더딘 것인지 답답한 마음에 스스로 셀 수 없이 자문했었다.

돌아보면 맹목적으로 읽고 쓰기를 반복하면서 스스로에 물었던 이 무수했던 시간이 결국 '내가 글을 써야 하는 이유'라는 명분으로 나 스스로에 대한 성찰의 시간이 되어주었다. 그러고도 한참을 더 읽고 쓰고 그리고 좌절하기를 반복한 지금, 이 원고를 쓰는 이 시점에서야 비로소 그 이유가 분명해졌다.

그 3년의 시간이 내게는 '나 자신의 존재를 증명해내는 시간'이었던 것이다. 그동안 경주마처럼 앞만 보고 달려오느라 하마터면 희미해질 뻔한 '내 본질을 다시 발견하고 나를 증명해내는 분투의 시간'이었던 것이다.

브레네 브라운은 "가치관은 우리가 존재와 믿음에서 가장 중요하게 생각하는 방향"이라 말한다. 가치관이 우리가 나아갈 방향을 알려주는 이정표이자 현재의 위치에 있는 이유를 되살려주는 빛이라 비유한 것이다.

코로나로 온 세상의 문이 닫혔던 그 긴 시간 동안 퇴근 후 그리고 주말은 온전히 읽기와 쓰기의 시간이었다. 결코 녹록지 않았지만 나를 '책 쓰기'라는 경기장 입구까지 인도하고, 그 경기장에서 좌절할 때마다 내가 그곳에 들어선 이유를 꾸준히 일깨우면서 그 시간을 꾸준히 지켜온 것은 곧 내 신념이자 가치관이었던 것이다.

처음 의욕만 가지고 시작했던 그때는 몰랐지만 '경건한 의식'과도 같은 3년의 시간을 버틸 수 있었던 힘이 가치관이었다는 해답을 책《리더의 용기》에서 찾을 수 있었다.

책 쓰기는 '나의 가치관'

나를 경기장 입구까지 인도한 것은 나의 가치관이었다. 이것은 경기장에서 비틀거리거나 특히 흙먼지, 땀 그리고 피로 뒤범벅된 채 엎드려 쓰러질 때 내가 경기장에 들어섰던 이유를 되살려주는 나의 신념과도 같은 가치관 말이다.

'전문가'가 되겠다며 '책 쓰기'라는 운동장에 발을 들인 것을 시작으로 좌충우돌 3년을 보내고 어렴풋하지만 비로소 납득이 된 한

가지가 있다.

　나를 바로 세움으로써 누군가에게 기여가 될 수 있는 삶, 글쓰기는 나를 바로 세우는 일이었다. 이 과정을 통해서 한 발짝 성장한 내 모습이, 누군가에게 작은 기여가 될 수 있다면 더 바랄 나위가 없겠다.

07

본캐와 부캐로 걸어가는
'인생 투 트랙Two Track'

인생 투 트랙

'IT 업계의 여성 세일즈'라는 조금은 독특한 경력 덕분에 회사나 지인, 혹은 외부 커뮤니티를 통해 이따금 강연 요청이 들어오곤 한다. 지금으로부터 8년 전, 마이크로소프트에 입사하고 처음 직무를 전환했을 때 졸업을 앞둔 대학생들을 대상으로 '직무' 관련 특강을 한 적이 있다.

어릴 적 내가 그랬듯, 전공을 불문하고 글로벌 IT 회사에서 일하는 게 많은 대학생의 로망이라는 것을 알기에 신중한 마음으로 특강 준비에 임했다. IT 기업에서의 영업대표라면 학생들이 '나랑은 먼 이야기' 혹은 '가까이 하기엔 너무 먼 당신'이라고 생각하기 쉬

22   어치브 모어

울 것 같아서 조금은 낯선 직무에 대한 이해를 돕고자 나의 주니어 시절 커리어부터 차근차근 이야기를 꺼내기로 했다.

특강자료 첫 장에 '인생 투 트랙을 준비하라'는 제목을 큼지막 하게 쓰고, 화면을 슬라이드 모드로 전환했다. 먼저 나의 '일Work' 을 첫 번째 트랙으로 시작하고, 이어서 내가 어떻게 나만의 '라이 프Life'라는 두 번째 트랙을 구축했는지를 이야기하고, 다음으로 이 라이프가 내 일을 어떻게 도우면서, 어떻게 서로 조화롭게 상생하 고 있는지를 이야기하는 흐름으로 스토리를 잡았다. 당시만 해도 '본캐'니 '부캐'니 하는 개념이 그리 유행하지 않던 시절이었다.

그때의 나는, 좋은 성과를 올리며 아주 잘 다니고 있던 글로벌 IT 회사를 나와서 마이크로소프트Microsoft로 이직했는데, 입사 직후에 나 혼자서 할 수 있는 일이 매우 한정적이라는 현실을 깨닫고는 좌 절감에 빠져 있었다. 이런 상황에서 지푸라기라도 잡는 심정으로 도전하기 시작했던 나만의 '인생 투 트랙Two Track'의 경험을 공유 하고자 했던 것이다.

나에게 '인생 투 트랙'이란, 본캐와 부캐를 적절히 활용해서 사 회생활을 현명하게 영위하는 것을 가리킨다. 4장에서 얘기했듯이 내 '인생 투 트랙'의 시작은 그리 멋지거나 거창하지 않았다. 마이 크로소프트 입사 직전 회사에서는 하늘 높은 줄 모르고 고공행진 하던 영업성과 덕분에 자신감이 충만해 있었다. 그러다가 이직하 면서 '회사는 내가 없어도 잘만 돌아간다'는 사실을 알게 되어서 적잖이 당황했다. 좌절감으로 자신감까지 떨어지고 바닥으로 꺼지는 듯한 기분이 들 무렵, 이 무기력에서 빠져나와야 한다는 간절함으로 시작하게 된 것이다.

이 회사로 입사해서는 기존 회사에서와는 달리, 내 뜻대로 되는 게 거의 없는 현실을 대하며 극도로 불안해진 마음에서 살아남기 위해 시작했을 뿐이다. 그러나 '인생 투 트랙'을 통해서 작은 성공 레코드들이 하나둘 쌓여가니까 스스로 '나도 썩 괜찮은 사람이구나!'라는 생각이 다시 들었고, 그 마음이 내게 위로가 되었고 용기로 발전되면서 내 정신을 제대로 붙잡을 수 있게 되었다.

이 특강을 할 때만 해도 '이제는 전부 극복했노라'는 심정이었지만, 그 뒤로도 만족스러운 '인생 투 트랙'을 만들어가는 과정이 쉽지만은 않았다. 그러나 이런 '고군분투'는 매일, 각자의 위치에서 산전수전 공중전을 치르고 있는 대한민국의 모든 직장인, 조직에 속한 사람들이라면 아마도 공감되는 부분일 것이다.

인생 투 트랙을 현명하게 준비하는 방법

최근 몇 년간 꾸준하게 자리 잡고 있는 트렌드 중 하나가 '본캐'와 '부캐' 그리고 '멀티 페르소나'에 관한 것이다. 이 트렌드를 내 방식으로 표현하자면 '인생 멀티 트랙Multi Track'쯤 되지 않을까? 실제로 많은 미래학자와 각 분야의 전문가들이 입을 모아서 "하나의 직업으로 살아가는 시대는 끝났다"라고 말하고 있다.

그야말로 '나'라는 한 사람이 '본캐'와 '부캐'로 나뉘어 그 역할들이 서로 상생하며 살아가야 하는 세상이 된 것이다. 나 역시 '인생 투 트랙'의 시대가 이미 코앞까지 닥쳐 있다는 것을 피부로 느낀다. 이 과도기가 모두에게 중요한 시기임에 틀림없다. 각종 채널과 매체가 다양해지고, 그 위에서 쏟아지는 콘텐츠들이 이 현상을 가속시켜 머릿속이 어지럽다. 모두가 약속이라도 한 것처럼 새롭게 열리는 세상과 그 세상에서 적응하는 방법을 소개하기에 여념이 없다.

이 모든 시대적 흐름은, 머리로는 이해가 되다가도 가슴으로 와닿는 것은 혼돈이다. 졸업식 전에 취직을 확정하고 한번 들어간 회사는 정년퇴임을 논하는 게 자연스럽던 시대를 살아온 사람들에게 요즘 시대는 마치 잘 다니고 있는 회사를 지금 당장이라도 때려치우고, 회사 밖으로 나가서 완전히 새로운 일을 시도해야 한다고 재촉한다.

10년은 기본이고 20년 혹은 30년의 직장생활을 이어가는 것. 기성세대에게는 하루도 거르지 않고 출근하는 것이 너무도 당연했으므로 최선을 다해 정진해왔다. 오늘 이 시간에도 성실하게 출근 중인 이들에게 '무조건 변화하라'는 메시지는 가혹하게 다가온다. 나는 여느 때처럼 열심히 걸어가고 있는데 세상의 속도가 빨라져서 오늘 나의 한 걸음이 '도태'처럼 느껴지는 것이다. 그렇다면 과연 나는 어떻게 해야 하는 것일까? 새로운 세상에 적응하기 위해서 지금 열심히 하던 것들을 모두 내려놓고 당장 유튜브라도 시작해야 하는 것일까? 결론부터 이야기하자면 정답은 '아니다!'

일단 직장이나 조직에 속해 있는 사람이라면 본캐인 '워크'를 잘 수행하는 동시에 부캐인 '라이프'도 돌보면서 살아가야 한다. 그리고 더 나아가서 그 둘이 서로 긍정적인 영향력으로 상호 작용할 수 있도록 만들어야 한다. 그렇다면 직장인의 '인생 투 트랙'을 어떻게 준비해나가야 할까? 이에 대한 대답으로 나는 아래 두 가지 방법을 제시하고자 한다.

본캐를 돕는 부캐

첫 번째, 본캐를 돕는 부캐를 만들어라. '부캐'는 원래 게임에서 사용되는 용어로 2018년 TV 프로그램에서 유산슬로 대표되는 유재석의 부캐들이 등장한 이후부터 본격적으로 연예인의 트렌드로 자리 잡았다. 그래서 '부캐'라고 하면 사람들은 제일 먼저 연예인들의 본캐와 부캐를 떠올릴 것이다. 아니면 평소에 하고 싶었던 일, 취미, 막연한 자아실현 등을 얘기한다. 그러나 실제 본업만으로 오늘도 하루가 바쁜 사람들 입장에서 보면, '부캐'가 너무나 먼 이야기처럼 들린다. 미래의 나에게 미뤄놓은 숙제 같은 이야기가 될 수 있다.

　더군다나 기업 같은 조직의 입장에서 바라보면, 코로나 이후의 재택근무 환경 속에서 더욱 가속화되는 '부캐' 열풍이 불편할 수 있는 게 사실이다. 물론 회사 일에도 시너지가 나도록 부캐를 현명하게 활용하는 방법이 있다는 것을 조직도 분명 알지만, 모든 직원이 본캐의 직무보다는 부캐나 사이드잡에 집중하는 것은 그리 환영할 만한 일이 아니다. 이 지점에서 개인이 본캐와 부캐의 균형을 잘 잡지 않으면 회사와 개인은 '눈치 게임'을 하면서 서로 아슬아슬한 줄을 타는 상황이 되어버릴 수 있다는 것을 명심해야 한다.

　'인생 투 트랙'을 얘기할 때 행간의 숨은 뜻을 읽는 게 아주 중요한데 '본캐를 돕는 부캐를 개발해야 한다'는 게 핵심이다. 직장인에게는 당연한 이야기지만, 우리는 본캐로 일을 하면서 조직으로부터 월급을 받는다. 자기의 본캐에 충실해야 하는 본분은 기본 중의 기본으로, 나의 최우선 미션이 되어야 한다. 그러므로 부캐의 역할도 본캐에서 비롯되는 것이 정의Justice이다.

　그렇다면 '본캐를 돕는 부캐'는 도대체 어떻게 개발할 수 있을까? 글로벌 기업의 경우에는 JDJob Description, 한국 기업의 경우에는 '직무요건서' 혹은 '직무기술서'라는 문서가 있다. 이것은 각 직무에 필요한 역량과 담당자가 해야 할 일들을 일목요연하게 정리해 놓은 문서다. 그러므로 이상적인 부캐를 개발하는 데 이 JD를 참고하는 방법만 한 게 없다. 자기 직무와 관련된 트렌드를 파악하고, 그 방향의 역량을 갖춰가는 것이 가장 바람직하다.

예를 들어, 나는 오랜 기간 영업이라는 직무를 담당했는데 처음 영업이 되고는 어디서부터 시작해야 할지 몰라 책과 선배님들께 조언을 많이 구했다. 많은 선배의 추천으로 골프를 배우게 되었는데 당시만 해도 IT 분야에서 여성 영업대표가 흔하지 않았던 터라, 내가 골프를 잘 친다는 소문이 나자 많은 사람이 관심을 보이기 시작했다. 대기업을 상대해야 하는 영업대표의 특성상 담당자들과 말이 잘 통하기 시작했기에 이 관계가 업무로까지 이어져 커뮤니케이션이 아주 유연해졌던 경험이 많다. 여기서 끝나지 않고 골프 티칭 자격까지 갖추자 '몸도 마음도 건강한 영업대표'라는 부캐를 얻게 되었고 실제로도 영업 업무에도 큰 도움이 되었다.

그리고 영업이라는 직무의 특성상 여러 사람이 모여서 회의를 하거나 문제 해결을 시도하는 일이 많았던 나는, 퍼실리테이팅 기술이 필요하다고 판단했다. 그래서 이 분야의 최고 전문가인 이영숙 대표님에게 퍼실리테이션을 배웠다. 이는 배로 치면 선장, 오케스트라로 치면 지휘자의 역할을 유연하게 해내도록 도와주는 기술이다. 개인적인 성향과도 잘 맞았고 업무에도 도움이 되는 선순환을 경험할 수 있었다. 팀 혹은 고객사의 여러 사람과 함께 생각과 경험을 나누고 이를 융합해서 문제를 해결하는 방향으로 리드해나가는 나의 방식이 훨씬 매끄러워졌고, 그 덕분에 '깔끔한 문제 해결사'로 인정받기도 했다.

글로벌 회사에서 영어 커뮤니케이션 능력이 중요한 것은 두말하면 잔소리다. 나 또한 영어가 늘상 발목을 잡기에 고민이 많다. 하지만 외국어라는 특성상 어느 날 갑자기 혹은 하루아침에 유창해지기 어렵다는 특성을 이해하고, 주 3회 아침 30분, 온라인을 이용한 영어스터디를 기본값으로 놓고 일 년에 한두 번은 작정하고 3개월 정도 집중하는 모드로 공부해나간다. 나에게는 '한국에서만 공부해서 글로벌 회사에서 살아남기'의 좋은 사례로 친구들이 지어준 '야너두 희망영어'라는 재미있는 부캐도 있다.

나의 부캐 중 몇 가지를 소개했는데 이것들은 하나의 예시일 뿐이다. 여기서 핵심 메시지는 '본캐를 돕는 부캐를 만들라'는 것이다. 부캐의 기능들이 모여서 본캐의 질을 높이는 방향으로 수렴될 때 비로소 본캐와 부캐가 상호작용하면서 시너지를 낼 수 있기 때문이다. 이렇게 해야 본캐라는 사회 구성원으로서의 역할을 제대로 해나가면서, 단기 혹은 장기적으로 나의 또 다른 트랙을 자연스럽게 준비하기 용이하기 때문으로 일명 '일석이조'가 되는 똘똘한 전략이 되는 것이다.

이런 똘똘한 전략을 만들고 잘 관리해나가다 보면 어느덧 눈에 띄게 가속되거나, 생각만 해도 가슴이 뛰는 부캐들을 만나는 경우가 생길 수 있다. '본캐를 돕는 부캐'라는 기조의 투 트랙Two Track 혹은 멀티 트랙Multi Track을 가져가다 보면 부캐 중에서 본캐가 될 만한 새싹들이 보일 수 있다. 새싹이 보이면 바로 그때부터 최재천 교수가 언급했던 '3, 5, 19' 무대에 새싹을 하나씩 세우고 즐겁게 키워나가면 되는 것이다.

워라블 시대, 본캐와 부캐의 블렌딩 전략

두 번째, 본캐와 부캐의 '워라블 Work Life Blending' 전략이 필요하다. 워라블, 아주 큰 의미가 함축되어 있는 표현이다. 워크Work와 라이프Life를 가장 적절한 배합률로 섞음으로써 나다워진다는 의미이다. 같은 뜻, 다른 표현으로 보면 곧 '나만의 블렌딩Blending 전략을 세워야 한다'는 뜻이기도 하다.

'워라밸Work Life Balance'은 일과 삶을 별개의 것으로 분리한 후 둘 사이의 균형을 추구하는 관점이다. 하지만 내 경험에 따르면 일과 삶은 철저히 구분되는 것이 아니라, 마치 살아 있는 생물처럼 서로 유기적으로 상호 작용하는 것이다. **워크와 라이프의 '유기적 상호작용'을 제대로 이해한다면 각각을 최대한 살리면서 '나다움'을 만들어내는 최적의 블렌딩 비율을 찾을 수 있다.**

미래학자들이 예견하듯이 앞으로의 시대에는 한 가지 직업만으로 평생 살아가는 게 이미 어려워졌다. 워라블은 워라밸에서 한 단계 더 나아간 개념으로, 이제 '일과 삶을 유기적으로 섞어내는 역량'은 절대적으로 중요해졌다는 말로 해석할 수 있다. '워크 라이프 밸런스'라고 하면 흔히 일과 삶을 물리적으로 50:50에 가까운 비율로 맞추는 것이라 생각하기 쉬운데, 결론부터 얘기하면 양적 비율의 균형이 아니고, 관건은 질적 균형을 유지하면서 어떻게 조화롭게 섞어내느냐 하는 블렌딩이다.

물리적인 시간 측면에서 보면, 일반적인 직장인이 일Work에 쓰는 시간과 삶Life에 쓰는 시간 비율이 95:5라고 하더라도 괜찮다. 여기서 중요한 것은 '5'의 질을 관리하는 측면이다. 3, 5, 19의 시대, 즉 3개의 영역에서 5개 이상의 직업을 가지고 19개 이상의 직무를 소화해야 하는 때가 온다면, 제한된 시간을 잘게 나누어 쓰되 그 질을 관리하는 역량이 더더욱 중요해진다. 본캐와 부캐의 비율을 섞되, 적절한 블렌딩 전략으로 나만의 맛과 풍미를 찾아가는 것이 중요하다.

워라블 시대에는 '워크'를 담당하는 본캐와 '라이프'를 담당하는 부캐를 유기적으로 연결하고 이들이 가장 적절한 배합으로 섞일 수 있는 조합을 만드는 것이 중요하다. 나에게 맞는 블렌딩 전략을 만들어야 나만의 맛과 향을 가질 수 있고, 그래야만 유기적인 상호작용을 통해 시너지 효과를 낼 수 있다.

워라블, 커피의 블렌딩과 닮아 있다!

커피를 블렌딩할 때 보면 같은 원두, 같은 블렌딩 기계, 같은 장소에서 작업을 해도, 커피를 내리는 날의 온도 습도 분위기 심지어 내 기분 등 다양한 상황이 섞여 같은 재료지만 서로 다른 맛을 내게 된다. 원두를 그라인딩하는 느낌, 기계에서 추출하는 압력, 그에 따른 커피 색깔, 맛, 그리고 원두의 느낌까지도 조금씩 다르기 때문에 같은 원두를 가지고 블렌딩하는 사람에 따라 블렌딩이 다른 커피가 탄생하는 것과 같다.

100퍼센트의 나는 100%의 커피와 닮아 있다. '나답게' 믹스해내는 '나만의 블렌딩 전략'이 중요하다. 본캐로서 열심히 일하는 나 50퍼센트, 본캐를 돕는 부캐로서 새로운 것들을 시도하면서 에너지를 얻는 나 20퍼센트, 가족과 함께 할 때 더 행복한 나 20퍼센트, 밖에서 안으로 타인에게서 나에게로 관심을 옮겨오는 요즘의 나 10퍼센트의 배합으로 블렌딩할 때 '세상에서 유일한 나'가 되는 것이다.

살아온 발자취와 삶의 지향에 따라 블렌딩 비율이 달라지지만 결국 합은 100%이다. 우리는 각기 다른 블렌딩으로 다른 체취와 맛을 내는 삶을 살아가고 있다. 누구는 풍미가 좋아서 주변을 감화시키고 누구는 색이 예뻐서 주변을 향해 빛을 발한다. 나만의 워크, 라이프의 믹스 비율, 블렌딩 전략을 발견해내면서 나만의 풍미를 만들어가자.

8

Sustainability,
지속가능함

'변화'는 변수가 아닌 상수

길을 가다 보면 종종 새로 오픈한 가게 앞에 사람들의 시선을 끌기 위해 만들어 세워놓은 '춤추는 에어 간판'을 만날 때가 있다. 받침대 아래에 모터가 있어서 바람을 만들고, 연결된 긴 기둥으로 흘려보내면, 길게 세워진 에어 간판이 흔들흔들 춤추듯 움직이면서 다이내믹한 리듬감으로 행인들의 시선을 사로잡는다.

내가 영업을 시작한 초창기에, 후배들의 관심을 한 몸에 받는 영업 선배가 있었다. 이 선배가 영업 커리어를 쌓기 전에는 영업과 무관한 분야에 몸담았기 때문에 그의 커리어가 더욱 신비롭게 여겨졌던 것 같다. 게다가 그는 영업으로 직무를 바꾼 뒤에 기존 업무의 틀에서 벗어나 새로운 행보를 보였고, 그로 인한 영업 실적도 탁월했다. 나중에는 IT 업계에서 유명한 영업 베테랑이 되었음은 물론이다.

후배들은 그 선배를 '에어 간판'에 자주 비유하곤 했다. 공기가 조금 빠지는 순간에 흐물흐물 흔들려 시선을 빼앗지만, 이내 굳건하게 자리를 지켜내는 모습을 보면서 업계의 많은 후배가 존경스러워했다. 모두들 선배의 최대 장점인 '유연함'을 배우고 싶어 했던 것이다.

코로나로 인해 '변화' 혹은 '트랜스포메이션'의 필요성이 극적으로 대두됐다. 기업이나 개인을 가릴 것도 없고 국가, 지역, 산업과 종목에 무관하게 '변화'는 더이상 변수가 아닌 상수가 되었다. 이미 변화를 기본값으로 요구하는 변화의 시대에는 펄럭펄럭 춤을 추듯 흔들거리면서도 금세 제자리를 찾아서 굳건하게 서 있을 수 있는 '유연함'이 더욱 중요해졌다.

또한 우리가 '변화'를 위해 뭔가를 시도하고 도전할 때 반드시 고려해야 하는 또 하나의 요소가 있는데 그것은 바로 '지속가능성 Sustainability'이다. '변화'라는 상수 값을 가져갈 때는 한 번 무리하게 시도하고 포기하기보다는, 일정한 속도와 비중으로 지속해나가는 것이 훨씬 긴요하다.

기업의 '지속가능성'

최근 기업들은 '지속가능성'을 기업의 존폐와 연결해서 심각하게 고민하고 있다. ESG가 기업 가치를 높여줄 수 있는 중요한 요소로 바라보고, 이를 고민의 중심축에 놓기 시작했는데 결코 한시적인 움직임이 아니다.

ESG는 비재무적 요소인 Environment(환경), Social(사회) 그리고 Governance(지배구조)의 약자다. 이제 재무적 성과를 올리는 이외에도 기업이 지속가능한 발전을 추구하려면 기업의 지배구조를 개선하고 사회적 책임을 지니고 환경과 사회 문제를 해결하는 데 동참해야 한다. ESG는 최근 들어 실제로 기업 평가의 지표로 자리 잡고 있다.

산업을 막론하고 기업들의 화두로 떠오른 ESG는 다채로운 방식으로 시도되고 구체화되고 있다. 이 분야의 전문가로서 컨설팅을 하는 컨설턴트에 따르면, 제조나 유통은 물론 금융과 게임 산업 등 다양한 분야의 기업들이 다양한 영역의 지표들을 가지고 다른 모습으로 ESG를 준비해나간다고 한다. 물론 마이크로소프트도 예외가 아니다.

마이크로소프트의 지속가능성

마이크로소프트Microsoft는 시중에서 '지속가능성Sustainability'
이라는 용어가 화두로 부각되기 이전부터 실제로 지속가능성에 관
련해서 선두적인 목소리를 내오고 있다. 2020년 초, 코로나로 인해
전 세계에 있는 마이크로소프트 오피스가 전부 '셧다운Shut Down'에
들어간 이후에 CEO인 사티아 나델라Satya Nadella는 '변화'를 체감하
게 해주는 한 마디를 남겼다.

"우리 마이크로소프트는 테크놀로지Technology를 선도하는 기업
으로서 항상 고객과 파트너를 향해서 디지털 트랜스포메이션Digital
Transformation을 논하고 시장을 리드해왔습니다. 코로나로 모든 것
이 멈춰버린 지난 2개월은 참으로 놀라웠습니다. 지난 2년 이상의
DTDigital Transformation 효과를 보여줬기 때문입니다."

그 이전의 열띤 노력이 무색할 정도로 코로나와 함께 빅 테크Big
Tech 기업 중 하나인 마이크로소프트의 주가는 하늘 높은 줄 모르
고 고공 행진하는 등 기업 가치에 액셀을 밟았다.

코로나가 전 세계를 강타했을 때

2020년 2월 23일 일요일 저녁, 문재인 대통령이 코로나19로 인
한 국가 재난 상황의 심각도를 한 단계 격상했다. 다음 날의 일정을
확인하려고 메일함을 열었더니 영업 본부장인 부사장님의 이메일

이 급박하게 미끄러져 들어왔다. 코로나19가 국가 전체의 재난 상황으로 인지되고 그에 따라 재난 단계가 격상됨에 따라 '재택을 권고한다'는 내용이었다.

월요일, 본부장이 직접 주관하는 회의부터 각 부서의 주간 회의까지 전부 재택 모드로 일시에 전환한다는 것이었다. 부득이하게 사무실로 출근해야 하는 경우나 외부 출장이 약속되어 있는 경우에는 부서장과 반드시 협의하라는 전언도 있었다. 정부의 발표를 기다리다가 발표가 나자마자 바로 전달하는 느낌이었다.

같은 날 아이들 학교, 초·중·고등학교에서 방학이 연기되었다는 문자가 전해져 온다. 정부 발표 문자를 아이들에게 전하니, 신기한 마음 반, 환영하는 마음 반으로 흥분에 들뜬 아이들은 잠을 못 이루겠다고 한다. 겨울 방학에 이어 봄 방학이 이어지고 있었는데, 다시 또 연장이라니 두 아이 모두 구경거리라도 크게 만난 양 들떠서 시끄럽다.

출근이 무기한 연기되었을 때, 스위치를 전환하는 기술!

본부장님의 첫 번째 메일에 이어서 세부적인 재택근무 가이드가 도착했고, 당장 잡혀 있는 일정들은 모두 화상회의로 전환됐다. 다행스럽게도 마이크로소프트는 자체적으로 '팀즈Teams'(Microsoft 협업 플랫폼 O365 솔루션 중 하나로 화상회의 툴)라는 화상회의 툴을 보유하고 있다. 마이크로소프트가 자체적으로 개발한 툴, 팀즈는 이미 직원 모두가 상식적으로 사용하고 있었기에 급격한 업무 환경 변화에도 차질 없이 연결될 수 있었다.

본부장 가이드에 따라, 그 아래 팀장들이 다시 팀들에게 '재택 강력 권고' 메시지를 빠르게 전했다. 모든 직원은 일사불란하게 움직였고, 제일 먼저 '회의실'을 대신할 '팀즈'를 아웃룩 이메일에 추가했다. 마치 전등 스위치를 끄고 켠 듯, 이 모든 전환이 아주 단시간에 이루어졌다.

단 하루의 지연도 없이 적응 – 지속가능함을 돕는 시스템 덕분

이 같은 급격한 전환 이후에 월요일 아침 풍경이 완전히 바뀌었다. 전쟁터 같은 출근길을 건너뛰고 순간 이동이라도 한 듯 업무 현장에 진입하게 된 것이다. 작은 모니터 안에서 회의록은 물론이고 발표자들의 자료까지 공유받을 수 있다. 마이크로소프트에서 원격 업무는 이미 표준화된 상황이었다. 물론 전 직원이 100퍼센트 참여하는 온라인 미팅에는 약간의 적응 과정이 필요했지만, 오프라인에서 만나지 않고 온라인을 통해 서로 얼굴을 본다는 것 말고는 동료들과 함께 일한다는 맥락에는 변함이 없었다. 회사 대신 집에서, 오프라인 대신 온라인을 통해서 서로의 얼굴을 대한다는 것 말고는 어느 때보다도 침착하게, 효율적으로 업무가 진행되었다.

밝은 곳에 있다가 갑작스레 어두운 곳으로 들어가면 눈이 점차 암순응하는 것처럼, 우리는 빠르게 변화에 적응하기 시작했다. 오히려 출퇴근을 위한 이동 시간이 사라지고, 업무 중간에 끼어드는 요소가 훨씬 줄어들다 보니 중심 업무에 더욱 집중할 수 있게 되었다.

회의도 마찬가지다. 이전에는 회의를 하면 진행하는 사람과 회의록을 작성하는 사람이 다른 경우가 많았고, 회의를 마치고 부랴부랴 챙겨서 이동하기에 바빴다. 오프라인에서는 일정을 지연시키는 요소들이 많을 수밖에 없다. 그러나 이제 회의가 끝난 후 팀즈의 종료 버튼을 누르고 나면 곧 회의록이 도착한다. 업무 환경이 전환되고 나서부터는 기존 회의 때보다 일이 더 빠르고 능률적으로 진행되는 느낌마저 든다.

마이크로소프트에서는 글로벌 IT 기업의 선두 주자답게 코로나19 팬데믹 이전부터 북아메리카, 아시아, 유럽에 포진한 직원들이 물리적 제약을 넘어서서 '컨퍼런스 콜Conference Call'을 통해 업무를 진행하는 것이 생활화되어 있었다. 게다가 스마트워크Smart Work 분야에서 No.1이라 자부할 수 있는 'Office 365' 제품과 커뮤니케이션 툴인 '팀즈Teams'를 보유하고, 이를 판매하는 일을 하다 보니 자연스럽게 기업 내부에 유연한 워크플레이스 문화가 녹아 있다.

이런 배경에 힘입어서 마이크로소프트 직원들은 단 하루의 지연도 없이 새로운 업무 환경에 바로 적응할 수 있었다. 마이크로소프트는 갑작스러운 변수가 나타날 경우에도 지속가능한 성과를 낼 수 있는 구조와 환경을 갖춰온 것이다. 본부장의 긴급한 메일이 날아든 2020년 2월 이후로 오늘에 이르기까지 2년 이상, 효율적인 재택근무가 이어지고 있다.

회사나 조직, 그리고 개인에게 세상은 온통 변수투성이다. 무엇을 상상해도 그 이상의 변수가 나타난다. 그로 인한 각종 변화에 유연하게 대응한다는 것이 더욱 어려운 일처럼 느껴진다. 하지만 마이크로소프트의 경우를 참고해서 자신에게 지속가능한 구조와 환경이 무엇인지 파악하려 노력한다면, 변수에 대응하는 것이 좀 더 수월해지지 않을까?

출근이 다시, 무기한 연기되다 - 지금까지처럼, 앞으로도 지속가능하다!

2021년 9월, 마이크로소프트 미국 본사가 직원들의 사무실 복귀 시점을 무기한 연기한다고 다시 발표했다. 델타 변이, 오미크론 변이 등 코로나 변이 바이러스 확산 때문이다. 마이크로소프트 외에도 구글, 아마존, 애플, 메타(페이스북) 등 미국의 주요 기업들은 사무실 복귀 시점을 2021년 9~10월에서 2022년 초로 연기했다. 재택근무가 자꾸 연장되는 상황이 안타깝기는 하지만, 마이크로소프트는 어떤 상황에서도 '지속가능함을 돕는 구조'가 마련되어 있기 때문에 앞으로도 업무 이음새는 매끄러울 것이 분명하다.

지금은 코로나19가 1급 감염병에서 2급으로 하향되면서 거리두기도 해제되고 일상 회복 단계에 접어들었다. 아직은 완전히 안심하기에 이른 듯하지만, 이런 팬데믹 상황은 언젠가는 지나갈 것이다. 많은 미래학자는 팬데믹 이후에 대해서 "이번 팬데믹이 디지털 세상을 가속시켰고 그로 인해 미래에는 시간과 장소, 국가와 인종 등에 무관하게 지속가능함을 돕는 시스템을 더욱 필요로 할 것이다"라고 예측한다. 미래에는 나와 조직이 성과를 내는 데 '어떤 변수에도 지속할 수 있도록 돕는 구조'가 더욱 결정적인 것이라는 말이다.

개인의 지속가능성

세상에는 두 종류의 사람이 있다. 어떤 일을 할 때 꼭 같이하고 싶은 사람 vs. 그렇지 못한 사람. 나는 '같이 일하고 싶은 사람'을 '결이 맞는 사람'이라 표현하는데, 결국 인생에서 기준점으로 삼는 가치들과 그 가치들에 따라 지향하는 방향이 비슷한 사람들을 일컫는다. 전자 같은 사람들과 연결되면 나도 모르게 그들의 생각과 행동에 귀를 쫑긋하게 된다.

Digital X의 정우진 대표는 나에게 단연 전자에 속하는 사람이다. 기술로 미래를 논하는 정우진 대표는, 그의 세미나, 기고문, SNS를 접하면서 내가 개인적으로 미래 기술을 따라잡기 위해서 태깅해놓은 사람이기도 하다. 정우진 대표와는 6년쯤 전에 마이크로소프트에서 같이 근무했다. 그는 스마트워크의 대명사인 마이크로소프트의 컨설턴트였는데, 스마트워크Smart Work 혹은 '미래 스타일의 워크플레이스Future Style Workplace'를 주제로 고객과 미디어를 리드하면서 기분 좋게 일하던 파트너이기도 하다.

2022년 초, 설을 앞두고 페이스북에 정우진 대표의 글이 하나 올라왔다. '정우진's Annual Resolution'이라는 제목이었는데, 그 중에서도 'my ESG' 부분을 읽는 동안에 그 참신함에 한 번, 최근 나의 관심사와 딱 맞아떨어져서 또 한 번, 스파크가 튀는 느낌이 들었다.

"5. my ESG, 글로벌 요즘 최대 공통 이슈는 ESG입니다. 그러나 이것은 국가와 정부, 기업에 대한 고민과 대상이라고 생각하지만 우리 개인에 대한 생각은 잘 하지 않습니다. ESG의 핵심은 Sustainability인데 우리 개인의 Sustainability에 대해서 잘 생각하지 않습니다. 이것은 개인의 Economy와 개인의 Healthy와 Mental과 Mind일 수 있습니다. 올해는 Personal Sustainability에 대해서 이제 준비를 할 것입니다" 이는 비단 그에게만 해당하는 이야기가 아니기에 읽는 순간 공감이 되었다.

MZ 세대의 지속가능성

'지속가능성'은 MZ 세대가 특히 주목하는 요소라고 한다. 그들에게는 'ESG'가 그저 허상뿐인 '표어'가 아니다. MZ 세대는 작금의 환경 문제가 자신들이 살아갈 미래 터전을 치명적으로 위협한다고 받아들인다. 그들이 어떤 일을 하더라도 지속가능성을 고민할 수밖에 없어진 배경이다. 이는 환경 같은 공적 영역뿐만 아니라 개인의 사사로운 사적 영역에서도 마찬가지다.

가령 다이어트를 할 때, 예전에는 무조건 굶는 방식을 선택하는 사람도 있었다. 그러나 MZ 세대는 다이어트를 지속가능하도록 다이어트 과정 자체를 즐길 수 있도록 만들어간다. 아이스크림을 먹고 싶은데도 참는 것이 아니라 일반 소재 대신, 살이 찌지 않는 단백질 파우더로 만든 아이스크림을 찾아서 먹는 기쁨을 즐긴다. 그리고 건강과 환경을 위해 고기 대신 콩으로 만든 대체육으로 단백질을 실컷 즐기기도 한다. 이런 MZ 세대의 특성이 반영되어 올해 트렌드 키워드로 '헬스 플레저Health Pleasure'가 등장한 것이라 짐작해본다.

이렇게 모든 소비에 다차원의 지속가능성을 고려하며 '미닝아웃Meaning Out 소비를 하는 MZ 세대를 유입하기 위해서라도 기업들은 이미 발 빠르게 움직이고 있다. 에르메스Hermes의 유명한 빅토리아 백은 최근에 버섯 균사체로 만들고 있으며, 구찌GUCCI는 목재 펄프 소재로, 루이비통Louis Vuitton은 재활용 소재와 바이오 소재를 결합해 친환경 스니커즈를 선보였다. 발렌시아Valencia도 100퍼센트 식물성 소재로 젠 스니커즈를 출시했다. 여기서 그치지 않고 파인애플 잎에서 추출한 셀룰로오스로 섬유를 만들고 또 인공 거미줄로 만든 마이크로 실크 섬유를 만드는 등 상상을 초월하는 시도들이 이어지고 있다.

하나뿐인 지구의 지속가능성

앞으로 지속가능성은 기업의 존폐를 가르는 더욱 결정적 요소가 될 것이 자명하므로 B2B 시장은 물론, B2C 시장에서도 그에 대한 준비가 반드시 되어야 한다. 지속가능성이 빠르게 중요해지는 데는 분명한 이유가 있다.

과거에는 무슨 수단을 써서라도 목적만 이루면 그만이라는 생각으로 최대한 빨리 '성과'라는 결과에 도달하는 그 자체에 집중했다. 그러나 이제는 최대한 멀리 건강하게 나아가는 방법을 찾는 데 집중하고 있다. 바로 지구를 살려야 하는 인류 미션이 지구촌에 사는 우리 모두의 것이기 때문이다.

아직 우리가 피부로 느끼지 못하지만, 미래 학자들은 지구가 앞으로 닥쳐올 재앙에 대해 강하게 신호를 보내고 있다는 연구를 쏟아내고 있다. 이대로라면 기후변화로 몇 년 후면 지구의 상당 퍼센트가 물에 잠길 것이고, 그로 인해 인류가 딛을 땅덩어리가 줄어드는 것은 물론 코로나19 같은 미지의 바이러스들로 제3의 재앙이 이어질 수 있다고 경고한다.

우리가 살아가는 하나뿐인 지구, 이 땅을 현명하게 같이 지켜내는 고민이 필요한 때다. 지구상의 모든 조직과 개인들이 함께, 각자의 위치에서 자신만의 지속가능한 방법으로 'my ESG'를 고민하고 작게라도 당장 실천을 시작할 때다.

'**MS의 MS**'에 반하다

achieve more

"Empower every person and every org on the planet to achieve more."(지구상의 모든 개인과 조직이 더 많은 것을 달성할 수 있도록 권한을 부여한다.)

우리 회사 Microsoft의 Mission Statement이다. 나는 MS의 MS에 마음 깊은 곳으로부터 설득되어 매일 일할 이유를 발견한다. 이 Mission Statement의 every single word 말 그대로 한 글자 한 글자에서도 의미를 느끼지만, 그중에서도 특히 마지막 '어치브 모어 achieve more'에 늘 매료되곤 한다. 어쩌면 내가 그동안 나의 삶(워크 & 라이프)에서 어치브 모어하기 위해서 애타는 시도와 도전을 지속해왔기 때문일 것이다. 그런 내 '삶의 결'은 'achieve more'와 참 많이 닮아 있다.

구조기술사, 구조를 짜는 사람

〈나의 아저씨〉라는 TV 드라마에서 주인공 이지안(아이유 분)이 '건축사'와 '구조기술사'를 구분 없이 이야기하는 장면이 나온다. "비슷한 거 아닌가?"라는 이지안의 질문에 대해 박동훈(이선균 분)이 대답한다.

"달라. 건축사는 디자인하는 사람이고, 구조기술사는 그 디자인대로 건물이 나오려면 어떤 재료로 어떻게 만들어야 안전한가 계산하고 또 계산하는 사람. 말 그대로 구조를 짜는 사람이야. 모든 건물은 외력과 내력의 싸움이야. 바람, 가중, 진동, 있을 수 있는 모든 외력을 계산하고 따져서 그거보다 세게 내력을 설계하는 거야. 아파트는 평당 300킬로 하중으로 견디게 설계하지. 사람들이 많이 모이는 학교나 강당은 하중을 훨씬 높게 설계하고. 한 층이라도 푸드코트는 사람들 앉는 데랑 무거운 주방기구 놓는 데랑 하중을 다르게 설계해야 되고. 항상 외력보다 내력이 세게!"

한 박자 쉬고 아저씨가 다시 입을 연다. "인생도 어떻게 보면 외력과 내력의 싸움이고! 무슨 일이 있어도 내력이 있으면 버티는 거야!" 이어서 배경음악이 커진다. 이 한 마디는 그동안 알 듯 말 듯했던 개념에 대해서 한 문장으로 명료하게 해소해주었다. 듣는 순간, 고개가 끄덕여지며 납득이 된 것이다.

내력 설계처럼 성취도 '구조 설계'가 필요하다

내가 줄곧 해온 일이 IT 영업 분야에서 '구조 설계'와 닮아 있기 때문일까. 드라마의 대사 한 마디가 오래도록 내 귓전을 울렸다. 내가 어떤 일을 시도할 때라도 단단하게 나를 잡아주는 말이 되었다. 말 그대로 내력內力은 물체가 외부 힘의 작용에 저항하여 원형을 지키려는 힘으로, 어떤 일을 무조건 열심히 한다고 만들어지는 것이 아니고, 그렇다고 참고 견뎌서만도 만들어지는 게 아닌 힘이다. 이렇게 단순하게 개발되는 것이 아니니만큼 사람이 '내력'을 키우는 데는 물리적으로 많은 시간과 노력이 필요하다.

우리가 어떤 일을 성취하고자 할 때 내력 설계가 중요하다. 구조 기술사가 건축물을 지을 때 모든 외력을 계산하고 따져서 그것보다 강하게 내력을 설계하는 것처럼, 본캐의 일이든 부캐의 일이든 어떤 일을 할 때 내 안의 힘과 외부의 리소스를 최대한 따지고 물어서 '되는 구조' 즉 '될 수밖에 없는 구조'를 설계해야만 그 일의 가능성을 높일 수 있는 것이다.

'구조 설계'가 성공 확률을 높인다

현대사회를 사는 거의 모든 사람은 각자의 삶터 혹은 일터에서 무언가를 성취하려고 노력하며 산다. 과연 어떻게 하면 우리가 성취할 확률을 높일 수 있을까? 아마도 작고 쉬운 일을 할 때는 '그저 열심히' 하기만 해도 성취할 수 있을 것이다. 그러나 성취하려는 일의 규모가 크면 클수록 '그저 열심히'만으로는 부족하다. 내력을 방해하는 다양한 외력처럼 수많은 변수에 의해서 일이 좌초되기 마련이다.

예를 들어 몸집이 작은 반려견의 집을 만들 때는 박스를 사용해서 간단히 만들 수 있을 것이다. 그렇지만 우리가 살아야 하는 집, 혹은 건물처럼 규모가 커질수록 '튼튼한 구조 설계'가 필수적이다. 주위에서 어떤 일을 할 때마다 성취를 잘 하는 사람을 보면 엄마 뱃속에서부터 그 역량을 타고나온 것처럼 보이곤 한다. 그러나 알고 보면 그런 사람이야말로 시도하고 실패하고 성취하는 과정에서 '구조 설계'하는 나름의 방법을 습득한 것으로 '되는 구조'를 통해서 성공 확률을 높여온 것임에 틀림없다.

나는 여기 Microsoft라는 조직에서 많은 것을 배우며 성장해나가고 있다. 12년이 넘는 시간 동안 배운 것들이 무수히 많지만 그중에서도 단 한 가지만 뽑으라고 한다면, 단연코 어떤 일에서 성과를 내기 위해서 필요한 '구조 설계를 하는 습관'을 이야기하고 싶다. 조직과 문화에서 그리고 오랜 기간 다양한 경험으로부터 배워서, 내 나름의 스타일로 체득화된 '되는 구조'는 오늘의 나를 만들었다고 해도 과언이 아니다.

어떤 일을 실행하기 전에 반드시 '구조 설계'하는 과정을 거쳐야 한다. 안정적인 구조물을 짓는 건축의 그것과 마찬가지다. 제일 먼저 누구와 같이 할지(Who), 구체적으로 어떤 성취를 하고 싶은지(What) 그리고 과연 나는 왜 그것을 이루고 싶어 하는지(Why)를 충분히 고민하면서 안에서부터 밖으로 단단하게 '구조 설계'를 해야 한다.

'구조 설계'는 업그레이드되어야 한다

'구조'는 한 번의 설계로 충분하지 않다. 처음 '구조 설계'를 하고 거기에 맞춰 시행하면서 지속적으로 구조를 업그레이드하는 것이 중요하다. 좋은 부분은 더욱 강화하고, 불안한 부분은 하나씩 제거 혹은 변경해가면서 좀 더 나은 방향으로 지속적으로 업그레이드 해나가는 게 중요한 포인트이다.

어떤 일을 할 때 성취를 위해서 구조를 고민하고 설계를 잘 하는 사람들을 나는 '구조 전문가' 혹은 '성공 구조 전문가'라 부른다. '구조 설계'라는 작업 자체를 중심축에 놓고, 지속적으로 업그레이드 해나가려는 마인드셋이 정말로 중요하다. 결국 이 과정이 성과의 차이를 만드는 것이다.

MS의 MS에 반하다

성취하는 과정은 마치 건축 구조물을 안정적으로 짓는 과정과 꼭 닮아 있다. 건축 구조물을 지을 때 구조기술사가 계산하고 따지고 또 따져서 안정적인 구조를 설계하는 것처럼, 우리가 어떤 일을 할 때 '나는 성취 구조 전문가다!' 하는 마인드로 구조를 고민하고 잡아간다면 어느 날, 나도 모르게 내가 원하는 그곳으로 한 발 더 다가가 있는 스스로를 발견할 것이다.

나는 MSMicrosoft의 MSMission Statement에 반해서 일하고 있다.

"지구상의 모든 개인과 조직이 더 많은 것을 달성할 수 있도록 권한을 부여한다Empower every person and every org on the planet to achieve more."

이 멋진 미션은 내 가슴을 뛰게 하기에 충분했고, 뛰는 마음 그대로 내 일을 하고, 고객사나 파트너사에 방문하면 한치의 주저함이 없이 당당할 수 있다.

나는 조직에 속해 있는 조직원으로, 내 조직이 나에게 요구하는 역할을 제대로 수행해내는 것을 정의Justice라 믿는다. 각자의 정의를 실현해나가기 위해서는 그것을 실현하기 위한 터전 또한 중요한데 감사하게도 내가 일하는 이곳, 마이크로소프트에서는 모든 직원의 성장 마인드셋Growth Mindset을 믿고 끊임없이 강조하고 있다.

이러한 성장 마인드셋은 마이크로소프트 직원이라면 전 세계 누구에게나 가슴속 한가운데 자리 잡은 삶의 지표가 되어 있다. 듣기만 해도 마음 든든한 성장 마인드셋, 나를 믿는 이 마음과 문화 덕분에 나는 오늘도 다른 이들의 '어치브 모어achieve more'를 도우며 나 스스로도 '어치브 모어'하며 성장하는 중이다.

이 지면을 빌려, 나와 조직이 같이 어치브 모어 해나갈 수 있도록 도와주고 계신 여러 마이크로소프트에 함께 근무하고 있는 선배님과 동료님 그리고 후배 직원 여러분들께 감사한 마음을 전하고 싶다!

어치브 모어
Achieve More

1판 1쇄 발행 2022년 12월 10일

지은이   김성미
펴낸이   박선영

콘텐츠 코칭 서민규
편집   이효선
마케팅   김서연
디자인   씨오디
발행처   퍼블리온
출판등록   2020년 2월 26일 제2021-000048호
주소   서울시 영등포구 양평로 157, 408호 (양평동 5가)
전화   02-3144-1191
팩스   02-3144-1192
전자우편   info@publion.co.kr

ISBN   979-11-91587-29-6 03320